ゲンダイ・ニッポンの真相

日刊ゲンダイ

斎藤貴男

同時代社

いまこそ、斎藤貴男の嗅覚に学ばなければならない

寺田俊治（てらだ・しゅうじ）
株式会社日刊現代 代表取締役兼編集局長

愚かな歴史はなぜ、繰り返されるのか。我々はなぜ、同じような過ちを何度も犯すのか。仰々しいというか、そう簡単に答えを導き出せない設問を最初に問いかけるのは、本書には、その答えのヒントのようなものが凝縮されているように思うからである。

人間、日々の生活に追われていると、長い時間軸の変化に気づかない。一〇年たち、二〇年たって、振り返ってみて初めて、「あの時が歴史の転機だった」と気づいたりする。その転機もある日突然、訪れ、世の中が変わるわけではない。人々が気づかないうちに社会が、国家が変化していく。いや、正確に言うと、人々に気づかせないように巧妙に国家は立ち回るのである。

その変化の行き着く先に何があるのか。水が低きに流れるように、そこには愚かな人類の節理があるよ

うな気がする。

国家を動かしているのは権力者という人間だからである。愚かな人間の欲望なんて、何千年たったところで、変わらないのではないか。権力欲、支配欲、力への渇望、誇示、差別、蔑視、排除の論理。要するに民主主義の対極にある身勝手な欲望であり、その欲望をコントロールできないからこそ、民主主義が進化してきた歴史があるのだろう。

だから、権力者たちは、自らの欲望の達成のために巧妙に民主主義を骨抜きにしていこうとする。そうやって、自分が支配しやすい国に作り替えていこうとする。

その過程をまざまざと追っているのが本書なのである。

本書はジャーナリスト・斎藤貴男氏が二〇〇四年四月から夕刊紙、日刊ゲンダイに隔週で連載し、いまなお、連載が続いている「二極化・格差社会の真相」というコラムを網羅したものだ。

読み返してみると、斎藤貴男氏が普通の人々であれば気づかない「時代の変化」に対して、極めて鋭敏な嗅覚をもっていることがわかる。支配者の邪な欲望、少しずつ、民主主義や基本的人権を侵食しようとする企みに対する嗅覚である。斎藤氏は異臭を感じる度に、連載コラムで取り上げ、警鐘を鳴らした。

まずはその先見性と慧眼に驚嘆し、敬服する。次に、斎藤氏の警告通りに時代が国家が社会が変遷していることにやはり、戦慄するのである。

改めて思うのは、我々は斎藤氏の嗅覚に学ばなければならないということだ。多くの有権者が「時代の変化」に鋭敏にならなければならない。そうやって、権力者が暴走する前の段階で、選挙という手段によって、権力者に猛省を促す。あるいは退場を迫る。そうした冷静で成熟した行動を起こせるようにしなければ、あっという間に民主主義は骨抜きにされ、支配者のやりたい放題がエスカレートしてしまう。本書はそれを防ぐための格好の指南書なのである。

私が日刊ゲンダイの編集記者として、初めて斎藤氏にお会いしたのは二〇〇一年前後のことだと思う。この年、斎藤氏は『機会不平等』（文春文庫）という名著を出された。これを読んで衝撃を受けた私は著者インタビューを申し込んだのである。

この年の二月、米原潜が漁業実習船「えひめ丸」に衝突し、その対応のまずさから森政権が退陣。四月に小泉内閣が誕生した。七月の参院選で小泉自民党は圧勝したことでもわかるように、世間は小泉歓迎ムード一色だった。

その時に上梓された『機会不平等』は、森政権の目玉政策で小泉政権に引き継がれた教育改革の正体が、効率重視のエリート選別教育に他ならないことを暴いた。その根底にナチズムの人種差別の根拠になった「優生学」復権の匂いを感じ取った斎藤氏は、教育改革国民会議のメンバーらへの取材を通じて、その危険性を冷静に浮き彫りにし、活写していく。私のインタビューで斎藤氏は当時、こう語っていた。

「現行の教育改革とは何か。首相の私的諮問機関としておなじみの教育改革国民会議座長の江崎玲於奈氏にインタビューしたときには驚かされました。彼は遺伝がすべてだとはいいませんでしたが、これからの教育では遺伝子検査による選別すらありうる、いずれやっていく形になる、と口にしたんです。〝ゆとり教育〟という耳当たりのいい言葉は、すべての子供たちの教育を考えたものではなく、一部のエリートを育てるための裏返しの教育改革にほかならない、という確信を持たざるを得ませんでした」

「子供たちの学力低下が盛んに論議されていますが、日本をリードすると自称している人々が憂えているのは未来のリーダー候補たちの学力低下であって、大多数の普通の子供たちはおいてけぼりなんです。そういうシステムが既に出来上がってしまっているんです」

「バブル崩壊後、すべてを市場にゆだねよ、という言葉をキーに、機会が平等に与えられない社会が完成しつつある。これを黙して見逃すのか、見逃さないのか、読者の方にはぜひ考えていただきたい」

果たしてその後、小泉政権では格差が拡大、固定化し、それが大きな社会問題になっていく。問題なのはこの格差は経済政策の副作用なのではなく、これ自体が国家の企みであったという事実である。

市場原理、競争至上主義を錦の御旗に弱者を斬り捨てていけば、財政破たんに瀕しているニッポンにおいて、これほど効率的な投資はない。この国では大きな変化が訪れている。それも国民が知らないうちに、非人間的な社会がつくられようとしている。危機感を強くした私は再び、斎藤氏のもとを訪ねた。今度は連載のお願いである。快諾を頂き、二〇〇三年一月「何が起きている　この国の真相」という連載が始まった。その第一回で斎藤氏が取り上げたテーマは監視カメラ社会の恐怖であった。

〈小泉改革の理想とは社会のアメリカ化、貧富の差が極限に達した世の中。いや冗談でなく、その準備として張り巡らされつつある監視カメラ網の増殖ぶりは、本家をはるかにしのぐ勢いなのだ〉〈安全を言うなら、たいがいの人間が犯罪に手を染めなくてもいいような平等で平和な社会を目指すのが先決だ。国民全員を犯罪者扱いし、見張り、支配しようとは、ストーカーよりも卑劣だ〉（二〇〇三年一月八日）

斎藤氏はこう看破した。効率最優先社会、格差容認社会を目指す国家には行き場のない弱者があふれてしまう。格差の固定化は不満を醸成し、それが社会不安になっていく。だから、監視カメラで取り締まる。

安全のためだと市民を黙らせ、すべての市民を国家管理下に置いてしまう。

これがいかに倒錯した論理であるか。斎藤氏は二〇〇三年の段階で警鐘を乱打していたのである。

その後、「この国の真相」はいったん終わった後衣替えし、「二極化・格差社会の真相」という連載で再スタートを切った。二〇〇六年三月のことで、今から一〇年前である。

タイトルには同じ「真相」がつくが、その前が「この国」から「二極化・格差社会」になったのは、読者にストレートにコラムの特徴を伝えたかったからである。

それほど、格差社会が深刻化したのだが、斎藤氏の筆致は冴えわたり、テーマは格差社会に収まらず、石原都政、従軍慰安婦問題、女性差別、消費税増税、住基ネットの危うさ、普天間基地問題など、ありとあらゆるところに矛先は広がった。

連載がスタートした年の九月、小泉内閣が退陣し、第一次安倍政権がスタートしたことも偶然とはいえ興味深い。安倍政権も当初は支持率が高かったが、斎藤氏の眼力は鋭かった。いきなり、コラムではこう斬り込んだのである。

〈米国連邦議会の下院では、（従軍慰安婦問題で）日本に公式の謝罪を求める決議案への支持が高まっているという。安倍晋三首相をはじめ、この国の有力者らが近年、河野談話の見直しを図り、さらには史実そのものを闇から闇に葬り去ろうとしてきたやり口が怒りを買った。公聴会での被害者たちの証言を前にしてなお、狭義の強制性がどうのと居直り続けた安倍首相が、事態をより深刻にしてしまったのだ〉〈声高に愛国心を絶叫したがる手合いほど売国奴であるのは常識、安倍政権はその典型だ。戦争犯罪人の孫を、まさにその血筋ゆえに最高権力者の座に就けたこと自体が土台、大間違いなのである〉（二〇〇七年三月一

三日）

一〇年たって読み返してみて、改めて「その通り！」と叫びたくなる。こんな風に有権者が時代に、為政者に敏感な感性を持ち続ければ、民主主義はもっとまともに機能していく。だからこそ、日刊ゲンダイでは斎藤氏にいまなお、連載を続けていただいているのである。

私は担当編集者として、一四年もの間、斎藤氏の原稿を受け取り、最初の読者になってきた。斎藤氏は私よりひとつ年上で、連載を始めたときは、お互い四〇代の前半だった。本書をお読みいただければ、わかるだろうが、若いころの斎藤氏の原稿は行間から怒りがほとばしるような激烈さがあった。それも原稿の後半になるにつれて、クレッシェンドのようにボルテージがあがっていく。その筆致の鋭さは今も健在だが、最近は一語一語を噛みしめたくなるような味わい深い原稿もある。

〈日本独自の、「和尚様」のような国づくりに歩み始めるという道は考えられないか。世界中のつらくて苦しい人々が、救いを求めて集まってくるような。それでこそ本物の「積極的平和主義」だと思うものである〉（二〇一五年二月一八日）など、どうだろう。

斎藤氏の新境地がますます楽しみになってくる。

凡例

一、本書は、著者の日刊ゲンダイでの連載「二極化・格差社会の真相」の二〇〇六年四月〜二〇一六年三月までを主として年代順に収録した。各項冒頭の日付は発表号の日付である。なお、日刊ゲンダイ以外のものには出典を明記してある。

二、本文の▼は著者による本書収録のための注である。

三、本文の肩書きは、取材当時のものとなっている。

ゲンダイ・ニッポンの真相　目次

いまこそ、斎藤貴男の嗅覚に学ばなければならない　寺田俊治　3

▼2006年4月〜2008年1月

第3次小泉純一郎内閣　2005年9月21日〜
第1次安倍晋三内閣　2006年9月26日〜
福田康夫内閣　2007年9月26日〜

2006.04.11◉戦争責任を伝えることを放棄したマスコミ　22
2006.05.09◉戦争だけはやってはならないのだ　26
2006.06.06◉キャンプ・シュワブ境界に設置された住民監視カメラ　28
2006.07.04◉生き埋め事件と村上ファンド事件　30
2006.07.25◉貧困大国・日本を待ち受けているもの　32
2006.08.22◉自爆テロのニュース　36
2006.09.25◉弱者に厳しい社会　38
2006.11.06◉福島知事選挙の担う意味　42

2007.03.13◉従軍慰安婦問題の元凶、岸信介の罪 46
2007.05.29◉言論封じの強権政治は許されない 48
2007.07.10◉この国に貫かれている究極の植民地根性 50
2007.08 ◉自衛隊による国民監視 52
2007.11.27◉大手銀行の責任回避 59
2008.01 ◉参院選不出馬の顚末 61
2008.01.08◉噂が噂を呼ぶダメな学校ランキング 69

▼2008年9月〜2010年4月

麻生太郎内閣 2008年9月24日〜
鳩山由紀夫内閣 2009年9月16日〜

2008.09.02◉支配権力なんてロクでもない 72
2008.10.07◉国際金融ビジネスの非道 74
2008.10.28◉テストの点数で序列化する学校をつくるのか 76
2009.01.20◉「格差」のカラクリを忘れるな 78

2009.04.30◉貧困を生み拡大した構造改革の熱狂的支持者は有権者だった!? 80
2009.10.06◉五輪招致運動のイカサマ 91
2009.10.27◉ある〝聖火ランナー〟のささやかな抵抗 93
2009.12.01◉民主党政権の本質 95
2009.12.15◉御手洗裁判におけるメディアの敗北 97
2010.03.30◉大学生活の半分は就職活動…を放置していいのか 99
2010.04.07◉ボディースキャナーはプライバシーの問題ではない 101

▼2010年6月～2012年12月

菅直人内閣 2010年6月8日～
※東日本大震災 2011年3月11日
野田佳彦内閣 2011年9月2日～

2010.07 ◉放置されている「ケータイ」の致命的副作用 104
2010.08.04◉消費税を巡る民主党内の内輪モメを煽るメディアの魂胆 108
2010.08.18◉「司法よりタチが悪い」報道機関 110

2010.09.01●ＩＣチップを体に埋め込まれる日　112
2010.10.27●菅政権に匂う悪魔のような人間性　115
2010.11.10●漁船衝突事件をめぐる菅内閣の対応と支持率急落　118
2010.12.01●中国資本の猛威にどんな対抗策があるのか　120
2011.01.05●村木元局長が担う「子育て新システム」の危険性　122
2011.01.19●財界にへつらうだけのタイコモチ政治に反吐がでる　124
2011.02.16●都条例の影響を危惧せざるを得なかった出来事　126
2011.03.02●住基ネットと社会保障改革がセットになる怖さ　128
2011.03.16●石原氏が原発立地県の知事に吐いた大暴言　130
2011.03.30●「がんばろう」キャンペーンの「危うさ」　132
2011.04.13●それでも原発を止めない国の恐怖　134
2011.05.18●「大きな夢を持った復興計画」とは　137
2011.06　●「日本人の朝鮮差別を利用せよ」　140
2011.06.15●経団連「復興・創生マスタープラン」に書かれた恫喝　144
2011.07.13●命の尊厳と電力コストを混同するな　146
2011.08.10●「五輪より戦争」と言った石原妄言　148

2011.09.07●放射能を気にする消費者も諦め切れない生産者も正しい　150
2011.11.16●公安警察の横暴　152
2011.11.30●ナベツネと橋下独裁を許すのか　154
2011.12.14●公務員の給与を下げればいいのか　156
2011.12.28●苦しい人々にトドメを刺すのが消費税増税　158
2012.01.18●「ネバーギブアップ」は国民への宣戦布告　160
2012.02.15●人々をレッテルで貶めることに何の意味があるのか　162
2012.03.14●被災者に「天罰」と言った石原知事が居座る異常社会　164
2012.05.02●安全性が軽視され、やがて多くの人が死ぬ　166
2012.05.16●「マイナンバー」法案の危うさ　168
2012.05.30●財界と財務省のパシリ　170
2012.07.14●自民党の本性を丸ごと受け入れる野田政権　172
2012.07.25●かくも卑しい三党合意の深層　174
2012.08.22●東京都の尖閣購入宣言の愚劣　176
2012.10.03●尖閣報道とオスプレイ配備　178
2012.10.31●原発はささいなことか!　181

▼2013年1月～2014年12月

第2次安倍晋三内閣 2012年12月26日～

第3次安倍晋三内閣 2014年12月24日〜

▼2015年1月〜

2006年4月～2008年1月

第 3 次小泉純一郎内閣
2005 年 9 月 21 日～

第 1 次安倍晋三内閣
2006 年 9 月 26 日～

福田康夫内閣
2007 年 9 月 26 日～

◉2006.04.11 戦争責任を伝えることを放棄したマスコミ

自分が日本という国でジャーナリズムに関わっていることが時々、恥ずかしくなる。

日中戦争の当時、旧日本軍は中国・四川省の重慶で合計三〇〇回もの空爆を重ねた。死傷者総数六万人以上とされる（中国側調査）。この「重慶大爆撃」の被害者や犠牲者遺族ら四〇人が、先月三〇日午前、日本政府に官報への謝罪文掲載と合計四億円の損害賠償を求める訴訟を東京地裁に起こした――。

ところが、この訴訟のニュースを当日の夕刊社会面トップで報じたのは東京新聞だけ。他のマスコミはほぼ黙殺した。テレビはともかく、全国紙各紙もベタ（一段見出し）かせいぜい二段、行数にして一一～三〇行の扱いで済ましてしまった（いずれも東京本社最終版）。

重慶大爆撃は世界戦争史上、無辜《むこ》の非戦闘員を大量に殺戮《さつりく》して敵の戦意を奪った〝戦略爆撃〟のルーツとされる。正確には一九三七年四月、スペイン内戦でフランコ将軍についたナチス・ドイツの空軍がバスク地方のゲルニカに爆弾の雨を降らせたのが最初だが、当地は三日後に陥落している。それに対して、重慶大爆撃は翌三八年二月から四三年八月まで実に五年六カ月の長期にわたって続けられたのである。罪深さはゲルニカの比ではない。

戦時とはいえ、明らかな国際法違反。日本国民の大方には知らされていないが、海外では常識に属する史実である。

原告を支援しているジャーナリストの前田哲男氏は、

「旧日本軍の無差別爆撃は、やがて東京や大阪の大空襲、ヒロシマ・ナガサキへの原爆投下などの形で、ブーメランのように返ってきました。現在のイラク・ファルージャへの空爆も、同じことです。日本は再び、憲法を変え、いつでもアメリカとともに戦争ができる国になろうとしている」

と語った。

このままでは日本がまたしても同じ蛮行を繰り返しかねない。だからこそ、原告らは、せめて日本の戦後世代に伝えておかなければとの思いで、訴訟に踏み切ったのである。

この国のマスコミは、しかし、彼らの叫びをどこまでも踏みにじった。権力や右翼が怖くてとか、新聞もテレビも政府の統制下に置かれる「国民保護法」がすでに発動しているのでもあればまだしも、かもしれない。時代状況に対する問題意識そのものが、初めから何もなかったりして。▼

▼本稿を読んだ小林よしのり氏は、「新ゴーマニズム宣言」で「斎藤貴男に告ぐ」という批判を描いた。私は氏に〝対決〟を申し入れた。その模様は、月刊『現代』二〇〇六年七月号で掲載されたが、その一部を引用する。

斎藤　僕は四月一一日付の『日刊ゲンダイ』に、旧日本軍が行った「重慶爆撃」の被害者や犠牲者遺族が日本政府に謝罪と損害賠償を求める訴訟を起こした事実を、日本の大半の新聞がベタ記事扱いしかしなかったことを批判する記事を書きました。それに対して小林さんは、『ＳＡＰＩＯ』で連載している「新ゴーマニズム宣言」で、「斎藤貴男に告ぐ」というタイトルで非難している。今日の対談はその決着を付けるためのものです。僕も物書きだから、書いたものを批判されるのは結構なんだけど、今回小林さんが描いたものについては、まず謝ってもらいたい。

小林　ん？

斎藤　小林さんは裸の男女が抱き合っている写真の絵に、「中国の女スパイに金玉写真でも撮られているのか？」という吹き出しをつけて、あたかも中国の仕組んだ美人局《つつもたせ》に引っかかった僕が、弱みを握られたために中国寄りの発言をしているかのような印象を読者に与えているでしょう。名誉にかかわる問題だ。これはまったく事実無根だし、第一これは人格攻撃ですよ。

小林　まずわしは、あの絵ではっきり顔を描いたわけでもないし、「斎藤貴男はこんな奴だ」と断定したつもりもない。そこは気を使ったつもりよ。これは「なんでそこまで中国共産党の言い分に寄り添うのか？　それじゃあ中国に弱みでも握られていると誤解されるよ」という意味で描いているわけ。

斎藤　別に僕は中国に寄り添ってなんかいないですよ。

小林　わしなんかはそう感じるよ。それにわしは、たとえば『戦争論』を書いたときに、野田正彰とかいう心理学者が勝手にわしの精神分析までして、「小林よしのりは喘息だったから、こういうヒステリックなものを書くんだろう」なんていう具合に、ありとあらゆる人格攻撃をされた。でも、なにひとつ抗議はしなかったよ。それくらいの覚悟を持ってやっているからね。

斎藤　何をもって怒るかはいろいろですよ。べつに僕はこれで訴訟しようとは思わないし、小林さんが謝らなかったら逆に人格攻撃に転じようとも思わないけどね。ただ、事実無根のことについては、謝ってほしい。

小林　この部分をもし文章で書くなら、「中国の女スパイに金玉写真でも撮られているのか、と邪念を持ってしまうぐらいの中国擁護にしかなってないよ」という感じかな。まあ漫画ではそこを端折《はしょ》ってるけどね。

斎藤　そこが漫画の表現の恐ろしいところですよ。効果的に表現できる反面、一気に飛躍するから。それから、その写真の件を「妻にばらされるのが恐くて、『中共の御用ジャーナリスト』に成り下がっているのか？」とも言っているけど、一生懸命やってる者をつかまえて、そう簡単に「御用」と言ってもらいたくない。

小林　いくら何でも「御用ジャーナリスト」という表現のところまでいちいち言葉狩りされるような所以《ゆえん》はない。表現の手法として、そこまで規制されるとなると、わしも腹を立てるよ。

言論というのは、あくまで闘ってるんだ。単に話し合ってるというだけの表現方法じゃない。あの回の「新ゴー宣言」では、中国側の一方的なナショナリズムとどう闘うのかということも主張しているわけだから。

斎藤　「女と寝てる写真でも撮られてんだろう」というのは言論以前です。根拠もなく描いているわけでしょう。

小林　うん、根拠はないよ。でもそういう偏見も含めてのわしの見方だから。わしは偏見もひとつの見識だと思ってる。だからそういう部分も含めた表現の方法をしてるの。

この件でわしはね、自分の表現スタイルを守るためにも、あなたにパブリックに謝罪することはできない。けれども、あなた個人がこの表現に傷つくというのなら、あなた個人に対して謝罪してもいい。申しわけない。

斎藤　わかりました。

小林　ただね、漫画には風刺の要素があるわけ。だから、政治家を批判するときに根拠なくやることだってある。文章では事実確認なしにそこまで書くことはできないだろうけど、漫画の場合は風刺だから、一歩踏み込んで、「あいつはCIAの一味なんじゃないか」と描くことができる。そこまでの表現のゆとりというものを漫画なり何なりの表現に持たせておかないと、それこそ権力を痛撃する場合、表現の手段が狭まってしまう恐れがあると思う。

斎藤　表現のためにどこまでの注意を払うかという点については意見の違う部分もあるけど、これ以上、小林さんのテリトリーである漫画の表現方法に踏み込むことはしませんし、私的にであれ謝ってもらったのはありがたい。この件はそれで結構です。

〈後略〉

◉ 2006.05.09
戦争だけはやってはならないのだ

日米両政府の外務・防衛担当閣僚による安全保障協議会（2プラス2）が、在日米軍再編について最終的に合意した。新聞の大見出しやテレビニュースのヘッドラインは沖縄・普天間基地の返還や海兵隊の移転話ばかりを強調して、予備知識がないと、まるでよいことずくめのように思わされてしまう。[1]

だまされてはならない。問題は、彼ら言うところの「日米同盟の新たな段階」の中身である。

普天間の機能は同じ沖縄の辺野古で拡充されていく。神奈川県のキャンプ座間にはワシントン州フォートルイスの米陸軍第1軍団司令部が移転してくる。地球の総面積のほぼ半分、アジア・太平洋地域から中東、湾岸地域に及ぶ〝不安定の弧〟の全域をカバーしてきた米国の軍事戦略の中枢で、ここには陸上自衛隊が新設する対テロ・ゲリラ戦部隊「中央即応集団」の司令部も置かれる。

また米第5空軍司令部のある横田飛行場（東京都）には「共同統合作戦センター」（運用調整所）を設け、府中の航空自衛隊総隊司令部と関連部隊を移設して事実上の合体。すでに海上自衛隊の基地と近接している米海軍横須賀基地には、原子力空母「ジョージ・ワシントン」が配備されることが決まった。本土のマスコミは相変わらず公にしたがらないが、やがて沖縄本島と台湾との中間地点に浮かぶ宮古諸島への自衛隊駐屯計画も本格的に動き出す。[2]

何のことはない。〝新たな段階〟とは、日本列島を丸ごとアメリカの戦争の戦略拠点に提供すること以外の何物でもないのだ。徴兵制の構想は、早ければ数年のうちに浮上しよう。あるいは格差社会がより拡大されて、戦争で手柄を立てるしか生きていくすべがない階層が量産されるのが先か。貧乏人が命がけで金持ちに奉仕する米国式社会構造の完成こそ、実は構造改革のもうひとつの狙いなのだ。

私は、月刊「現代」の最新号で、海上自衛隊が二〇〇三年一一月に展開した実動演習計画を他のメディアに先駆けてリポートした。▼3 北朝鮮と中国を仮想敵国にして、海上自衛隊が米海軍と一体化。専守防衛の理念の逸脱どころか、先制攻撃さえも辞さない彼らの姿勢を明らかにしたつもりだ。

岩波新書で『ルポ改憲潮流』も書き上げた。自己宣伝などしたくもないが、血に飢えた米国の一部を目指す日本政府の同伴者と化しつつあるマスコミに頼るだけではわからない現実がある。とにかくそれを知ってもらいたい一心。サヨクの、反日のと嗤《わら》わば嗤え。戦争だけはやってはならないのだ。断じて。

▼1 たとえば「読売新聞」の尾山宏ワシントン特派員は、二〇〇六年五月二日付朝刊一面トップ記事で2プラス2合意の第一報を伝えた直後に、その内容をこう紹介していた。〈沖縄県の米海兵隊普天間飛行場（宜野湾市）のキャンプ・シュワブ沿岸部（名護市）への移設と、在沖縄海兵隊八〇〇〇人のグアム移転は、二〇一四年までに実現する。〇八年九月までに米軍横田基地（東京都福生市など）の一部空域の管制権を日本に返還する。〉

▼2 防衛省は二〇一五年末、宮古島への陸上自衛隊配備に向けた約百八億円を一六年度予算に計上した。新駐屯地の用地確保と敷地造成費としている。

▼3 拙稿「Ｗｉｎｎｙ流出資料で判明／自衛隊㊙作戦計画「憲法違反」の核心」（月刊『現代』二〇〇六年六月号）。

2006.06.06
◉キャンプ・シュワブ境界に設置された住民監視カメラ

沖縄の辺野古崎（名護市）に行ってきた。先に日米両政府が合意した在日米軍再編（実質的には米日軍事再編）で、海兵隊の普天間基地が全面返還されるという話の見返りに、新しく二本の滑走路を備えた新基地を建設することにされてしまった場所だ。

昨年に訪れた時とまるで違っていた点が一カ所。住民たちが座り込みをしてきた浜と、米軍基地キャンプ・シュワブの境界を、ごつい監視カメラが見下ろしている。自衛隊が米軍の一部となってアメリカ政府の意のままに世界で軍事力を行使していく体制が着々と構築されていく過程で、こんなものまでが設置されてしまった。

軍隊が権力に逆らう人間を見張る。どこまでも支配者の論理に貫かれた光景である。

基地の島・沖縄の特殊事情と考えていたら大間違いだ。似たような光景が、今や日本中で見受けられる。おそらく、日本国民の圧倒的大多数が何もわかっていないのではないか。住宅の周辺に〝防犯カメラ〟と称する監視カメラを張り巡らせ、記録された映像を警察に提出すれば安全が確保できるという世間知らずの発想が、ワイドショーの類いではあふれている。

『週刊プレイボーイ』（六月一二日号）に、ジャーナリストの小谷洋之氏が監視カメラ当局とのガチンコ取材の顛末を書いていたのが興味深い。さる五月一日から一九日まで、東京メトロの霞ケ関駅で自動改札を通過する人々を撮影し、あらかじめ用意した顔写真データベースに照合して特定する「顔認証システム」

の実験が行われた。どのように運用されるのかを取材しようとして、小谷さんはひどい目に遭った由。認証実験の主体である「運輸政策研究機構」（国土交通省の外郭団体）の委託を受けたＮＴＴの関連企業の主査に取材妨害をされ、現場が混乱すると、警察までやって来て、私服警官に詰め寄られたという。この実験、権力に従えない人間は排除するのが当然と考える人たちのお祭りだったようだ。▼

建前としての目的があろうとなかろうと、他人様の一挙手一投足をハイテクを使って監視しようという変質者のストーカー行為を許していいのか。

注意しよう。気をつけよう。せめて用心深さだけは身につけておくことだ。

▼この種の実証実験は、その後も加速度的にエスカレートしてきている。二〇一三年一一月には、総務省が所管する国立研究開発法人・情報通信研究機構（ＮＩＣＴ）が、ＪＲ大阪駅を含む複合施設「大阪ステーションシティ」に、九二台の監視カメラを配置し、不特定多数の利用客を相手に顔認証としぐさ認証システムの実証実験を行うと発表。さすがに反対論が沸き起こり、これを受けて設置された第三者委員会の意見で、一般利用者が入れないエリアで合意のある約五十人の協力者のみを対象とする形に縮小されたものの、これで終わる保証はない。近い将来は「マイナンバー」との連動も予定されている。

2006.07.04
◉生き埋め事件と村上ファンド事件

東大阪市の大学生ら二人が岡山市の資材置き場で生き埋めにされた事件[1]について、ある雑誌からコメント依頼のファクスが届いた。事件記者でもないライターに白羽の矢が立ったのは、いわゆる格差社会との関連を問いたかったらしい。締め切りまでに連絡がつかず、結局それっきりに終わったのだが、思うところが多々あった。

岡山の事件そのものは、直接の取材をしていないので、よくわからない。一般論として、貧困や差別が事件の温床になりやすい程度のことは言える。秋田県藤里町の児童殺害事件[2]や、岐阜県中津川市の空き店舗で中二の女子が殺された事件[3]でも、背景に社会的な階層格差が横たわっていなかったとは考えにくいのも確かである。

将来への希望が乏しすぎるのだ。あまりに刹那的な社会である。すべての罪を階層論で説明できるわけではないし、人間の愛憎はそんなものをはるかに超越しているのだろうが、とはいえ、不特定多数を狙った犯罪のかなりの部分は、世の中のありよう次第で、防げるのではないか。

私自身、仮に職を失って自暴自棄になり、飢え死にでもしかければ、ひったくりやかっぱらいの誘惑に負けない自信はない。ブタ箱に入ればメシが出ると考えるかもしれない。

折しも世論は福井俊彦・日本銀行総裁が村上ファンドに投資していた問題で沸騰している。法に触れようが触れまいが、彼のような立場の者がやってはいけないと思うが、これもまた詳しい事情を知らない以上、安易な非難は避けておこう。

重要なのは、事件に宮内義彦・オリックス会長が関わっているという重大な事実だ。[4] 宮内氏は規制改革・民間開放推進会議の議長。竹中平蔵総務相らとともに、今日の格差社会を導く構造改革路線を徹底させてきた人物だ。国民皆保険制度を崩してまでもアメリカ資本に莫大な医療保険市場を提供しようとし、ついでに自社のビジネスにしてしまう。立場を利用したマッチポンプを繰り返してきた政商ではないか。

彼と村上ファンド、福井総裁の関係は、あからさまな現実を思い知らせてくれた。構造改革とはどのつまり、彼ら一握りのインサイダーが国富を独占するための私物化政策でしかないのである。そのことと救いのない事件の頻発とは、表裏一体の関係にあるのではないか。

▼1 二〇〇六年六月一九日に発生。女性をめぐるトラブルが暴力団関係者を巻き込む集団リンチに発展した。

▼2 二〇〇六年四月に小学四年生の女児、翌五月に近所の男児が、川で遺体となって発見された。やがて女児の母親が殺人容疑で逮捕・起訴されることになるのだが、マスコミは逮捕前から彼女のプライバシーを暴き立てた。

▼3 二〇〇六年四月に発生。後に殺人容疑で逮捕・起訴されたのは一五歳の男子高校生だった。彼には別の一六歳女性との間に二歳の子どもがいたという。

▼4 村上ファンドは元通産官僚の村上世彰氏や元警察官僚の滝沢建也氏らが運営していた投資顧問会社。オリックスはその大口の出資者で、役員も派遣していた。村上氏は二〇〇六年六月、ニッポン放送株をめぐる証券取引法違反（インサイダー取引）の疑いで逮捕・起訴され、最高裁で懲役二年、執行猶予三年が確定した。

◉2006.07.25 貧困大国・日本を待ち受けているもの

日本の相対的貧困率は一三・五％で、先進国ではアメリカの一三・七％に次ぐ貧困大国になっていた！ＯＥＣＤ（経済協力開発機構）がこのほど公表した「対日経済審査報告書」が、衝撃的な実態を明らかにしている。

相対的貧困率とは、所得から税金などを差し引いた可処分所得が分布の中央値の半分に満たない家計の割合を示す指標のことだ。米日に続くのはアイルランド（一一・九％）、イタリア（一一・五％）の順で、調査できた一七カ国の中では三・八％のチェコが最も低かった。

報告書は、貧困層の拡大が著しい日本経済のあり方に懸念を表明。正規雇用と非正規雇用とに二極化されていく労働市場の改善を求めたほか、特に片親世帯の貧困が深刻化した点を挙げ、低所得者向けの教育制度を充実させるなど階層間の格差が固定化されない施策が急務だと強調している。

驚くべきことに、ＯＥＣＤのデータは二〇〇〇年時点のものだった。調査と分析の間のタイムラグがあるのである。社会的弱者への差別をそのまま政策化した構造改革を徹底した小泉純一郎政権の誕生は翌〇一年。現状はどうなっているのかと思うと、背筋が寒くなる。

貧困層がアメリカ並みの厚みになってしまった現実は極めて重い。戦争で手柄を立てなければ浮かび上がることができない若者たちの命が、あの侵略帝国の覇権を支えてきた。第二次大戦後の歴代大統領は彼らを物言わぬ消耗品と位置づけ、中産階級以上の不人気を招きかねない徴兵制の実質的運用を回避してきたのである（ベトナム戦争の一時期を除く）。

小泉首相の構造改革、格差拡大戦略は、アメリカ社会を理想のモデルとしている。だとすれば、貧しい家庭の子どもたちを待ち受けている運命は明白だ。東京大学の苅谷剛彦教授（教育社会学）はある学会で「格差と表現するからわからなくなる。〝inequality〟（不平等）以外の英訳が見当たらないのが目下の日本社会だ」と報告していた。

折しも福田康夫・元官房長官が自民党総裁選での出馬を断念し、米国の傀儡《かいらい》というか、植民地の酋長のような安倍晋三官房長官の圧倒的優位が伝えられている。このままでは最低最悪の世の中がやってくる。▼

▼本稿には特に風当たりが強かったのを思い出す。〝反日〟だの〝非国民〟だのといったナントカの一つ覚えがネット上にあふれ、有力な経済誌のコラムでも、日本に貧困などあり得ない、この〝オオカミ少年〟め、余計をことを書いて世間を惑わすな、と罵られた。

だが、一〇年後の現状は周知の如くである。格差も貧困もいっそう進行した。ＯＥＣＤの最新の調査によると、二〇一三年における日本の相対的貧困率は一六・〇％に上昇し（本文にある二〇〇〇年の一三・五％より二・五％の増加）、アメリカの一七・四％に次ぐ貧困大国であり続けている。ただし、この間には国際比較の対象国が拡大され、イスラエル（二〇・九％）、メキシコ（二〇・四％）、トルコ（一九・三％）、チリ（一八・〇％）がより高い数字を示したので、順位の上では六番目という形になった。

またＯＥＣＤの別の調査では、日本は子どもの貧困率（貧困世帯に属する子どもの割合）でも平均を上回る一五・七％を占めたことが明らかになっている。順位にすれば一一番目だが、「貧困は高齢者の問題だ」などとするありがちなゴマカシは、もはや通用しない。貧困の連鎖は確実に深刻化している。子どもの貧困率については従来、特に都道府県別の分析は行われてこなかったが、県単位の調査に初めて踏み切った沖縄県では、二〇一二年時点で全国平均の約二倍に当たる二九・九%に上っていた実態が明らかになっている(「沖縄タイムス」二〇一六年一月三〇日付など)。

所得格差の拡大にも触れておこう。やはりOECDの最新の調査によれば、人口のうち上位一〇%の富裕層の所得と下位一〇%の所得を比較した場合、日本では二〇一一年に前者が後者の一〇・七倍に達したという。三〇倍を超すメキシコや、一八・八倍のアメリカほどではないとはいうものの、OECD加盟三四カ国平均の九・六倍よりも大きく、格差の大きな国のトップテンに入るとされている(「朝日新聞」二〇一五年五月二一日付夕刊など)。格差の拡大は世界的な傾向ではあるのだが、一九八〇年代は約七倍、バブル経済を経た九〇年代でも約八倍程度だった過去を振り返ると、社会のありようの急すぎる変化には唖然とせざるを得ない。

そもそも「上澄みの一%が残る九九%を支配している」などと言われる時代だ。上と下のそれぞれ一〇%同士を比べても格差の実態は薄まって見えるだけであるはずなのに、それでもこれだけの開きが出てしまっていることを、私たちはどう受け止めるべきなのだろう。

「ジニ係数」という、所得分配の不平等さを表す指標も気になる。計算方法は割愛するが、要は〇から一までの値を取って、〇に近いほど格差が小さく、富が集中していくにつれて一に近づいていく。二〇一一年の日本のジニ係数は〇・三三六で、これもOECD加盟国の平均を上回った。

ところで本文中にも登場する元総務相の竹中平蔵氏(慶應義塾大学教授)は、こうした奔流のただ中でも、「格差は拡大などしていない」と言い募り続けていた。二〇一三年に刊行された、評論家の田原総一朗氏との対談が興味深い。

〈田原　いま、誰も「構造改革」や「企業の自由」を口にしないのは、小泉・竹中がレーガン・サッチャー流の「新自由主義」を持ち込んで、規制をどんどん取っ払った。それで格差が拡大して、金持ちはより金持ちになったが、貧乏人がドーンと増えてしまった。希代の悪人コンビ、小泉、竹中と同じ一派とは思われたくないから。

竹中　いやいや、その格差拡大は、まさに既得権益者の悪質なポリティカル・キャンペーン。事実とはまったく異なります。小泉時代、格差は間違いなく縮小しました。〉

こう胸を張って竹中氏は、OECDのデータから都合の良い部分だけを取り出して、「（この時点での）日本のジニ係数は〇・三二一で、OECD三〇カ国平均〇・三一一よりも格差が小さい」などと言い出す。前述したジニ係数の特性に照らすと、これでは日本の格差が平均以上に大きい実態を示していることになるのにもかかわらず。

〈田原　わかった。それでもみんな、小泉・竹中が格差を広げたという。なんで？

竹中　リテラシーが低い以外の何ものでもありません。規制緩和や構造改革をやられると既得権益を失って困る人たちが、悪意を持ってキャンペーンをしているんです。その宣伝にリテラシーが低いマスコミが乗っかり、おもしろがっているということに尽きますよ〉（竹中平蔵著、田原総一朗責任編集『竹中先生、日本経済　次はどうなりますか？』アスコム、二〇一三年）

二〇一六年の時点でOECDのデータを検証してみると、ほぼ五年に一度のペースでしか実施されない彼らの調査では、日本のジニ係数が二〇〇五年に一時的に低下していたらしいことがわかる。その意味では竹中氏の言葉をすべて嘘だとも言い切れないのだけれども、その後再び上昇に転じてもたらされた現状を、小泉・竹中路線と切り離して論じることは不可能なのではあるまいか。もっと言うと、筆者の経験則に従えば、国際機関の統計数字などその時々の国際情勢や力関係次第でいかようにもなり得てしまいがちであるのも現実なのだ。

竹中氏が政界から去った後の二〇〇七年に特別顧問、翌々〇九年には会長に就任した人材派遣大手のパソナグループは、小泉・竹中路線で最も利益を得た企業のひとつである。現在の第二時安倍晋三政権もまた、最初の所信表明演説で「企業が世界一活躍しやすい国にしたい」と強調し、彼らと同様の構造改革を基調とした経済政策――いわゆる〝アベノミクス〟――の推進に躍起だ。

構造改革だの新自由主義だのと呼ぼうとするからややこしい。こんなものはただ単に、アメリカという絶対権力を後ろ盾にした傀儡が、それにへつらう有象無象を動員し、人間社会の最低限のルールまでねじ曲げて、みんなで蓄えた富を独占していくだけの利権政治、ギャング政治の窮み以上でも、以下でもありはしないと断じよう。

2006.08.22

◉自爆テロのニュース

ヨーロッパでテロに遭遇した、と言うと語弊がある。要はロンドンのヒースロー空港経由で帰国する予定が、先の騒動で急きょミュンヘン経由に変更を余儀なくされ、右往左往を強いられた。

ただでさえ混雑しがちな空港が、もう滅茶苦茶。荷物の取り扱いをめぐるミュンヘンはフランツ・ヨーゼフ・シュトラウス空港職員との言い争いも、最終的には結果オーライで済んだものの、イライラ続きのトランジットの間中、つくづく思ったものである。「テロには屈しない」も結構。「毅然とした態度」も、当局者たちはナルシシズムを満喫できて、さぞや楽しいことだろう。

しかし、だ。元はといえば誰のせいなのだ？　早い話が帝国主義の時代からこのかた、欧米列強が世界中を侵略しまくってきたツケが回ってきたということではないのか。昨今なら特にアメリカが、己の価値観を異文化の国々に押しつけたり、労働力や資源を収奪するような振る舞いを慎めば、馬鹿げたテロ騒動のかなりの部分は一掃されるはずであるにもかかわらず。

そもそも自爆テロ計画に関するニュース自体、どこまで本物か疑わしい。ロンドン警視庁の発表などによれば、英国内で逮捕された二十数人およびパキスタンで拘束された五人の〝テロリスト〟たちが英米間を結ぶ航空機内に液体の爆発物を持ち込んで自爆テロを実行する手はずだったというのだが、外部からは確かめる術《すべ》もない。それは何も筆者が無能だからだけでもなくて、優秀なロンドン特派員たちにしたところで、ＢＢＣがこう伝えた、「タイムズ」が、「サン」が、といった伝聞に頼らざるを得ないのが実態なのだ。

はたして帰国の途で読んだ邦字紙には、「米国で一一月に行われる中間選挙は、これで（対テロ強硬派の）共和党の大統領候補が有利になった」云々とあった。だからって共和党のヤラセだと言い切る根拠もないけれど、これではもはや、何をどう考えてみればよいものか。

警察や軍隊をとりあえず握っている権力が、大衆のより強い支持を取り付けたい場合、テロの恐怖を示唆しさえすればよいということなのかもしれない。日本でも同様。結局は誰が得をしたのかという観点で、北朝鮮のミサイル発射騒動を振り返ってみる必要もある。

帰国して数日目。今日もまた、帰宅途中で鉄道の人身事故に遭遇した。でっちあげか、さもなくば本物の投身自殺か。

世界中が狂ってきている。侵略と格差拡大を抑える努力から始めるしかない。

▼英国政府はこの年の八月一〇日、同国から米国に向かう航空機の爆破計画を事前に阻止したと発表。国内のテロ警戒レベルを最高レベルに引き上げている。後に逮捕者のうち一一人が反テロ法違反などの疑いで起訴された。

◉弱者に厳しい社会

2006.09.25「オーマイニュース」

小泉純一郎内閣の総辞職に伴い、竹中平蔵総務相が参議院議員を辞めることになった。安倍晋三新政権の下では大臣の座にとどまることができないからだとか、無責任ではないかとする批判が強い。当然の反応ではあるものの、それだけでは足りないと思われる。彼が小泉構造改革の旗振り役であり続けた五年間で、この国の社会がとことん荒廃してしまったことの意味が改めて問われる必要があるだろう。

そもそも竹中氏は、どうして小泉政権の要職に抜擢されたのだったか。当時の自民党幹部は、筆者の質問に、「そりゃあ顔ですよ」と笑い飛ばしてのけたものである。弱者に厳しい新自由主義イデオロギーを一見ソフトに伝えることができ、あまり反発を受けにくい、妙な雰囲気をたたえた経済学者。しかして彼の主張を貫く徹底的な酷薄さは、まさに小泉構造改革にとっての理想でもあったのだ。

閣僚に登用されるちょうど一年前の二〇〇〇年四月、慶応義塾大学の教授だった竹中氏は日本経済新聞社から『経済ってそういうことだったのか会議』という本を刊行している。数一〇万部を売り上げるベストセラーになったこの本は、少し前に流行した『だんご3兄弟』のプロデューサーで、やはり慶応の教授職にあった電通出身のCMプランナー・佐藤雅彦氏との対談形式で展開されていたのだが、竹中という人物の本質が表れていて興味深い。

大富豪も失業者も同じ税額を負担する「人頭税」こそあるべき税制だと彼は強調し、しかし実際には人頭税は採用されない、大方の人間が税による所得の再分配効果を期待しているからだと嘆いてみせる。そして、こう続けていた。

「佐藤さんはすごく所得が多いとする。こちらのAさんは所得が少ない。そうすると、Aさんは佐藤さんからお金を分けてもらいたいわけです。佐藤さんが儲けたお金の一部を自分ももらいたいんですよ。もらいたい時に、政府を通してもらうんですよ」

「ずるいですよ、すごく。『フェアプレーの経済学』という本にもはっきりと書かれています。（中略）子供たちが砂場で遊んでいるんです。ある子はオモチャをたくさんもっている。その子はお金持ちの家の子なんですよ。もう一人の子は家が貧しいからオモチャを一個しかもってないんです。しかし、だからといって、自分の子に向かって「○○ちゃん、あの子はオモチャたくさんもっているからとってきなさい……」などと言う親があるかというわけです。ところがそんなことが、国の中では税というかたちで実際に行われているという言い方をしているんですね」

人頭税を定着させることができた国など存在しない。累進税率に代表される応能負担原則が取り入れられるのが一般的で、日本も例外ではないのだが、竹中氏はこれを指弾するのだ。

「そこで能力に応じてとろうということになるんです。そこに、先のランズバーグ▼（引用者注：『フェアプレーの経済学』の著者）じゃないですけど、集団的なたかりみたいなものが所得再分配という名のもとに、税にまとわりついて生まれてくるんです」

税金をたくさん払わない低所得者や、福祉などの社会保障を受ける者は〝たかり〟なのだそうだ。はたして竹中氏は在任中、人頭税こそ実現できなかったけれども、社会的弱者をとことん見下し、切り捨てていく構造を、この国の原理原則にしていった。小泉政権の狙いを、彼は見事に果たしてのけたことになる。

この間には彼の人相もずいぶんと変わった。もはやソフトなイメージなど欠片もない。己の機能が失われた現実を知って去っていくのであろう態度はいっそ潔いと言えるのかもしれないが、助け合いや共感、優しさといった価値のことごとくを破壊された社会を残された側はたまったものではない。

▼スティーブン・ランズバーグは『フェアプレイの経済学——正しいことと間違っていることの見わけ方』の邦訳（斎藤秀正訳、ダイヤモンド社、一九九八年）が刊行された当時はアメリカ・ロチェスター大学経済学部の准教授だった。他にも『ランチタイムの経済学——日常生活の謎をやさしく解き明かす』（佐和隆光監訳、日経ビジネス人文庫、二〇〇四年）などの邦訳書がある。

もっとも、この経済学者の議論は、それを根拠に普遍的な真理を導き得るほどには一般的でない。いわゆるリバタリアン（経済だけでなく、あらゆる領域で政府による一切の介入を否定する完全自由主義者）の典型と見なされているからである。

リバタリアニズムに関する刺激的な文章を発見したので、その一部を引いておく。リバタリアンであり、無政府資本主義者だと自認しているウォルター・ブロック・ロヨラ大学経済学部教授の邦訳書に、作家の橘玲《あきら》氏が付けた序文「はじめてのリバタリアニズム」だ。

〈国家が国民の福祉を増進するというのは幻想であり、アウシュビッツやヒロシマ、あるいは旧ソ連の強制収容所や中国の文化大革命を見てもわかるように、歴史的事実は、強制力をともなう大きな権力が、一人ひとりの人生にとってつもない災厄をもたらすことを教えている。そうであれば、国家が小さければ小さいほど私たちの自由と幸福は増大するはずだ。人類の理想とは、国家の存在しない世界である——。これがリバタリアンの第一の主張だ。〉

〈「市場原理主義」こそが、人々に自由と幸福をもたらす唯一の希望なのである——。これがリバタリアンの第二の主張になる。

リバタリアンの描く未来では、「小さな政府」は、仮にそれが必要であったとしても、国防や治安維持などの、限定された役割をたんたんとこなす下請け業者のようなものでしかない。「市場原理主義」は世界を一部の金持ちと大多数の貧乏人に分けるのではなく、むしろ国家こそが、そのような差別的で不幸な社会をつくるのだ。〉

改めて指摘するまでもなく、「リバタリアン」は同じ「自由《リバティ》」を語源とする「リベラリズム」や「リベラリスト」とはまるで異なる。政治的なリベラルとは再分配を重視した、市場原理主義とは対極の位置にある考え方だ。ブロック教授は次のように説明している。

〈そこで国家の市場への介入を批判する経済学者らは、彼ら「リベラル派」と区別するために、「古典的自由主義《クラシカルリベラリズム》(Classical Liberalism)」を自称するようになった。「古典的」とは「アダム・スミス以来の伝統に連なる正統派」の意味なのだが、これは「元祖釜飯」のようなもので迫力に欠ける。そこで別のグループは、同じLiberty（自由）からリバタリアニズムLibertalianism（自由主義）、Libertalian（自由主義者）という造語をひねりだした。〉（ウォルター・ブロック著、橘玲訳『不道徳教育』講談社、二〇〇六年より）

2006.11.06「オーマイニュース」

◉福島知事選挙の担う意味

一一月一二日に投開票される福島県の知事選で、候補者たちが熱戦を繰り広げている。民主党と社民党が推薦している候補の優勢が伝えられるが、自民党候補の猛追もあり、情勢は予断を許さない。そこで、というわけでもないのだが、ここでは選挙の予測ではなく、この知事選が担うことになる意味について考えてみることにしよう。

五期一八年目を迎えていた佐藤栄佐久▼・前知事が辞職したのは九月二八日のことである。県発注の工事をめぐる談合事件で実弟らが逮捕された道義的責任を取る形だったが、一カ月月後には前知事本人も県発注のダム工事に関わる収賄容疑で逮捕されるに至った。報道によれば、彼はすでに容疑を認める供述を始めており、「断腸の思いだ」などと話しているという。

相も変わらぬ談合政治。真相の解明は今後の捜査の進展を待つしかないにせよ、事件を伝えるマスコミ報道からは、いつまでも土建屋体質から脱皮できない、古いタイプの汚職政治のイメージばかりが増幅されてくる。多選の弊害を地で行く物語は、それはそれで嘘ではないに違いない。

佐藤前知事には、しかし、いわゆる土建政治屋とは相容れにくいと思われる、もう一つの別の顔があった。地元では常識に近い現実が、どういうわけか、全国版の汚職報道にはすっぽりと抜け落ちていた。

彼は政府のプルサーマル導入計画に強硬に反対し続けていたのである。プルサーマルとはプルトニウムをサーマル・リアクター（熱中性子炉＝通常の原子力発電所）で燃やすという意味の和製英語で、原子力発電の過程で生じる余剰プルトニウムのリサイクル、有効活用につながるとされる一方で、事故や核拡散の危険が増大する可能性も伴う。

プルサーマル計画は一九九〇年代の後半に打ち出され、政府は福井、福島、新潟の三県に協力を申し入れている。福島県では東京電力福島第一原発三号機に導入することとされ、佐藤栄佐久前知事も一時はこれを受け入れかけた。九八年一一月には計画に同意する「事前了解」を東電に提出したのだが、その後に相次いだ原発関係の事故に臨んで隠蔽《いんぺい》工作を重ねた同社の姿勢に県内の反プルサーマル運動が盛り上がり、二〇〇二年九月、事前了解の白紙撤回を表明するに至る。住民の安全に対する配慮に欠け、強引なやり方を改めようともしない政府の姿勢に彼は憤って、以来、一貫してプルサーマル計画に抵抗してきた。

この間には当初の計画が大幅に変更されて、佐賀県と愛媛県の原発施設でのプルサーマル計画の実施が固まったが、佐藤前知事は断固として譲らなかった。今年の三月には県議会の総括審査会で、将来にわたっても受け入れる余地はない旨を答弁している。

だから逮捕されたのだ、政府に逆らったから罪人にされてしまったのだと、軽々に短絡してしまうわけにはいかない。とはいえ、佐藤前知事以外の都道府県知事が汚職などしていない根拠も乏しい。たとえば石原慎太郎・東京都知事など、都市計画行政の私物化が幾度も指摘されながら、捜査当局が関心を持とうともしないのは不思議の極みである。

毎日新聞の福島地方版（一一月六日付朝刊）に掲載された、県知事選の主な候補者アンケートから、プルサーマル絡みの部分を抜粋しておく。

〈小川英雄氏（無新）プルサーマル拒否の姿勢を維持する。

佐藤雄平氏（無新）これまでの経緯を踏まえ、慎重に対処する。

森雅子氏（無新）これまでの原子力政策についての議論の経過を十分に検討するとともに、ニュートラルな立場で県民の声を聞き、判断すべきことと思っている。

川田昌成氏（無新）県の行政課題の中で大変重要な問題だけに、県民各界各層からの意見を聞くことが大切だと思う。安全とは何か、便利と危険とは表裏一体でとにかく難しい問題だ〉

ちなみに自民党と公明党は森氏を、民主党と社民党は佐藤（雄）氏を、共産党は小川氏を、それぞれ推薦している。

▼佐藤栄佐久・前福島県知事は二〇〇八年八月、東京地裁で懲役三年、執行猶予五年の判決を言い渡される。翌〇九年一〇月の東京高裁は懲役二年をそのままに、執行猶予だけを一年延ばして四年とし、この判決が一二年一〇月に最高裁第一小法廷で確定した。

彼はこの間、法廷で冤罪を主張し続けた。東京高裁判決の直前には『知事抹殺――つくられた福島県汚職事件』（平凡社、二〇〇九年）というタイトルの著書を出版し、怒りをぶちまけている。


〈「栄佐久の悪口を何でもいいから言ってくれ」

「もう図は完成していて、変えられない」

私や祐二（引用者注：逮捕された栄佐久氏の実弟）や支持者たちは、特捜検事に呼びつけられてこう言われ続けた。

東京地検特捜部は、明らかに筋書きを先に立て、そこにすべてのものを押し込めようとした。筋書きに合わないものに対しては恫喝して徹底的に絞り上げた。まさに「国策捜査」である。〉

〈マスメディアも共犯である。記者たちはコメントを求めて押し寄せてくるが、ある時から検察のストーリーに沿った記事しか出なくなった。たとえば第2章の末尾に、私が後援会の忘年会で献金者を紹介した秘書に対して「献金してくれる人だけが支持者ではない」と怒ったエピソードを紹介したが、この話が、自分のクリーンさを強調する一方、金については祐二を隠れ蓑にして「自分だけが知らないことにしておけ」というずるい知事、というストーリーに改変されて「おれは関係ないから」という大見出しのついた記事となった（「日本経済新聞」二〇〇六年一〇月二五日付朝刊）。〉

栄佐久知事の冤罪疑惑は本稿から五年後、二〇一一年三月の福島第一原発事故を契機に注目されることになった。最高裁で有罪が確定した現在も、特捜検察の捜査には一般から強い不信の目が向けられている。

私が「オーマイニュース」に本文を書いたのは、まだ誰もそんな問題を取り上げようとはしていない時期だった。別件で訪れた福島県でたまたまつかんだ感触をコラムにまとめた記憶がある。後の拙著『「東京電力」研究　排除の系譜』（講談社、二〇一二年）にも繋がった。秘かに誇らしく思っている仕事だ。

◉2007.03.13 従軍慰安婦問題の元凶、岸信介の罪

だから言わんこっちゃない。戦時中に朝鮮半島などから動員された従軍慰安婦の問題である。日本政府は一九九三年の河野洋平官房長官談話で一定の責任を認めた。認めた以上はその後も誠心誠意、きちんと対応していれば、こんな醜態、混乱をさらすこともなかったのだ。

米国連邦議会の下院では、日本に公式の謝罪を求める決議案への指示が高まっているという。安倍晋三首相をはじめ、この国の有力者らが近年、河野談話の見直しを図り、さらには史実そのものを闇から闇に葬り去ろうとしてきたやり口が怒りを買った。公聴会での被害者たちの証言を前にしてなお、狭義の強制性がどうの、広義だとこうのと居直り続けた安倍首相が、事態をより深刻にしてしまったのだ。

実際、小泉純一郎前首相が政権を握った前後からの日本社会は異常すぎる。過去の戦争責任と真摯《しんし》に向き合うどころか、黒を白と言いくるめて恥じない不実や粗暴に胸を張る勘違い人間が、なんと主流派を形成しつつあるではないか。

彼らは日本国家、というより日本国家をダシにした損得に直結する己と己の身内を絶対無二の価値とし、これに無条件で服従しない者と他のアジア人を虫けらとして扱う。だから日本が不幸のどん底に追いやった人々がどんなに苦しみを訴えても、せせら笑って相手にしなかった。

加えて安倍首相には、きわめて個人的な奸策もあったのだろう。

従軍慰安婦問題について「黒を白に」という姿勢は、戦時中の国民総動員体制を牽引し、旧満州や朝鮮

半島の人々を天皇の名の下に使役させ、従軍慰安婦問題の元凶になった祖父・岸信介元首相の罪を何もなかったことにしてしまうということだ。

慰安婦に仕立て上げた女性たちに対して、日本政府はとことん尊大であり続けてきた。その結果、おそらくは世界で最も人権を語る資格を持たない国のひとつであるところの戦争帝国アメリカに人権で謝罪を命じられる物笑いになりかねないのである。あるいはまた、経済的ないし軍事的に、これまで以上の無理無体を受け入れさせられ、見返りとして慰安婦問題はチャラにしていただく筋書きか。

声高に愛国心を絶叫したがる手合いほど売国奴であるとは常識。安倍政権はその典型だ。▼

戦争犯罪人の孫を、まさにその血筋ゆえに最高権力者の座に就けたこと自体が土台、大間違いなのである。これ以上の跳梁跋扈《ちょうりょうばっこ》など断じて許してはならない。

▼もはや詳しく解説する必要もないと思われる。従軍慰安婦問題をめぐるこの間の安倍首相の姿勢が、すべてを物語っているのではないか。

2007.05.29
◉言論封じの強権政治は許されない

我部《かべ》政明・琉球大教授（国際政治学）ら沖縄県の大学教員有志二一人が連名で、安倍晋三首相に抗議声明を出した。現地での自衛隊の行動が、〈現行の自衛隊法の枠を逸脱し、その拡大解釈につながるきわめて危険なことである。（中略）自衛隊は日本や日本国民の安全のために存在すべきであって、自衛隊が国民を抑え込む行動は、これからの日本に重大な禍根を残す暴挙である〉などとしている。

もっとも、これだけでは大方の読者にはチンプンカンプンに違いない。なぜか沖縄以外の地方ではほとんど報じられない大問題だから。

声明は海上自衛隊の掃海母艦「ぶんご」が、沖縄県名護市の辺野古岬沿岸に派遣されている状態に抗議したものだ。宜野湾市の市街地をほぼ占有する普天間基地の返還をうたった在日米軍再編計画は、代替基地として辺野古一帯を埋め立て、二本の滑走路を備えた新戦略拠点の建設を打ち出している。住民の抵抗で着工を阻まれていた政府は、さる四月下旬、沖縄県での参院補選で与党候補が当選した直後に新基地建設に向けた事前調査を強行。ついには反対行動の現場に軍艦を送り込んだのである。

「ぶんご」が横須賀基地を出港したのは今月一四日。いわゆる国民投票法（正式名称は「日本国憲法の改正手続きに関する法律」）が参院の特別委員会を通過した当日で、かつ沖縄が本土に復帰した記念日の前日だった。

計ったようなタイミング。「軍による威嚇」「銃剣とブルドーザー」で米軍に土地を接収された悪夢の再来」だと震える地元の声は、しかし、まるで顧みられることがない。国会でも安倍首相はカエルの面にションベンだし、久間章生・防衛相は、「掃海母艦は機雷を除去する船で、攻撃型ではない。ソフトな感じ」と居直る始末。辺野古の海のどこに機雷が浮いているというのか。

支配欲に狂った政権になめられ切った沖縄県民は、ここで立ち上がらなければ最後、未来永劫、アメリカと日本の二重の植民地にされ続ける運命だ。他方、戦後の矛盾のすべてを沖縄に押し付けてきたヤマトンチュー（本土の人）は今度こそ深く恥じ入り、真っ当な人の道を模索してほしいと思う。

何度でも言う。こんな世の中の何が「美しい国」なのか。どこまでも醜く、恐ろしく、薄汚いという以外に形容のしようもないではないか。

安倍晋三。世襲した国家権力をかさに着て威張り散らして恥じもしない、あの安物のヒトラーごときの、この国は断じて所有物ではないのである。

2007.07.10
◉この国に貫かれている究極の植民地根性

久間章生防衛相が辞任した。米国による広島や長崎への原爆投下は「しょうがない」とまで言い放ってくれれば、これはもう、当然すぎるほど当然の報いである。

暴言の主を、しかし安倍首相は庇い続けた。当人も辞任の理由に参院選への悪影響を挙げるなど、被爆者らの生命を軽んじた思想については、最後まで謝ろうとしなかった。

引責辞任の形が取られたからといって安心できない。彼らは何一つ反省などしていない。というより、小泉政権以来のこの国の方向性は、久間式の世界観が政権を貫いている。米国は神であり、彼らの行動のすべては善行だとする、究極の植民地根性である。

だからこそ、在日米軍再編計画で、座間、横須賀（いずれも神奈川県）、横田（東京都）に立地する陸、海、空の米三軍の司令部に、陸、海、空の三自衛隊の司令部をそれぞれ同居させ、一体運用すると決められた。自民党の「新憲法草案」が、国の交戦権を否認した現行憲法九条二項を削除して、〝国際的に協調して行われる〟軍事活動なら自衛隊改め「自衛軍」はいつでも参加できる条文を追加したのも同様。

米軍再編が完了し、自民党の主導で憲法が〝改正〟された暁に、日本は悪魔の列島に成り果てる。絶えず米国の戦争に付き従い、彼らとともに罪もない人々を殺しまくっては資源や市場をかっさらう〝衛星プチ帝国〟に。

神様たる米軍の作戦に、その一部となる「自衛軍」は逆らえない。イラクの次とされるイランへの核先制攻撃の可能性が伝えられる中、ならば今のうち核の使用も受け入れておこうというサル知恵、対米保身術は、彼ら的にはごく自然の成り行きであるはずだ。

久間辞任と前後して、米国のR・ジョゼフ核不拡散問題担当特使（前国務次官）が再び「原爆が戦争を終わらせた」の妄言を強調してみせたのは、国民世論を慮って原爆を否定するなよと他の閣僚に向けたメッセージだ。参院選を控えた安倍首相はいろいろ言っているが、この男の本質は久間前防衛相と何ら変わらない。ベストセラー『美しい国へ』（文春新書、二〇〇六年）などで、彼はこう繰り返してきた。

「日米両国は普遍的な価値観を共有している」

日米両国には共通点も少なくないが、共通していない点も多々ある。安倍流だと戦争や核兵器の使用についても日本は常に米国を支持させられることになる。恥ずかしすぎるではないか。

▼この年の六月三〇日に麗澤大学（千葉県柏市）で開かれた講演会での発言だった。共同通信の配信による発言趣旨を示す。

「日本が戦後、ドイツのように東西で仕切られなくて済んだのはソ連が（日本に）侵略しなかった点がある。（中略）日本が負けると分かっているのに（米国は）あえて原爆を広島と長崎に落とし、終戦になった。長崎に落とすことによって、ここまでやったら日本も降参するだろうと。そうすればソ連の参戦を止めることができると（原爆投下を）やった。幸いに北海道が占領されずに済んだが、間違うと北海道がソ連に取られてしまった。その当時の日本なら取られても何もする方法がない。長崎に落とされ悲惨な目に遭ったが、あれで戦争が終わったんだという頭の整理で、しょうがないなと思っている」

◉2007.08「創」

自衛隊による国民監視

月刊『小説すばる』の七月号に、監視カメラの広告が載っていた。〈不在がちなあなたの自宅、狙われていませんか?〉デジタルビデオレコーダーと監視カメラ四台で税込み九万八千円也の廉価版システムセットを、文藝雑誌の読者が買い求める光景を想像すると薄気味悪い。

少し前にいくつもの新聞で掲載されたＮＴＴドコモの全面広告を連想した。〝おサイフケータイ〟をかざすだけ、サインレスでコンビニやタクシーの支払いができるという新サービスＤＣＭＸのＰＲにはことごとく、〈だって便利なんだもん!〉のキャッチコピーが踊っていた。

そんなに他人を見張りたい?

便利さこそが最高の価値だというのか⁉

例によって悶々としていた頃、今度は陸上自衛隊の諜報機関「情報保全隊」による国民監視活動の一端が明るみに出された。日本共産党が独自に入手した、反体制的な政党や市民団体、ジャーナリストなどの動向が収集された内部資料を公表したのは陸自東北方面保全隊によるデモや反戦集会の一覧表（二〇〇四年一・二月）と、情報保全隊本部が作成した「イラク自衛隊派遣に対する国内勢力の反対動向」（二〇〇三年一一月〜〇四年二月）の二種類。合計一一部、一一六ページに及ぶ文書の束である。

同業の大先輩である辺見庸さんや高野孟さんと一緒に、私のこともしっかり載っていた。徴用された先の旧満州（現在の中国東北部）でソ連に捕われ、終戦から一一年後にようやく帰国してみればシベリア帰りは全員アカに染まったスパイ容疑者だとばかりに祖国の公安警察に監視されたまま逝った親父（詳しくは拙著『「非国民」のすすめ』ちくま文庫を参照されたい）と同様、国家権力に見張られ続ける親子二代というわけだ。

個人的には、だからって改めて驚きもしなければ、怒り狂って暴れるつもりもない。権力を笠に着ては他人の言動に目を光らせ、脅しつけては萎縮させたがる。そんなことに悦びを見出す外道《げどう》の群れに、今さら人の道を説いてみても始まらない。心の底から憎悪し、軽蔑して、いつの日かこの手の行為を一掃する努力をしていく。それだけのことだ。

陸上自衛隊情報保全隊だけが、だが変質者の巣窟《そうくつ》なのではない。案の定と言うべきか、参議院選挙を控えた安倍晋三政権は年金記録の不備問題[1]を逆手にとって、年金や医療保険、介護保険の個人情報を一元管理する「社会保障番号」の制度を導入し、ＩＣチップ内蔵の「国民カード」を全国民に交付する検討を開始したという。いずれ住民基本台帳ネットワークとの連動が確実視されている（「朝日新聞」六月二三日付朝刊）。またしても国民総背番号体制への一里塚。放火魔が火事場泥棒を働いて悦に入るシュールな構図。

格差社会を解決するとの触れ込みで首相官邸に設置された「成長力底上げ戦略構想チーム」は、〝人材能力形成戦略〟の一環として、これもＩＣ内蔵の「ジョブ・カード」の発行を計画中だ。フリーターや母子家庭の母親など就職困難者の職歴や職業訓練参加状況、業績評価認定内容などを記載し、本人に携帯させて、求職活動に活用させるという。

なんでもかんでもＩＣカード。ついでに住基ネットのＩＣ住基カードとも合体させていく予定調和。その住基ネットはと言えば、政府税制調査会が納税者番号制度との相乗りを、ＮＨＫが受信料の徴収に利用したい意向を表明済みだ。前述のＮＴＴドコモのＣＭも、ＩＣカード乗車券「スイカ」や「パスモ」の利用範囲が大幅に広がる直前の三月中旬にあふれていた。とりあえずは対抗、いずれは何もかも一体化、というシナリオか。〝改正〟住民基本台帳法が審議された一九九九年の国会で、住基ネットは国民総背番号になどいたしません、と繰り返していた政府答弁は今いずこ。どだい、ＩＣカードがなかったから年金の問題が生じたのではなくて、国民の生命や財産などしゃぶり尽くす対象と政府が見なしてきたから何ひとつうまくいかなかったのだという本質が、完全に黙殺されてしまっている。

いや、カマトトぶりっこはもうよそう。政府は住基カードの多目的化を既定路線としてきた。たとえば総務省の「住民基本台帳カードの利用活用手法等に関する検討会」が二〇〇六年二月に公表した報告書には、住基カードに各種検診や相談の結果、予防接種歴などを搭載した静岡県掛川市、学童の登下校時に住基カードで本人認証をさせ、保護者のアドレスにメールを送信するサービスを開始した宮崎県那珂郡南郷町などの事例が紹介されている。次のような文言も平然と。

〈条例を制定しなくても住基カードの多目的な利用ができるような仕組みができないか（全国的に利用可能なサービスメニューを増やすべきではないか）。〉

〈住民がもっと（引用者注：住基カードを）取得したくなるようなインセンティブを与えることができないか。〉

〈市町村が保険者である国民健康保険については、被保険者である住民に交付する被保険者証と、同じく市町村が交付する住基カードとを、統合又は連携させるべき、という意見がある。（中略）他の医療保険の被保険者証との関係や全国的な処理の必要性、住民にとってのメリットといったことも含めて検討する

必要がある。〉

何もかもが大ウソだったのだ。これが国民総背番号体制以外の何だというのか。

あるいは監視カメラ網である。最近の報道によるだけでも、東海道・山陽新幹線の新型車両「N700系」の車内デッキに監視カメラが設置された。一六両編成に合計六〇台。列車内の犯罪が頻発している状況でもないのに、JR東海と西日本は「車内の秩序を守るのに役立つ」と強調したとか（「朝日新聞」七月四日付夕刊）。

警視庁はパトカーに監視カメラを搭載して街角の映像を自動録画していく方針を固めたそうだ。今年度から一部車両での実現を目指すという。〈犯罪の証拠保全とともに、「パトカーが街頭を撮影している」という意識を広げ、犯罪抑止につなげる狙いがある〉と、読売新聞の一月一〇日付夕刊にあった。

札幌市ではルームミラーに固定した監視カメラのレンズを後部座席に向けている個人タクシーが珍しくもないし（「北海道新聞」二〇〇五年四月六日付夕刊）、脱衣所に監視カメラを設置する公衆浴場まで増えてきた（同〇五年四月一一日付朝刊）。いずれも撮影された画像は警察に提供されることになっている。

警視庁成城警察署（東京都世田谷区）は、防犯目的で玄関前などに監視カメラを取り付ける高級住宅の主を格好の見張り役に仕立て上げた。普通に買えば一台一〇〇万円近いシステムが、警察に協力する約束と引き換えに、月額一万円程度でリースされるという（「毎日新聞」二〇〇六年一月一九日付朝刊）。

東京の地下鉄霞ヶ関駅では二〇〇六年に、数次にわたって「顔認識システム」の実証実験が重ねられた。改札口付近の監視カメラで捉えた人間の映像と顔写真データベースとを照合して、瞬時に身元を割り出すハイテク技術。設置の主体は国土交通省の外郭団体である財団法人・運輸政策研究機構だが、実際の運用にはＮＴＴコミュニケーションズが当たった。成果を検討する「研究会」のメンバーには、警察庁警備局警備課の専門官の名前が含まれていた。

この国にはもはや、〝天下の往来〟が存在しない。何もかも見張られている。すべては警察の私道であって、私たちは彼らにヘコヘコと頭を下げながら、通らせていただく立場に貶められてしまったのだ。

監視社会などという形容は甘すぎる。監獄だ。この七月に開所される「美祢《みね》社会復帰促進センター」（山口県美祢市）には二〇〇台以上もの監視カメラが張り巡らされた。官民合同で運営される日本初の刑務所ゆえに、要員を大幅に削減。代わりに監視カメラ網と、上着に装着されたＩＣタグ、ＧＰＳ（全地球測位システム）などで、受刑者は何もかもを見張られる（「朝日新聞」六月九日付夕刊）。

もっとも塀の内と外とにどれほどの違いがあるものか。二〇一五年の小学生は登校して校門を通ると、名札のＩＣタグでチェックされ、担任教師と保護者にその情報が送信されることになるそうだ。文部科学省の調査研究委員会が構想している（「沖縄タイムス」六月一一日付朝刊）。

顔認識システムでは大先輩の英国では、「話す監視カメラ」へのバージョンアップが急がれている。モニターで人々の行動をチェックする係員が、ゴミのポイ捨てや、場合によっては飲酒までをも見咎めて、スピーカーで叱りつける。録音しておいた子どもの声を流すところもあるのだという（「朝日新聞」二〇〇七年四月一六日付朝刊）。

〝米英の白人様のやりなさることは何でも正しい〟がモットーの構造改革路線だもの。こんなのもきっと真似し始めるに違いない。

これまた安倍政権の〝有識者〟会議のひとつ、「イノベーション25戦略会議」は、さる二月にまとめた中間報告で、さらに凄まじい企みさえ謳い出した。街の至る所に張り巡らせた監視カメラ網に、顔認識システムはもとより、人々のしぐさや音声も解析して不審者を取り締まる技術を二〇一九年までに実用化するという。監視カメラと一緒に盗聴器や集音マイクを仕掛けるぞという話である。

山陽新幹線の監視カメラをめぐってＪＲの連中が吐いていた「秩序」という言葉。あれは、そう言えば自民党の新憲法草案[2]が乱発していた単語だった。生命、自由および幸福追求への国民の権利は、〈公益及び公の秩序に反しない限り〉尊重される、などとしている。現行日本国憲法第一三条の当該部分〈公共の福祉に反しない限り〉と比較されたい。

東京の街には今日も、〈犯罪は許さないぞ！〉だの〈誰かきっと見てるゾ〉だのというステッカーが貼られまくっている。陸上自衛隊情報保全隊の問題では、六月一九日の参院外交防衛委員会で、久間章生防衛相が「国民として皆、平等に情報収集の対象になり得る」と答弁した。自衛隊側の判断次第で日本に居住するすべての人間を監視するとの宣言だった。

ここまで見下されて、それでも世間の反応は恐ろしく鈍い。この国の人々は、すでに人間であることを放棄しているのではないか[3]。

▼1　年金記録の不備問題は一般に「消えた年金」問題などともよばれる。『知恵蔵』二〇一三年版によれば――、〈二〇〇七年五月に国民年金など公的年金保険料の納付記録漏れ問題が発覚し、五〇〇〇万件という数字とともに国民の大きな怒りを買った。そもそもは、一九九七年に公的年金加入者に「基礎年金番号」を割り当てて加入記録を一元管理しようと試みた際に、結婚して名前が変わったケースや単純な入力ミスなどで、記録から消えた年金が生まれたのである。政府も年金事務の当事者である社会保険庁の怠慢を批判したが、監督責任もあって七月の参院選における与党大

敗の最大の原因となった。さらには、現行の年金制度への不信をさらに増大させた。国会での追及の急先鋒だった民主党の長妻衆議院議員は「ミスター年金」とも呼ばれたが、年末に発表された「流行語大賞二〇〇七」に「消えた年金」が選ばれた際、受賞者が舛添厚生労働相だったことで、「年金を消した」当事者が受賞するのはおかしいとの批判が続出した。〉

▼2　二〇〇五年一〇月に発表されている。自民党が野党時代の一二年四月に公表し、現在の改憲論議のベースになっている「憲法改正草案」の前段階。

▼3　本稿はいつになく既報の情報に頼って構成した。これだけの材料が出尽くしているのに、という思いからである。監視社会に対する私の危惧も何もかも、二〇一五年一〇月にスタートした〝マイナンバー〟制度によって現実のものとなり、鳴らし続けた警鐘はほとんど意味を失った。

◉2007.11.27 大手銀行の責任回避

六大金融・銀行グループが、九月中間決算で税引き後の当期利益を前年同期比で半減させた。アメリカのサブプライムローン（低所得者向け住宅融資）やサラ金などノンバンクへの投資で巨額の損失を出したためである。

六大グループのトップのうち何人が責任を取って辞職し、退職金を返上するのかが見ものだ。おそらくは皆無だろう。本人にその気がなければ次の地位の者がこの機に乗じて無能なトップを追放するのが、それこそ競争社会の原理原則だろうに、そんな気配もなさそうだ。

もちろん先々のことはわからないし、本稿を読んで俺は辞めると言い出す真っ当な感性の持ち主がゼロである保証もないので、〝賭けてもいい〟などとは言わない。ただ、かつてバブル経済が崩壊した頃の大企業経営者たちの振る舞いを思い出せば、そう考えざるを得ないのである。

あの時代の日本経済が陥った長期〝不況〟の最大の原因は、バブル期における放漫経営に他ならなかった。いずれの大企業も本業をおろそかにし、儲かりまくった利益の大部分を株や土地への投機につぎ込んだ。バブル崩壊とともに、どれもこれも不良債権と化してしまったのに、きちんと落とし前をつけたトップが存在しただろうか？

いない。逆に当時の日経連（労使関係の使用者側の団体。現在は日本経団連）は、景気低迷の責任を労働者やサラリーマンの人件費が高くなったことにばかり押し付け、リストラの嵐を吹き荒れさせて、現在に至る格差社会への道筋をつけたのだ。

六大グループと似たような事情で業績を悪化させたアメリカの金融グループでは、一応は引責辞任の形を取りつつ、にもかかわらず日本円換算で一〇〇億単位の退職金をふんだくっていくトップが珍しくない。盗っ人に追い銭とはこのことだ。

サブプライム危機は予測不能だったなどとは絶対に言わせない。そもそも所得が少なく、信用度も低い層へのリスキーすぎる債権を投資の対象にしたこと自体がどうかしている。

要はとことん無能な経営トップやその取り巻きどもが、己のバカさかげんは棚に上げて、意思決定のプロセスとは縁もゆかりもない下っ端を面白半分にぶった斬っていく構図。とはいえ、そうまでされて抵抗できないままでいる方も情けない。いくら何でももうそろそろ立ち上がり、人としての権利を主張してもよい頃ではないのか。▼

▼本稿を書いたきっかけは、ニューヨークに本拠を置くシティグループ（シティバンクを中核とする金融企業グループ）のCEOだったチャールズ・プリンス氏が、あろうことか四〇〇〇万ドル（約四〇億円）以上もの退職金パッケージ（適当な口実のつく上乗せ分を含む退職金）を受け取ったという報に接したことだった。サブプライムローン問題で巨額の損失を計上し、そのための引責辞任だったのにもかかわらず。リーマン・ブラザーズのCEOや、メリルリンチのCEOに至っては、さらに酷いと聞いた。

アメリカは狂っている。そんなものをサル真似して恥じようともしない日本は、もっと狂っているのではないか。

2008.01「創」

◉参院選不出馬の顚末

今年も残すところ、あと一カ月を切った。かねて本誌の篠田博之編集長に求められていたこともあり、一応の総括をしておこうと思う。

さる七月の参院選で、僕が社民党の比例候補として出馬することになっていたが、最終的に取りやめた経緯について、一部で流布されていた誤解を解きたい。あまり格好のいい顚末ではないし、やがて忘れ去られるのを待っているのが一番なのかもしれないけど、自分の日頃の言動に照らして、一部始終を明らかにしておく方が、迷惑をかけたに違いない関係者たちにも、読者にも、より誠実な態度だと考えた。

結論から述べれば、何か具体的なトラブルがあったわけではない。いろんな問題がなくもなかったことも確かだが、それほど深刻でも、誰が悪いということでもなく、一度は高揚した僕自身が、いつの間にか冷めてしまったというのが正直なところだ。

出馬要請は昨年夏、小泉純一郎元首相の任期切れを控えた頃だったと記憶している。ポスト小泉は安倍晋三前首相でほぼ決まりと伝えられていた中で、福島みずほ党首じきじきに頭を下げられた。

「安倍さんは本気で憲法を変えるつもりです。このままじゃ日本は、平気で戦争をする国にされちゃう。監視社会や格差社会のテーマを切り拓いてきた斎藤さんの力を、今後は国会で、彼らの思い通りの世の中にさせないために役立ててほしいの。私たちの仲間になってもらいたい。一緒に闘いましょう」

立候補へのお誘いなら、過去にも何度かいただいたことがある。社民党に、ではない。地元の区長選とか、東京都知事選に出てあんたの嫌いな石原慎太郎を倒してみろよ、なんていうのもあった。

いずれも非公式の打診の段階で終わっていた。成算の以前に、僕の側にその気がゼロだったからだが、この時ばかりは真剣に考えざるを得なかった。

信頼する先輩や友人と相談を重ね、家族とも話し合って、要請を受ける気持ちを固めたのが一一月頃。マスコミ業界を中心に、応援団を買って出てくれる人たちもたくさん現れた。すでに安倍政権は誕生し、彼が目指す〝美しい国〟づくりに向けて一直線に突っ走り始めていた。

昔も今も、新聞の政治記者など、ジャーナリスト出身の政治家が少なくないのは知っている。だが自分がそうなりたいと考えたことは一度もない。にもかかわらず、いくら熱心に請われたからといって、一度はその気になったのはなぜか。

改めて整理してみると、だいたい以下のような理由が挙げられる。
①福島さんの口説き文句をそのまま素直に受け入れた。安倍首相をはじめとする世襲権力者たちに、これ以上いいようにされてたまるものかと思った。
これだけなら、しかし、いつものように断っていただろう。仮に当選できても、新人議員の、しかも弱小政党の一兵卒にできることなどたかが知れている。まだしも従来同様、自由な立場からの発言を続けていく方が、改憲や戦争に反対する一定の歯止めになるはずだと周囲にずいぶん言われたし、自分でもわかっていた。

ただ、当時の僕には、加えて、こんな思いがあった。
②権力にすり寄ることとイコール現実的なスタンスだと強弁して恥じない人々が多数派になってしまった

ジャーナリズムの世界への絶望に近い失望。

③そうやって他者を批判しながら、ではお前自身はどうなのだという自省が絶えずある。監視や格差や戦争への道行きなど、同じテーマを取材し続けなければならないことへの疲労感や、何を書こうが世間総出でせせら笑われているように思えてくる無力感にも耐えがたいものがあった。

要は何かを変えたい、変えなくちゃと焦りまくる日々だった。そんな折、ある市民団体に招かれ、例によって現代の日本で格差社会と戦争体制が結びつくとどうなるこうなると論じた講演会がはねた後、帰路に着こうとする僕を追いかけてきた学生に、こんなことを言われた。

「そこまでわかっていて、斎藤さんはどうして直接、政治の場に出ようとしないのですか。危機的状況を本や講演で解説している場合ではないはずです」

僕はもともと、世の中に影響を与えることを目的に、この仕事を始めたのではなかった。現実に起きていることを取材しては活字にしていく、誰にも使われない、独立した職人として飯を食っていきたいと考えただけである。

とはいえテーマを選ぶのにも、知ってしまった事実を表現するのにも、取捨選択の判断基準は、どうしたって己の価値観になる。とすれば昨今の奔流には抗う以外の立ち位置などあり得ない。結果、戦争はいけない、階層間格差を積極的に拡大する構造改革などもっての外だといった主張ばかりが目立つようになっていったのも確かだった。

だからしばしば、「文句ばかり言っていないで対案を出せ」式の非難も浴びたが、そんなことでは怯《ひる》まなかった。なぜなら僕は、ジャーナリストは事実を拾って伝えるところまでが仕事で、そこから先はできないし、試みるべきでないと考えていたから。己の限界を弁《わきま》え、市民運動や政治やＮＰＯや、ともかくも他のフィールドの専門家を尊重できてこそのプロフェッショナルではないか。

今もこの発想に変わりはない。自分なりの原理原則だと思っている。ただ、対案云々の物言いにつきまとう、権力のやることに素人がケチつけてんじゃねえ、下の者はおとなしく従っていればよいのだ、という恫喝は、学生の意見には込められていなかった。ならば話は別だ。

「そうですね。少し考えてみます」

などと返しながら、僕が件の学生の言葉を反芻《はんすう》し、帰りの新幹線でぬるいビールをすすりつつ導いた結論。
④自称ジャーナリストが対案を出すのはやっぱり筋が違う。だけど自分には、メジャーなマスコミがあまり取り上げたがらなかった問題を、それなりに伝えてきた自負も責任もある。
とすれば批判してきた諸問題を解決する側に回るのも、ひとつの落とし前のつけ方なのかもしれない。むしろ、ここ一〇年ほどの活動の末の、必然的な決着ではないのか。いや、きっとそうに違いない——。

落選した場合のリスクは計り知れなかった。左派のイメージがどれほど染みついていようと、特定の野党をバックに選挙に出るのと出ないのとでは大違いだ。首尾よく当選し、ある程度の政治的な成果をあげることができたとすればなおのこと、色つきの先入観ばかりで見られるに違いないだろうから、引退後もジャーナリストとしての復帰は難しくなる可能性が高いとは、十二分に予想できた。

いや、そんなことは将来を思い描いてみること自体が無謀だ。ほとんど活字媒体に限られた、ごくささやかな知名度だけでどうにかなるほど、選挙は甘くない。政策提言の実績があるわけでもないのだから、社民党の求めに応じることは、売れないタレント以上でも以下でもない泡沫候補を志願することに他ならなかった。

前述の①が、ここで僕の中で再び一気に存在感を大きくした。マイナーな業界紙の記者を振り出しに苦節二〇数年、ようやくマスコミ業界で築きつつあるポジションを棒に振るような事態に陥ったとしても、小石程度の歯止めにはなれるかもしれない。だったら嫌というほど危惧してきた通り、日本をこのままアメリカもどきの衛星プチ帝国にされてしまうよりなんぼかマシだぜと、本気で思った。

自意識過剰は承知の上での告白なので、もう、あまり責めないでほしい。たぶん並外れたエゴイストであると自認している僕には、きわめて個人的な、身の程知らずの野望もあったのだ。

どう転んでも簡単には済むまい。ジャーナリスト出身の政治家や候補は珍しくなくても、少なくとも近年は多くが与党かそれに近い政党ないし無所属からの出馬が多くて、僕とは事情が異なる。それだけに、もしかして、みんながやらない、やりたがらない経験を上手に積むことができれば、いつの日か、理想の（あくまでも自分自身にとってだが）言論人に成長できるかもしれない、と。

応援団も盛り上がっていく。といって早くに動きすぎれば、公職選挙法の禁ずる事前運動に抵触する危険がある。〇七年の二月あたりに出馬表明できればという感覚で、年末から年始にかけて、少しずつ、準備を進めることにした。

いろいろなことがあった。応援団と社民党本部との行き違い。選挙費用や事務所の設置に関する不満。ここまでは〝想定の範囲内〟でもあったが、年末に那覇市で催されたシンポジウムに参加し、その懇親会に出席した際、同じ社民党の比例区から、かつて読谷村長や沖縄県出納長を歴任した山内徳信さんが出馬すると聞かされて、大いにショックを受けた。

一九三五年生まれで、沖縄戦を実体験している山内さんは、沖縄では知らぬ者とてない大物だ。反戦運動と行政の両方に熟達した人である。

一方で、現在の参院比例区の選挙は以前と違う。政党内部で候補者にあらかじめ順位をつけておく拘束名簿式など影も形もない。有権者は政党名と候補者名のどちらを書いてもよく、その合計から各党の当選者数が決まり、後は候補者それぞれの得票で当落が決する非拘束名簿式に改められて、すでに六年が経っていた。

改憲阻止、戦争絶対反対を掲げる僕と山内さんは、他の社民党候補以上に、モロに票を食い合う関係になるわけだ。なのになぜ、福島みずほさんは、事前に相談してくれなかったのか？　売れないタレント候補としての僕は、社民票全体の多少の底上げを期待されるだけの存在でしかなかったのか？

応援団と社民党との関係は、これで決裂した。僕自身、裏切られた思いがなかったと言えば嘘になる。ただ、そんなことよりも何よりも、僕は山内さんの立候補を警戒さえしていなかった自分自身の政治的センスのなさが、恐ろしくなった。

新卒で新聞記者になった頃も、週刊誌の記者に転職した時も、僕はすぐに天狗になっていた。どの世界でも同じだろうが、自信過剰だ、生意気だと嫌な顔をされないようではやっていけないと思い込んだ、ハッタリも含めて。

月刊誌の編集者をやってみた一年一カ月間だけは違った。ハッタリの利かしようもないほど向いていない。傍からは似たような職種に見えても、僕にとっての記者と編集者とは、天と地ほども異なっていた。

細かな背景は割愛するが、山内さんが社民党の公認で参院選に立つことは、必然的な流れだった。福島さんも辛かったと思う。そんなことも予測できなかった僕に、政治家など務まるわけがない。編集者時代の挫折を久しぶりに思い出させられた夜だった。那覇の宿泊先に戻る道々、そもそも俺が闘わなければならないと考えた相手は安倍のような世襲権力者の類いであって、山内さんのような立派な方ではなかったはずだと、改めて思った。選挙制度もどうかしている。

それやこれやで、結局、出馬取りやめの意向を福島さんに告げた。泣かれてしまった。一月末のことである。

以来、一〇カ月あまりが過ぎた。まったく後悔していない。政治とはそういうものなのだろうし、自分にはやはり縁のない世界だった。マスコミの主流派がどうだろうが知ったことか。僕は僕で好きなように仕事をすればよいのだ。第一、身を捨ててまで打倒するつもりだった相手は、なんと自分で勝手に政権の座を投げ出してしまったではないか。

あんなものへの敵愾心《てきがいしん》に人生を賭けなくてよかった。汚職や偽装や大連立という名の翼賛体制へのシナリオが当たり前のように語られる昨今の政局を見るにつけ、つくづく思う。

政治を馬鹿にしては絶対にいけない。すればツケを支払わされるのは僕ら自身だ。だけれどもあの連中と同じ空気を吸うことは僕には耐えがたい。自分自身の美学を否定しなくても、世の中に貢献する方法はいくらでもあると思い直した。

応援してくれたり、心配してくれた人たちはもちろん、福島さんや、こんな僕を彼女と一緒に口説いてくれた国会議員、スタッフの方々にも、心から感謝している。今の日本に社民党のような政党は必要だと思うから、これからも応援したい。この原稿も一一月二〇日夜、昼間の参議院厚生労働委員会で、福島さんが格差拡大に繋がる雇用法制の問題点を追及したというニュースをネット上で見ながら書いている。嬉しい。

だからって、僕は自由に物を言えることだけが取り柄のフリー・ジャーナリストだ。社民党批判も大いにやっていく。発言がケースバイケースで共産党や民主党のリベラル派に近かったり、自民党の、僕が考えるところの良質な部分とシンクロする場合もいくらでもあり得るが、それはそれである。▼

▼安倍晋三氏は復権し、「このままでは戦争をする国にされてしまう」懸念は、ますます現実味を帯びてきた。私は最後の最後まで抗い続ける。あんなものに屈服したら最後、自分には人間である資格が失われてしまうと考えている。

2008.01.08

◉噂が噂を呼ぶダメな学校ランキング

沖縄県の小中学校で、全国学力テストの結果に関する噂が飛び交っているという。早い話が学校ランキングの情報だ。

小中とも平均点が四七都道府県の最下位だった同県の、そのまた最下位ともなれば、日本中のどん尻のレッテルを張られてしまいかねない。だから各校の教職員はもちろん、PTAや地域の関係者らも戦々恐々、誰もが疑心暗鬼に陥っているのだとか。

新年早々の地元紙が報じていた。旧知の教員にも電話で確認した。事の善悪をさておけば、当然すぎるほど当然な成り行きではある。

教育改革の一環として昨年四月に導入された全国学力テストの結果は、都道府県単位でしか公表されていない。政府・自民党は学校ランキングを発表したい意向だったが、学校の序列化・格差拡大につながる危険が大きいとする批判が、とりあえず尊重される形に落ち着いた。

ただし、ランキングとの連動が予定されていた学校選択制度あるいは通学区域の自由化や、教員評価の徹底といった方向性はそのまま残った。当然、各校のレベルを比較検討してわが子の通学先を決めたいのが親の心理だし、教え子に高い平均点を取らせた教師は実績をアピールしたくなる。

なにしろ弱肉強食、富める者はより豊かに、貧しい者はより惨めにが国是とされる昨今の日本だ。学校でも職場でも、〝負け組〟の烙印を押されたら最後、〝ワーキング・プア〟となって〝勝ち組〟に奉仕するだけの立場におとされる。誰もが他人の足を引っ張ることに必死にさせられているから。

とすれば沖縄県だけのエピソードでとどまるはずもない。全国学力テストが今後も続けられる限り、各地で学校ランキングの噂がまき散らされ、平均点が低いとされた学校の戦犯捜しが激化していく。わかりきった話だ。

実際、一九八〇年代から同様の全国学力テストを進めてきた英国では、勉強の得意でない子がテストを受けさせてもらえず、義務教育から排除されてしまうケースが珍しくもないと伝えられる。このままなら日本でも、確実に同じ現象が始まるだろう。

好成績をあげることのできる学校や生徒は、自慢できてうれしいのかもしれない。だが、そうできない学校や生徒はどうなるのだ。

いわゆる競争原理を単純に働かせてよい領域と、そうでない領域とがあるのではないか。エリートでない国民を奴隷と見なすような政策は叩き潰されなければならないと考える。

▼沖縄県教育庁は重大な危機意識を抱き、懸命の取り組みを重ねてきた。かくて小学校（公立）の平均正答率は二〇一四年に前年の最下位から六位に躍進した算数をはじめ、めざましい上昇を遂げている。中学校は最下位のままだが、全国平均との差を縮めた。
ただ、沖縄には貧困の問題が根深く、米軍の戦闘機やヘリコプターの爆音で授業をしばしば中断せざるを得ない学校も多くある。過去問対策などの補習を中心とした性急な成績アップには不安がつきまとう。〈児童・生徒の間に意欲格差が生じないような、機会の平等に配慮した取り組み〉をと求めた「沖縄タイムス」社説（二〇一四年八月二七日付朝刊）の指摘は重要だ。

▼

2008年9月～2010年4月

麻生太郎内閣
2008年9月24日～

鳩山由紀夫内閣
2009年9月16日～

◉2008.09.02 支配権力なんてロクでもない

北京オリンピックが終わった。もう主催国政府の機嫌を損ねても締め出されて儲けそびれることもないというわけか、今さらながらの罵詈雑言《ばりぞうごん》がメディアにあふれ、どこか奇怪な様相さえ呈し始めている。

たとえば読売新聞のこんな記事。北京の特派員から送られてきた。

〈中国国旗の赤いうねりに覆われた北京五輪は、愛国心に重点を置いた「愛国ナショナリズム」を統治思想の柱とする共産党の戦略を映し出した。（中略）五輪は確かに、国民を一つにするナショナリズムが新たな統一戦線の基盤となることを証明した。ただ、この「新たなイデオロギー」（党関係者）は、抑圧強化、そして暴走の危険性を伴う諸刃の剣だ。〉（八月二五日付朝刊）

同じ日に配信された共同通信電も興味深い。胡錦濤指導部の過剰な厳戒態勢について、

〈北京には一五〇万人の警備要員を投入。監視カメラ三〇万台も設置して治安維持に当たった。（中略）毎晩のように陳情者らを拘束。白昼の公道で、陳情の女性を五人が車に押し込み連れ去ったケースも発覚した。「何が五輪だ。暗黒社会だ」。住民らは吐き捨てるように話した。〉

いちいち的確な指摘かつ描写だとは思う。だが、こうした状況は何も中国の専売特許ではない。

日本だって監視カメラだらけだし、戦争や格差社会に抗うデモの参加者は逮捕される。〝愛国心〟の涵《かん》養《よう》は教育基本法にまで書き込まれ、学校現場に日の丸掲揚と君が代斉唱を強いるばかりか、愛国心がないと見なされた生徒が受験や就職で不利な扱いを受けかねない流れさえ形成されつつある。

日中いずれをも批判するなら筋は通る。だがマスコミの多数派は、日本の愛国心と監視社会に対しては、むしろ旗振り役を務めてきたではないか。

弾圧のケタが違う？　そういう問題ではないのだ。中国のは「監視カメラ」と表現できるマスコミが、国内だと「防犯カメラ」と言いたがる。▼権力のチェック機能であるべきジャーナリズムが、何よりも警察の意向に従う姿勢が最低なのである。

要は日本の権力はすべて正しくて、中国共産党は絶対悪。昔の左翼がアメリカ帝国主義を罵倒する一方で、ソ連の核兵器は正義だと言い立てていたのの、まるで裏返し。

はっきり言ってバカみたい。共産党だろうと資本主義だろうと、支配権力なんてものはロクでもないに決まってるではないか。

▼この間には凶悪事件の頻発もあり、「防犯カメラ」を讃える論調はますます強まってきた。顔認証システムやマイナンバーとの連動も既定路線だ。だが考えてもみてほしい。街中に張り巡らされていく監視カメラ網は警察の捜査を容易にしたり、過信して初動のミスや冤罪を招くことはあっても、犯罪そのものを防ぐことはできないのである。

◉2008.10.07 国際金融ビジネスの非道

米投資銀行大手リーマン・ブラザーズの破綻を引き金に大混乱へと陥った国際金融市場。先週末には米議会で最大七〇〇〇億ドル（約七五兆円）の不良資産買い取り制度を柱とする「金融救済法」が成立したが、今月の中下旬に破滅的な信用崩壊が招かれるのではないかとの懸念は、なお払拭されないままである。

膨大な情報があふれる中で、しかし、金融トップらの責任を問う声が、少なくともこの国では聞こえてこない。サブプライムローンをはじめ、実体の伴わないイカサマ博打を繰り返した揚げ句、世界中にこれほどまでの大迷惑をかけているにもかかわらず、だ。

筆者の知る限りでは、米当局の管理下に入った保険大手AIGのR・ウィルムスタッドCEO（最高経営責任者）がその座を追われたらしいことぐらいか。それだって退職金の金額も不明だ。昨年の今頃、シティグループやメリルリンチのCEOどもが、業績悪化の引責辞任だとしつつ、一億ドル（一〇〇億円超）単位の退職金を強奪していった光景を思い出す。

さすがの米国でも今回は、ウォール街経営者らの巨額すぎる報酬に制限を課す動きも出てきたと伝えられてはいる。とにかく混乱の収束が先決で、彼らへの責任追及は後回しでよいとの意見もあろうが、絶対に違う。

日本でもバブル崩壊後の不良債権処理の際、公的資金という名の莫大な血税が充てられながら、銀行経営者らの誰一人として、いささかの責任も取ろうとしなかった。で、ここへきてまたぞろ浮かれ狂い始めたのだから始末が悪すぎる。

国内ではサラ金向け融資か直営で大儲けの一方、またしても貸し渋りや貸しはがしを横行させて、建設・不動産企業を次々に倒産へと追い込んでいる。ため込んだカネはリーマンやメリル、モルガン・スタンレーなどの買収資金と化して、なんと世界経済の救世主面ときたもんだ。

「あの連中のやっていることは組織犯罪そのものだ。地域社会をぶっ壊してカネにしていく」

筆者自身がオハイオ州クリーブランド市の幹部に聞いた言葉だ。サブプライムローンの焦げ付きによる差し押さえ件数で全米一とされる都市。

国際金融ビジネスは、もはや世界で最も卑しい盗人集団に成り果てた。日本の経営実態も徹底的に洗い直す必要がある。何かあった場合の責任の取り方ぐらいはハッキリさせておかないと、あの連中は、何を始めるかわかったものではないから。▼

▼当時は気づかなかったが、こうして時系列的に並べてみると、ほぼ一年前と同じことを書いていたことがわかる。それだけ怒り狂っていたし、今でも同じ気持ちだ。なおクリーブランド市幹部の話というのは、本稿執筆の少し前に、NHKの番組「地球特派員」のレポーターとして現地に赴いた際に取材したものである。

2008.10.28
◉テストの点数で序列化する学校をつくるのか

全国学力・学習状況調査（全国学力テスト）の市町村別成績を開示する動きが広がっている。いずれも知事の主導によるもので、先週中に大阪府が府内四三市町村のうち三二市町、秋田県が全二五市町村の平均正答率などを公表。鳥取県で開示したのは南部町だけだが、残る一八市町村にも同様の措置を求める決議を県議会が可決した。

これら三府県は特殊な例外ではない。時事通信社の調査（九月末）によると、四七都道府県の少なくとも一三都府県（他に山形、埼玉、東京、京都、岡山、高知、福岡、大分、鹿児島、沖縄の各都府県）の知事が、市町村別開示に賛成であるようだ。

開示のメリットは一般に、競争原理が行き届くことだとされている。教員評価制度や学校選択制度（通学区域の自由化など）と連動させれば、給与増への色気および学校統廃合の恐怖が、教師や管理職のモチベーションを高め、生徒の学力向上につながるという仮説だ。

単純で浅ましすぎる人間観に基づく発想には呆れるしかない。彼らは自分のしていることがわかっているのだろうか。市町村単位の次には学校単位の成績公表が求められよう。そもそも昨春にスタートした全国学テは、学校や生徒間の序列化、差別を招くとする現場や専門家の憂慮の前に、都道府県単位での開示に抑えられた経緯がある。それが軽視されてはなるまい。

マスコミが引き合いに出したがる、一九五〇～六〇年代における全国学力テストの失敗は、教員評価や学校選択の伴わない、まだしも牧歌的なものだった。目下の教育改革が理想視しているサッチャー以来の英国の教育改革で、同様の学力テストと学校単位の成績開示が強行された結果をご存じか。

マスメディアは「リーグ・テーブル」と呼ばれる学校ランキングを作って売りまくった。中流以上の家庭はわが子を成績上位校に通わせ、さらには近くに引っ越して不動産価格を高騰させた。

逆に成績下位校には教育に無関心な低所得者層の子ばかりが集まっていく。焦った教師らは、勉強の苦手な生徒たちをテスト、さらには授業から排除するようにさえなってしまった――(阿部菜穂子『イギリス「教育改革」の教訓』岩波ブックレット、二〇〇七年など)。

見せかけの〝わかりやすさ〟にだまされていてはならない。テストで低い点を取った子がいたたまれなくなる学校なんて、ふざけるのもいいかげんにしてもらおう。▼

▼本稿の指摘は、その後、ことごとく的中していった。市町村単位での成績公表は常態化し、議論は当然のように学校単位の公表の是非へと移る。当初は慎重な姿勢を見せていた文部科学省も、二〇一四年には市町村教委は学校別の成績を、都道府県は市町村教委の同意があれば市町村別と学校別の成績をそれぞれ公表できるとする方針に改めた。自治体首長の動きに加えて、国の政策であるからには情報公開上の観点からも非開示にはできないというのが根拠とされているが、とすれば何もかも最初から予定調和でしかなかったことになってしまう。

はたして橋下徹・大阪市長(当時)の影響下にあった大阪府教委が二〇一五年の府立高校入試から内申点の調整に利活用したい意向を打ち出したが、さすがに文科省は認めていない。府教委は独自の「チャレンジテスト」をスタートさせて、いずれ強行突破の隙を狙っている。

2009.01.20

◉「格差」のカラクリを忘れるな

年末からずっと気になっていることがある。

製造業の人員削減が相次ぎ、あるいは年越し派遣村▼が注目されて、「貧困」の解消こそ喫緊の政策課題だとする声が高まった。ワーキングプアの問題に取り組んできた人々の努力が実を結びつつある。

大いに喜ばしい。ただ、たとえば構造改革を唱導し、とりわけ労働者の非正規雇用化を推進した竹中平蔵・元経済財政担当相までが次のような発言を始めた事態をどう見るか、ということだ。

「格差社会が悪いのではない。問題は『貧困』なんですよ」（元日夜のＮＨＫ「激論二〇〇九　世界はどこへ　そして日本は」）

彼は市場原理を至上の価値とする米国流の新自由主義思想に漬かり切ったままでいる。つまり、あくまで現状を肯定した上での対症療法だ。どこまでも統治する側の視点と断じて差し支えない。ここに陥穽《かんせい》が生じはしないか。

被支配層も支配層も「貧困」に目を向けた。一方で、あれほど流行《はや》った「格差」の表現が脇へ脇へと追いやられていく。

二つの言葉は、よく似た概念のようでいて、それぞれのニュアンスは微妙に異なる。前者は所得を基準にした発想ととらえられやすいが、後者はむしろ「不平等」「不公正」と言い換えることも可能な、相対的な階層構造や、その拡大・固定化という側面を強調している。

人間は自らの成育環境を選んで生まれてはこられない。そろえることなど不可能だ。にもかかわらず、あたかも同じスタートラインから始まる競争でもあるかのように偽装して、あらかじめ有利な者が勝つに決まっている不公正な社会を導こうとしたから、構造改革における「格差」は批判の対象になったのである。だから理不尽な不平等がまかり通り、その結果のひとつとしての「貧困」も招かれた。

「格差」のカラクリが忘れ去られてはならない。票目当ての新政策で「貧困」の悲惨に多少の改善が図られたとしても、それだけでは市場原理、競争原理という名の新しい身分社会への暴走に歯止めはかからない。かえって現実の本質が覆い隠され、矮小化《わいしょう》される危険さえ伴う。

学校や生徒の序列化を促す全国学力テスト、消費税増税、「格差」の究極の表現ともいうべき戦争など、喫緊のテーマはいくらでもある。それらを貫く暴力を断ち切り、制御して、今度こそ人間が奴隷にされない社会を構築していこうではないか。

▼二〇〇八、九年の年末年始に東京の日比谷公園に開設された、雇い止めを受けた派遣労働者ら向けの避難所。労働組合などが炊き出しや生活保護申請の支援などを行った。小泉純一郎政権時代に彼の構造改革を礼讃していた多くのマスコミが、この取り組みを材料に、政府や大企業の無責任な姿勢を批判したものだったが、それは滑稽というものだろう。なぜなら構造改革の一義的な目的は、「安易に馘首できる法整備」でしかなかったから。

それにしても、「派遣村」などという使われ方までされるに至った「派遣」という言葉は、もはや単なる労働用語ではない。いっそ哲学的な文脈で捉え直されるべき必要さえ感じる。

2009.04.30「朝日ジャーナル」緊急増刊
◉貧困を生み拡大した構造改革の熱狂的支持者は有権者だった!?

小泉純一郎政権の与党自民党を圧勝させた。二代連続で重責を放り出した安倍晋三、福田康夫両政権の無責任を目の当たりにして、またぞろ権力を世襲した麻生太郎新首相を国民挙げてセレブセレブと大歓迎してのけたのは、半年前のことだった。

ああまで無能を露呈すれば支持率の暴落も当然だが、これとて「漢字が読めない」というわかりやすい特徴があってこそ。ポスト麻生の話題に移れば、構造改革批判はたちまち影を潜めて小泉カムバックの絶叫が聞こえてきてしまうのだから、何が何だかさっぱりわからない。

財界と与党の身勝手が、この国のまだしも良質だった部分を滅ぼした。所詮は私利私欲を国益と言い募り、働く人間を派遣という名の奴隷に貶《おとし》めた。最大の罪と責任は彼らにある。すべての議論の大前提だ。

改革に賛成した国民

米国では先頃、税金で救済された保険大手ＡＩＧの幹部らが巨額のボーナスを受け取っていた問題で、上院財政委員会の共和党筆頭理事が「彼らは日本の例に倣って辞任か自殺を選ぶべき」旨を述べて騒動になったそうだが、買いかぶりが過ぎる。日本の大企業幹部が持ち歩く辞書にも「引責辞任」の熟語は存在しない。筆頭理事が目にしたことのあるらしい社長の謝罪会見の類いは、食品の産地を偽装したり欠陥製品で死人を出したりで、放置すれば消費者離れが確実な場合に限られる。無慈悲な人減らしのツケをどれほど社会全体に引っかぶらせようが知ったことかと居直る傲慢をリーダーシップと勘違いした人々ばかりが幅を利かせているのが昨今の財界や、彼らスポンサーの意向に忠実な与党の実態ではないのか。

問題は、構造改革の唱道者たちが必ずしも嘘をついてはいなかったという点だ。被害を蒙《こうむ》った側が一方的に騙されていたわけではない。

二〇〇一年五月七日の、小泉首相による所信表明演説。

「明治初期、厳しい窮乏の中にあった長岡藩に、救援のための米百俵が届けられました。米百俵は、当座をしのぐために使ったのでは数日でなくなってしまいます。しかし、当時の指導者は、百俵を将来の千俵、万俵として生かすため、明日の人づくりのための学校設立資金に使いました。（中略）今の痛みに耐えて明日をよくしようという〝米百俵の精神〟こそ、改革を進めようとする今日の我々に必要ではないでしょうか」

構造改革に向き合う国民の心構えとして、この言葉は繰り返し強調された。痛みに耐えろ、耐えろ、耐えろ。命じられて有権者は喜び、構造改革に熱狂した。製造業への労働者派遣を解禁し、今日の〝派遣切り〟を招いた改正労働者派遣法もまた、当時の勢いの延長線上で成立している。

興味深いことに、小泉首相は、ではどれだけ痛みに耐えたら、どのようなバラ色の未来が待っているのかを、最後まで語ろうとしなかった。語れるはずがなかったのだ。

派遣村の世界こそが構造改革の理想郷だった。人間を好況時に安くこき使い、不況下ではゴミ同然に放り出す。それでも法律違反に問われない仕組みの構築。バラ色の未来は財界や与党や一部の富裕層が独占し、普通の人々はただ痛めつけられ、彼らへの献身的な奉仕を強いられるだけの社会システムへ。

みんなが豊かになれますなどという大嘘は、小泉首相は吐かなかった。構造改革の本質を見抜くのに必要なシグナルを、彼自身がちゃんと発してくれていたのに。

小泉首相ら構造改革を推進した政治家や財界人たちが今、何を考えているのかがわかる。「労働者を人間扱いしろだと？　企業の生産性と利益の極大化だけを優先し、社会的には格差や差別、貧困を生み出し拡大するしかない構造改革に賛成したのは、ほかならぬお前たち国民ではないか」。実際にも筆者は、旧知の企業経営者に面と向かって言われたことがある。

階層化は実行された

年越し派遣村には労働組合や野党各党の代表らも集結していた。状況を見据える意識が高まったのはよいことだ。だが彼らは、こうして事態をわかりやすく見せつけられるまでの間、いったい何をしてきたのか。日本最大のナショナルセンターである連合は、〇七年一〇月に「非正規労働センター」を立ち上げてはいるのだが、大きな成果を上げているとはいいがたい。連合の幹部に話を聞いた。

「多様な働き方の労働者を組み合わせる〝雇用ポートフォリオ〟の発想自体は、一九八五年頃には経営側から提示されていました。労働者派遣法も八六年に施行された。ですが非正規労働者といっても主婦や高齢者のパートタイマー、学生アルバイトが一般的で、派遣も女性が大部分でしたから、主たる生計の担い手ではないとの見方が強く、組織化の対象としてとらえてはいませんでしたね」

だから九五年、日経連（日本経営者団体連盟）が「新時代の『日本的経営』」を公表した際も、連合は特に反対もしなかった。人件費コストを抑制して国際競争力を高めるとして終身雇用・年功序列の従来モデルを排し、企業の従業員を幹部候補生「長期蓄積能力活用型」とスペシャリスト「高度専門能力活用型」、必要に応じて容易に増減できる労働力「雇用柔軟型」の三タイプに階層化せよとした提言は、構造改革の波に乗って実行されていく。主たる生計の担い手であるかないかにかかわらず、雇用者の三三・五％を非正規――日経連のいう「雇用柔軟型」――が占めた現状（〇七年、総務省統計局調べ）、いずれはよほどのエリートか特殊な能力を持った者以外は軒並み非正規に置き換えられていくであろう道筋が、こうして敷かれた。

「当初は経営側もここまで乱暴ではありませんでした。ところが山一證券や北海道拓殖銀行などが相次いで破綻した九七年に状況が一変します。特筆すべきはこの時期、大企業各社で財務部門の存在感が格段に高まったことです。われわれ労働組合と人事・労務部門との協調路線も一気に崩れた。人間尊重という共通の土俵が失われ、人間など単なるコスト、使い捨ての何が悪いとするグローバル・ビジネスの論理が絶対視されるようになったのです」

日経連は〇二年に経団連（経済団体連合会）と統合されて日本経団連が発足。日経連最後の会長だった奥田碩・トヨタ自動車会長（当時）が初代会長の座に就いたことや、〝財界総本山〟にしては日経連の専門だった労働分野の提言が目立ったために、経済記者たちの間で〝経団連の日経連化〟がささやかれもしたが、労組から見た実情は逆だった。日経連が総資本にのみ込まれたのだという。

抵抗の芽は摘まれて

連合幹部の分析は見事だった。労組ならではの重要な指摘もあった。

何もかも承知して、しかし、彼らは組織としての行動を起こさなかった。非正規雇用における無権利状態の拡大を危惧し、対策を急ごうとした関係者は少なくなかったが、抵抗の芽はことごとく摘まれた。やや先行していた共産党系の全労連（全国労働組合総連合）への対抗意識や、労使協調というより使用者の代理人として組織を維持し、既存の正社員組合員の権益を守ればそれでよいとする体質が、一部の例外を除いて、労働運動の隅々まで蔓延していた。

労働組合と並ぶ罪深い存在がジャーナリズムだった。前述の所信表明演説を受けた代表質問で小泉首相が放った「私の内閣の方針に反対する勢力すべてが抵抗勢力だ」などという単純で浅薄な論法を喝采し、わかりやすくさえあれば中身は問わない発想を読者や視聴者に植えつけた。

とりわけ保守系メディアの劣化がすさまじかった。戦火のイラクで日本人ボランティアらが武装グループに拉致された際など、自衛隊の撤退を哀願する家族が見苦しい、殺せ殺せの大合唱。いくつもの新聞や雑誌が緊張感を失い、定評のあった取材力や奥行きを放棄して、ネット右翼の掲示板と大差なくなった。

あるいは監視社会化への企みに対する鈍感さ。〝選択と集中〟と称しては社会的弱者を切り捨て、家庭環境など本人の努力ではどうにもならない格差を政策的に押し広げていく構造改革は、犠牲者たちの爆発を抑圧すべく国民の一挙手一投足を見張って取り締まり、あるいは取り込んで服従させる監視・統制体制の整備を必然的に求める。だからこそ進められた住民基本台帳ネットワークすなわち国民総背番号制度の導入や監視カメラ網、個人情報保護法、共謀罪などの動きを目の当たりにしながらあえて本質的な追及を避け、「安全か自由か」式のトンチンカンな選択へと誘導した報道姿勢は、どこか不気味でさえあった。

現時点から過去を論難しているつもりはない。筆者にはこの程度のことは書いていい自負がある。国民総背番号制度へのシナリオが準備されていた時期に『プライバシー・クライシス』（文春新書、一九九九年）で警鐘を乱打した。住基ネットに関する報道が、法案提出以前は途絶えていたことと、自治省（現在の総務省）の「住基ネットワーク・システム懇談会」に大手マスコミの論説委員長クラスがこぞって参加していた事実とが無関係だったとはいわせない。

構造改革と格差社会のテーマに先鞭をつけた『機会不平等』（文藝春秋、二〇〇〇年）では、教育改革の旗を振る〝有識者〟たちの選民意識や優生思想を引き出した。なかでも〝ゆとり教育〟の原案をまとめた「教育課程審議会」の三浦朱門会長と、「能力に応じた教育」を強調していた首相直属の諮問機関「教育改革国民会議」の江崎玲於奈座長の言葉は、エリートでない子どもたちの命や尊厳をとことん軽んじるものだった。

最低だったマスコミ

「できん者はできんままで結構。戦後五〇年、落ちこぼれの底辺を上げることにばかり注いできた労力を、できる者を限りなく伸ばすことに振り向ける。やがて彼らが国を引っ張っていきます。限りなくできない非才、無才には、せめて実直な精神だけを養っておいてもらえばいいんです。（中略）それが〝ゆとり教育〟の本当の目的。エリート教育とは言いにくい時代だから、回りくどく言っただけだ」

三浦氏は胸を張った。ノーベル物理学賞に輝いた経歴を持つ江崎氏は遺伝学の万能を説いていた。

「人間の遺伝情報が解析され、持って生まれた能力がわかる時代になってきました。（中略）いずれは就学時に遺伝子検査を行い、それぞれの子どもの遺伝情報に見合った教育をしていく形になっていきますよ。遺伝的な資質と、生まれた後の環境や教育とでは、人間にとってどちらが重要か。優生学者はネイチャー（天性）だと言い、社会学者はノーチャー（育成）を重視したがる。共産主義者も後者で、だから戦後の学校は平等というコンセプトを追い求めてきたわけだけれど、僕は遺伝だと思っています」

彼らの持論を文部省記者クラブの教育担当記者たちは熟知していたに違いない。筆者はそこにナチスドイツと同様の優生思想と教育改革の相関を感じてそう書いたのだが、新聞やテレビは報じなかった。『機会不平等』の刊行後、後追いしたいと何人かの記者が訪ねてきてくれたが、形にはならなかった。

堕落したマスコミに、それでも日々を生きるための情報を頼らざるを得ない人々は気の毒だ。ただし、だからといって免責もされない。

三浦氏や江崎氏の発言は、まだしも彼らに直接取材した者だけが知り得て、公表するか否かの判断を委ねられていた。ところがその後、小泉構造改革路線の人気が高まるにつれて、指導者層は露骨になっていく。彼らはジャーナリストの取材だけでなく、あらゆる機会をとらえては、エリート以外の人間を見下した態度をあからさまにし、差別丸出しの言辞を吐くようになっていった。

「三国人」発言や障害者に対する「あの人たちに人格あるのかね」に続けて、「閉経したババアが生きているのは悪しき弊害」「フリーターやニートは穀つぶし」などと繰り返した石原慎太郎・東京都知事。「人生いろいろ」「この程度の約束を守らないことは大したことではない」「格差は悪くない。成功をねたむ風潮は慎むべき」の小泉元首相。「規制改革・民間開放推進会議」の議長だった宮内義彦氏（オリックス会長）に至っては、「心地よい格差が必要だ」とまで言い放った（「朝日新聞」二〇〇六年九月二三日付朝刊）。

構造改革という考え方のすべてが絶対悪だとは言わない。経済社会環境の変化に対応して国際競争力を維持しなければならないとする唱道者たちの認識には頷かざるを得ない点も少なくなかったし、高度成長時代の終身雇用モデルがそのまま通用する時代でないのも確かだ。しかし実際に構造改革を牽引した彼らの言葉は、現実の構造改革の本質をそのまま満天下に曝《さら》け出していたではないか。愛国心の涵養《かんよう》が強制される教育現場の実態と併せれば、下の階層に追いやられた若者が食うために戦場を志願するしかなくなる悪夢も透けて見えてくる。

マスコミは最低だった。とはいえ、構造改革の主たち自身が積極的に発信した暴言の数々はそれなりに広く伝わっていた。自らの生活に直結する政治や行政の権力を握っている人々にああまで嘲《あざけ》られてなお、有権者は彼らや彼らの政党、彼らが推進する構造改革の本質を見抜くどころか、かえって熱狂的に支持し続けたのである。

この国は一九九八年以来の一一年間連続で、年間三万人以上の自殺者を出し続けている▼。人口一〇万人当たり約二六人の自殺率も常に先進国ワーストの座を争う、世界有数の〝自殺大国〟だ。構造改革の正体が早くから見透かされ、少しでも優しい、温かい社会の構築が図られていたなら、これほど多くの人々が自らの命を絶たなくても済んだかもしれない。

子どもに選挙権がないのは、まだ十分な判断能力が育まれていないと考えられるからだ。ということは、判断能力が備わっていてこその有権者ではないのか。

〈ズバリ、日本が貧困社会に変質し、衰弱したのは、誰のせいなのか。思うところをラディカルに論じていただきたい。〉

編集部の執筆依頼に応じて思いの丈を綴っていったら、有権者の弾劾になった。政治と経済と労組とマスコミはデタラメだが国民はまとも、などという社会はあり得ないのだから仕方がない。俺だけはわかっていたなどと威張る気持ちも毛頭ない。たまたま試みた取材で構造改革がもたらすであろう近未来に気づいたつもりで、だけれど声高に訴えても被害妄想だの下流のひがみだのの反応ばかりが返ってくるのがつらくなり、いつしか軽く語るようになりがちでなかったかといえば嘘になる。

九条を死守できるか

ひとつだけ救いが残されていると思う。財界や与党、もっといえばアメリカにいいようにされ、イラクやソマリア沖への自衛隊派遣も許してしまって、にもかかわらず憲法九条〝改正〟までは踏み込ませていない事実だ。

元日夜のＮＨＫスペシャル「新春ガチンコトーク　世界はどこへ、そして日本は」に出演した際、こんなことがあった。安全保障の話題で筆者が述べた。

「進行中の在日米軍再編計画は、首都圏で展開されている陸海空の米三軍の司令部と、陸海空三自衛隊の司令部を同居ないし隣接させて一体運用を図るものだ。完了すれば、日本は絶えずアメリカの戦争に付き合わない方が変だ、という形ができあがってしまう」

「憲法九条があるから心配ない」

元外交官で小泉政権の首相補佐官（イラク担当）も務めた岡本行夫氏に反論されて、すかさず返した。

「だから憲法を変えたいのでしょう?」

岡本氏はそっぽを向いて沈黙。司会者は話題を他に振った。生放送ではなかったので、このやりとりはカットされた。

戦争だけは認めない最後の砦を死守できる本能が、日本社会になお息づいているのであれば、未来は絶望だけでもない。きっとやり直せる。

▼年間三万人以上の自殺者
本稿を発表したのとほぼ同時期に、筆者は『強いられる死──自殺者三万人超の実相』（角川学芸出版、二〇〇九年。

現在は河出文庫）と題したルポルタージュを上梓している。自殺対策支援のNPO法人「ライフリンク」で代表を務めている清水康之氏の言葉が印象的だったので、再録しておきたい。彼はある緊急集会で、その一〇カ月前に催された東京マラソンの、スタート地点に近いビルの屋上か上層階から撮り下ろした映像を上映しながら、こう語っていた。

「一年間に三万人以上もの人々が自殺しています。毎日、毎日、ざっと九〇人ぐらいずつ。それが一〇年も続いている。交通事故死の六倍です。東京マラソンの参加者は約三万二四〇〇人でしたから、ほとんど同じですね。道路がランナーで埋め尽くされた状態が、このまま二〇分も続くことになります。私たちはついつい自殺者が増えた、減ったという言い方をしてしまいがちですが、自殺者は本質的に減ることがありません。三万三千人が自殺した年の次の年が三万人になったからといって、差し引き三千人が生き返ってくるわけではないんです。ただ増えていくだけ」

年間自殺者三万人超の時代はその後も、二〇一一年まで続いた。一二年に三万人を割って以降は漸減し、一五年には二万四〇二五人にまで減少して、政府の自殺対策が功を奏していると伝えられるが、深刻な雇用情勢や高齢に伴う認知症の増加、消費税増税による中小零細事業の破綻など、自殺の引き金になりがちな社会の閉塞状況が改善されたわけではなく、むしろ悪化しているのが現実だ。

自殺への衝動が強かった人々の多くは、すでに一九九八年以来の過去一四年の間に命を絶ってしまっていたということでしかないのかもしれない。また、二〇歳代、三〇歳代の若年層の自殺率が全年齢平均の自殺率ほどには低下していないことや、行政による自殺対策の中心が精神科の受診勧奨であるため、希死念慮を高めるとされる抗うつ剤の多用が招かれやすく、近い将来には再び自殺者が増加していく可能性がある。なお東日本大震災の被害が大きかった岩手、宮城、福島の三県では、被災に関連した自殺者数が、集計を始めた二〇一一年六月から一五年一一月までで合計一五四人に達した（内閣府自殺対策推進室調べ）。岩手、宮城の両県では漸減傾向にあるものの、原発事故があり、避難所生活を続けている人の多い福島県では、今なお減っていく気配が見えない。

2009.10.06
◉五輪招致運動のイカサマ

「言っておきますけど、私、これで都知事を辞めるということは絶対にございませんから」だそうだ。石原慎太郎・東京都知事の、二〇一六年夏季五輪招致失敗に当たっての弁である。

相変わらず潔さとか責任感といった徳目とは対極にある人らしい。都合の悪いことはみんななかったことにしてしまっている。

「（落選したら）その時点で責任を取らなければならないでしょうな」と述べたのは一昨年三月、三選を図る都知事選のマニフェスト発表の席だった。今年四月の記者会見でも辞任の可能性を問われて、「勝ち方負け方の問題だろうね」。

最低のボロ負けではないか。[1] 石原流の手口など、IOCには何もかも見透かされていた。

なにしろ東京都の自己PRのことごとくがウソだった。前にも書いたが、都民のレクリエーション向け体育館やアーチェリー場をぶっ壊して一から競技会場を建て直す計画を「既存施設」[2]の活用と言い募った。ほとんど身内のモニターだけが対象のネット調査[3]を持ち出して、「世論調査で高い支持率を得た」とぶち上げた。今なぜ東京なのかの理念をIOC委員に共感させられなかったのが敗因などとマスコミは解説しているが、ちゃんちゃらおかしい。もともと財界への利益誘導と石原ファミリーの野心とのドッキング以外の何物でもない招致プラン。イカサマだらけの厚化粧を塗りたくり、それでも当選するようなら、五輪など存在意義を失う。

知事や財界、招致活動の中心にいた大手広告代理店・電通の力におもねるマスコミが隠蔽《いんぺい》していたので、誰も知らないだけだ。万が一にも招致されれば、無責任男はますますつけあがり、五輪を口実に東京の福祉も教育も壊滅させられていたに違いないから、この間の大損を差し引いても、落選して本当によかった。五輪そのものが悪いのではない。偽りでない民意とまっとうな指導者による招致話が浮上した暁には応援もしたいが、東京だけは避けるべきだ。恐ろしい混乱が予想されるし、そもそもメーンスタジアムの用地がないのである。

とにかく石原知事には辞めてもらうしかない。その上で、新銀行東京やドラ息子に公職をあてがった件、豪華海外旅行や私的な飲み食い等々、血税をチョロまかして遊んだツケはきちんと私財で弁償していただき、とっとと表舞台から消え去ることだ。器でない小物が背伸びをするから恥をかく。引き際くらいはわきまえろと言いたい。[4]

▼1　二〇一六年の夏季五輪には東京の他、リオデジャネイロ（ブラジル）、マドリッド（スペイン）、シカゴ（アメリカ）の四都市が立候補。周知の通りリオに決定されたIOCコペンハーゲン（デンマーク）総会で、東京は三番目の支持しか得ることができなかった。

▼2　「夢の島公園」（江東区）にある区営グラウンドや「東京スポーツ文化館」（略称BumB）を指している。詳しくは拙著『民意のつくられかた』（岩波現代文庫、二〇一四年）を参照されたい。

▼3　オフィシャルパートナーだったヤフージャパンの子会社が実施していた。

▼4　石原慎太郎氏は二〇一一年の都知事選でも四選され、二〇二〇年夏季五輪に向けても活動を継続すると表明。後任の猪瀬直樹・前知事が招致を果す結果になった。

◉2009.10.27 ある〝聖火ランナー〟のささやかな抵抗

やや古い話だが、重大な意味をはらんでいるうえ、マスコミには取り上げられなかったので書いておきたい。さる九月三〇日、東京のJR高円寺駅南口での出来事だ。

駅前の噴水広場で、〝フラッシュ・モブ〟が繰り広げられた。不特定多数の人間が集合し、目的を遂げたら直ちに解散する行為のことである。

夜八時過ぎ、何十本ものたばこをくわえた女性が、どこからともなく走ってきた。「聖火ランナーだ！」の声が上がった。その場にいた六〇人ほどの若者たちは、〝聖火〟で次々たばこに着火。吸い込まれた煙が、ややあって一斉に吐き出された。

奇矯な行為には、だが明確な目的があった。翌一〇月一日に施行される「杉並区安全美化条例」に路上喫煙を禁じられ、違反者に過料二〇〇〇円、命令に従わなければ罰金五万円を科された状況に対するせめてもの抵抗、抗議、異議申し立て――。

同条例はその後、予定通りに運用されている。それでも、誰かがやっておかなければならない行動だったと思う。

喫煙者の健康はそれこそ自己責任だ。周囲の受動喫煙リスクも伴うにせよ、行政が個人の肉体の使い方、要は生き方を統制する政策が正当化されるほどの危険だろうか。

そもそも区民の健康をおもんばかった条例でもない。ビラまきや横断幕を規制し、監視カメラの設置を促す政治警察的な住民管理の一環に、禁煙もまた位置づけられてしまっている。

私自身の考えはこのぐらいで割愛。今回はこの間に見聞きした、興味深い意見を紹介したい。「近所の九〇近いおじいさんが、いつものように商店街の道端で、日向《ひなた》ぼっこしながら一服していた。するると変なオッサンがやって来て、『おい、お前、何やってんだ！　ここは禁止地区なんだ‼』と怒鳴りつけられていたんだ。一方的に規則を変えられて、見ず知らずの人間に……。おかしくないか？」と、地元高円寺でリサイクルショップを経営している松本哉《はじめ》氏。任意団体「貧乏人大反乱集団」の主宰者でもある。

ＮＨＫで派遣切りを取材した中澤陽子ディレクターは書いている。失業者たちの喫煙は、〈安らぎだけでなく、（中略）社会の一部として存在している、尊厳を持った人間である、ということを確かめられる「最後の砦」のようなものなのかもしれないと思うようになった〉（湯浅誠ほか編著『若者と貧困』明石書店、二〇〇九年）。

いずれも人間が絶対に失ってはならない感覚であるはずだ。なお私自身はたばこを吸わない。▼

▼たばこが絶対的な悪徳でもあるかのような社会通念が形成されて久しい。かつては我が物顔に振る舞っていた喫煙者たちも、禁煙ムーブメントを主唱するお上にはひたすら柔順だ。一方では格差の拡大や監視社会化が当たり前にされ、二〇一五年九月に可決・成立した、戦争に備える法律が「平和安全法制」と称されたりしている。

2009.12.01

◉民主党政権の本質

なぜかマスコミでは不問に付されているのだが、民主党政権の本質が問われる国会答弁があったので指摘しておきたい。さる一九日の参院内閣委員会。山本香苗議員（公明党）の質問に、平野博文官房長官が答えた。

――鳩山由紀夫内閣は海上自衛隊のインド洋での補給支援を来年一月で撤収するというが、海自の派遣と補給支援自体は違憲でないという見解か。

「憲法違反ではないと認識している」

――イラク特措法における支援活動はどうか。

「現政権としては、イラク特措法が違憲だという考えには立っていない。自衛隊が活動した地域が同法の定める通りに非戦闘地域だったのかどうか、私ども野党の時には十分わかっていなかった。（現在は）非戦闘地域だという認識なので」

なんだこりゃ？　百八〇度の変節もいいところだ。

民主党はかねて、戦時下のイラクに非戦闘地域など存在しないし、そのような国への自衛隊の派遣は憲法違反だと主張していた。二〇〇四～〇五年の国会で、菅直人代表や岡田克也代表、鳩山由紀夫幹事長ら（いずれも当時）が、繰り返し批判していたものである。

インド洋の給油活動についても同様。小沢一郎代表（当時）が違憲をタテに反対し、だからこそ撤収することになったはずなのだ。

野党にはわからない現実が、与党になったら見えてくることがあり得ないとは思わない。とはいえ、それならそれで生じるはずの重大な説明責任が、まったく果たされていない状況は異常に過ぎはしないか。

一事が万事。そもそも小沢幹事長も鳩山首相も、根っからの九条改憲論者だった。〇七年一二月に政府の新テロ特措法への〝対案〟として国会に提出した「アフガニスタン復興支援法案」でも、自衛隊の同国本土への派遣を盛り込み、また海外派兵を常に可能とする恒久法の制定を強く求めていた。

自民党政権の戦争政策に対する民主党の抵抗は、どこまでも選挙戦略上の演出だったらしい。米国の一部としての軍事大国、すなわち〝衛星プチ帝国〟の権力と経済的利益を味わい尽くしたい、しょせんは自民党と同じ穴のムジナでしかなかった本性を、民主党はあらわにし始めた。沖縄・普天間基地の移設問題でのいいかげんな態度もむべなるかな、だ。

この国の政治は、永遠にこんなものなのか。政権交代の夢や希望を、せめて一年や二年は信じていたかった。▼

▼二〇一二年末の総選挙で再び野に下った民主党は、いつの間にか護憲の立場を取るようになっている。改憲を急ぐ第二次安倍晋三政権に丸ごと同調されるよりはマシなのかもしれないが、これでは信用しろと言う方が無理だろう。与党の地位にあった時も、せめて苦渋の決断だ、ぐらいのポーズは取っておけばよかったものを、ああまであからさまに権力を振るう悦びに酔い痴れてしまっていたのでは……。

◉2009.12.15 御手洗裁判におけるメディアの敗北

私と講談社が一億円ずつ、総額二億円の損害賠償を求められていた訴訟で、最高裁は一〇日、原告の御手洗冨士夫・日本経団連会長（キヤノン会長）およびキヤノンによる上告を棄却した。当方の全面勝訴が言い渡された七月の東京高裁判決が、これで確定した。名誉棄損の濡れ衣を着せられたのは、私が『週刊現代』の二〇〇七年一〇月二〇日号に書いた「社史から『消えた』創業者　キヤノン御手洗会長と七三一部隊」。同会長の叔父である御手洗毅氏が一般に流布されているような創業者ではない実態と、彼が産婦人科の医師だった一九三七（昭和一二）年に京都大学で博士号を取得した論文の指導教官にあの七三一の黒幕とされる人物らが名を連ねていた事実を詳《つまび》らかにした。

なにしろ「肺刺激性瓦斯ノ妊娠ニ及ボス影響ニ関スル実験的研究」なのである。ジホスゲンという窒息性毒ガスを妊娠したウサギに浴びせた反応が検討された。〈塩素ガスに比し軍事上重要視せられ、かつ今後の毒ガス戦等において重大な役割を演ずるならん〉ガスである旨も強調されていた。

一審のことごとくで認められた通り、私の記事はすべて事実だ。一審の東京地裁のみ講談社に合計二〇〇万円の支払いを命じたが、二審で覆されている。誤りのない記事のタイトルだけが悪質だなどという事態はあり得ない以上、当然の結果である。仮にも財界総理とその出身企業が、正当なジャーナリズムを常識外れの高額訴訟で恫喝し、最高裁にまで持ち込んだ。本来ならそれだけでも大ニュースで、揚げ句の果ての全面敗訴とは赤っ恥もいいところのはずだが、実はこの件、われわれ当事者を除くと、本欄の読者以外にはほとんど誰も知らない。

マスコミが黙殺しているからだ。キヤノンに批判的な記事を書いて広告をストップされた朝日新聞の前例▼1があるせいかと思われるが、私自身はもはや憤る気も失せている。

全面敗訴だろうと、彼らは高額訴訟の目的をしっかり達成できた。マスコミ各社は完全に萎縮《いしゅく》したし、私自身もまた、編集者にまで嫌われるテーマをわざわざ取材することが面倒くさくなった。あと半年もすれば経団連会長も退任し、関心も寄せられなくなる。

かくて構造改革がもたらした格差社会や安倍晋三政権における戦時体制構築への御手洗会長の責任は問われることもないままに終わる。私と講談社は試合に勝ったが、この国のジャーナリズム総体としては、勝負に完敗したのだ。▼2

▼1　御手洗経団連の初期には、たとえば朝日新聞も彼に厳しい視線を向けていた。大手メーカーが偽装請負（実態は指揮命令を受けて働く「派遣」なのに、そうではない「請負」を装い管理責任を曖昧にする違法行為）を常態化させているというキャンペーンでキヤノンの実例を紹介したり、政府の経済財政会議諮問会議委員としては道路特定財源の一般財源化を「支持」しながら、経団連では「反対」を表明してみせる態度を「二枚舌」と呼んだり。キヤノンは〇六年一二月以降の広告出稿停止で応じ、数カ月後に復活した頃には、朝日から御手洗批判は消えていた。

▼2　最高裁での完全勝訴もマスコミにはほぼ完全に黙殺された。一介のフリーライターが〝財界総理〟を圧した結果には、それなりの重みもあるはずだと、当の本人は受け止めていたのだったが。

2010.03.30
◉大学生活の半分は就職活動…を放置していいのか

就職難が深刻化の一途をたどっている。厚生労働省と文部科学省の発表によると、今春卒業予定の大学生の就職内定率は二月一日時点で八〇・〇％で前年同期よりも六・三ポイントも低かった▼1。

来春の採用計画も低調らしい。朝日新聞（三月二八日付）の調べでは、主要一〇〇社のうち四八社が「前年並み」、二一社が「減らす」と答えたとか。

就職が景気の動向に左右されるのは世の習いだ。とはいえ大学三年になるかならぬかの頃から長期の就職活動を強いられる現代の学生は可哀想すぎる。まともな学生生活は四年間の半分だけ。どうにか内定を取り付けても、卒業直前に取り消されない保証もない。

企業側が無秩序に青田買いを進めた結果だ。かつて四年生の一〇月一日が会社訪問の解禁日と決められた大学側との協定を無視する企業が急増したのがバブル時代。一九九〇年代の半ばには協定自体が廃止されて、今日の無残が招かれた。

国会でも幾度となく取り上げられてきた。昨年二月には文部科学相が就職協定を復活させたい意向を示し、文科省もそれなりに動いたが、実態はあまり変わっていない。

企業側の態度は身勝手そのものだ。文科相の発言を受けて開かれた大学側との意見交換会でも、「採用は企業の自己責任」「企業側だけにルールを課すのではなく、学生側も守らせるべき」「勉強しない学生を卒業させる大学側にも問題がある」等々と言い放っていたという（「産経新聞」二〇〇九年三月一三日付朝刊など)。

大学出なら誰でも就職できた時代に入社しただけの手合いが、よくぞ偉そうに。彼らの横柄に対する批判も、近頃は「就活の早期化は企業にも損」「大学に人材育成の時間を」といった具合に、企業のご機嫌をうかがうスタイルが主流になった。

冗談ではない。事は学生たちの人権にも関わる。前記の朝日新聞には〈人物評価一層厳しく〉の見出しが躍っていた。こういう書き方をするから、内定の取れない者は全人格を否定された気分に陥らされてしまう。▼2 所詮はその学生が稼いでくれるかどうか、使いやすいかどうかで決められるのが就活だと割り切っておくべきだろう。

勘違いしてはいけない。企業など世の中を回すための方便以上でも以下でもない。人間の上に立つものでは断じてないのだ。

三〇年の昔、私も十数社に落ちた。誰でも就職できた時代だったにもかかわらず。若者たちよ、勘違い男&女どもにひれ伏すことなかれ。

▼1 就職内定率は二〇一一年をボトムに少しずつ改善されてはきたと伝えられている。同じ二月一日時点での比較だと、一五年三月の卒業が予定されていた大学生のそれは八六・七%、前年同期比で三・八ポイント増加していた。ただし一六年三月卒業予定者のデータは、この脚注の執筆時点ではまだ公表されていない。また、一口に就職内定率とか就職率とまとめて増えた減ったと報じられるけれど、そこには定職とは言えない非正規雇用がかなりの割合で含まれている実態が忘れられてはなるまい。

▼2 筆者自身もこの点に深く悩まされた。就職活動ごときで全人格が量られてたまるものかと思う。

2010.04.07

◉ボディースキャナーはプライバシーの問題ではない

電磁波を使って衣服の内側を透視する「ボディースキャナー」の実証実験が、七月にも成田空港で行われるという。先月末に前原誠司国土交通相が発表した。

金属探知機ではすり抜けられてしまう化学物質も発見できるとか。またぞろテロ対策の触れ込みだが、透視画像のサンプルにはガク然とさせられた。

まるで昆虫の標本だ。導入されれば、いずれ住民基本台帳ネットワーク＝納税者番号制度＝国民総背番号制度や顔認識機能付き監視カメラ網、遺伝子データベースなどのハイテク監視システムとの連動は必定。スキャナー自身が人体各部位の特徴まで解析し始めるのも時間の問題だ。

つくづく狂っている。彼らはいったい、人間を何だと思っているのか。

六年ほど前にＮＨＫの番組で激論を交わした大学教授を思い出す。治安維持のためなら監視社会も当然とする彼とは水と油の立場でも、私はそれなりに紳士的な態度を崩さなかったつもりだ。が、ややあって京都大学の学祭実行委から再びの対決をとの依頼を受け快諾したところ、先様からは「週刊誌の記者ふぜいと二度も付き合っていられるか」と一笑に付されたそうである。

くだらない人だと思った。だが現実に、この国の社会は、そのくだらない人たちの思うがままになってきている。他人を支配の対象としてしかとらえることのできない、権力の亡者たちの――。

空港でもどこでも、ボディースキャナーなどという代物が常設された暁には、セクハラだのデータの流出だのは日常茶飯の出来事になるに違いない。だがプライバシーの問題に矮小化するから事の本質が見えにくくなる。

　これでまた権力と普通の人間との高低がとてつもなく広がったというのが本質だ。人間の体の中身まで見透かす〝神の目〟VS.虫けらとして扱われる仮想テロリストなのだもの、相手にもなりはしないではないか。

　空港の警備員や税関職員を批判したいのではない。ただし、権力の切れっ端を与えられて勘違いした人間と、それに同調していく人々、彼らを操っているパワーの怖さだけは幾度でも強調しておく必要がある。世界システムに虐げられている人々との対話を深めること。少しでも平和で平等な世界を築く努力を積み重ねること。

　畢竟《ひっきょう》、それら以外のテロ対策などあり得ない。監視体制の強化すなわち権力の神格化は、より深刻で残忍なテロの拡大再生産を招くだけの愚行と知るべきだ。▼

▼この実証実験では、モニターに人間の体の線がくっきりと映し出されていた。このため女性客を中心に「ボディラインがさらされるのが嫌」だとする声が強く、すぐには導入されなかったのだが、はたして二〇一五年秋、国土交通省は成田、新関西、羽田の三空港で改良型の機器による再度の実証実験を行った。二〇二〇年の東京オリンピック開催に向けて、政府は国際線の離着陸があるすべての空港に整備する方針だと報じられている。

　住民基本台帳ネットワークも、「マイナンバー」となって深化した。≠国民総背番号制度ではなく、＝国民総背番号制度以外の何物でもなくなってしまった。

2010年6月～2012年12月

菅直人内閣
2010年6月8日～

※東日本大震災
2011年3月11日

野田佳彦内閣
2011年9月2日～

2010.07「フォーラム21」

◉放置されている「ケータイ」の致命的副作用

岐阜県可児市の公立中学校で、一二歳の女子生徒が男女五人の上級生に服や下着を脱がされ、携帯電話の動画で撮影されて、他の生徒ら十数人に送信されていた事件が明らかになった。六月末のことである。〝いじめ〟で済まされてよい話ではないはずだ。暴力団の手口そのものではないか。捜査当局にも学校側にも断固とした措置を望むのは当然だが、この種の事件が起こるたびに思うことがあるので記しておきたい。

携帯電話業界や電波行政を取り仕切る総務省の幹部たちは、どうして何らのコメントも出さないのだろう？　あるいは、事件を取材している新聞やテレビは、彼らになぜ、「何か一言を」と求めようともしないのか？

いくつかの事件や自殺が頭から離れない。携帯電話のメール機能に誹謗中傷を書きまくられた挙げ句に、いったいどれだけの子どもたちが、自らの生命を絶っていったことか。

事件の主因が携帯電話だったなどと主張する気はない。あんなものは少年少女という名の鬼畜どもに悪用された、どこまでも道具でしかないのであって、責任転嫁を勧めるなどお門違いだぐらいのことは承知している。

けれども、仮に携帯電話の存在がなかったとしたら。子どもたちはあれほどまでに傷つけられずに済んだに違いないし、今回ほど陰惨な行為にも発展しなかったのではないか。

携帯電話とは、おそらく二〇世紀最大の発明である。特別な能力を持ち合わせていない人間でも、大概のことはできるようになった。それだけに、よほどの人格者でなければ、己が全知全能の神でもあるかのような錯覚に陥りがちだ。並の人間には一〇〇年早かった。とすれば数多《あまた》ある事件の主因ではなくても、元凶であった場合は大いにあり得る。

にもかかわらず、その携帯電話で大儲けしている人々の言葉がまったく伝わってこない。自動車メーカーだって、個々の事故が自らの直接の責任で引き起こされたのではないと承知していても、交通安全政策に一定の貢献はしてきたではないか。

デフレ・スパイラルとまで形容される経済状態にあって、携帯電話の世界は凄まじくも饒舌な世界である。テレビにもネット上にも、何よりも現実の光景の中に、これほどの存在感を示し続けている物は他にないというのに。

ああ、そう言えば昨年の春頃、NTTドコモが新聞各紙に全面広告を連発していた時期があった。題して「ケータイの光と影」。一児の母でもあるキャスターの進藤晶子さんと、ドコモの山田隆持社長との対談の体裁だった。こんな具合である。

〈進藤　iモードのサービスが開始されて一〇年が経過したそうですね。（中略）ケータイは私たちの生活にとても多彩な利便性をもたらしてくれていると思うのですが、一方で「影の部分」も浮き彫りになってきています。

山田　（中略）残念ながら、情報の中には社会にとって安全を脅かすようなものもある。ケータイの影というか、インターネット社会の影と呼べる部分かもしれません。ただ、ケータイがそういったものとつながる手段を提供してしまっていることには、サービスを提供する者としての責任を感じずにはいられません〉(「朝日新聞」二〇〇九年三月二二日付朝刊)

大いに結構。ではあるのだが、だからって彼らが試みているのは、せいぜいが「アクセス制限サービス」程度でしかない。可児市の事件で示されたような、特定のネットサイトなどとは関係のない、携帯電話の機能そのものが未熟な人間の獣性を増幅してしまう現実に対しては、完璧な無視を決め込んでいるのである。

もう一〇年近くも前に、ある週刊誌の編集長に聞かされた嘆きを思い出す。「ケータイの批判だけはできないね。なぜって、かつてのクルマや洋酒や化粧品に替わって、今や最大のスポンサーだからさ」

カネや権力にへつらう輩では決してない、硬派の人だった。だからこそ愚痴った。

それでも指摘しておかなければならない。携帯電話を、その致命的な副作用を放置することで巨額の利益を得ている人々を、これ以上、野放しにしておいてよいのか、と。

▼本稿の発表から一年あまりを経た二〇一一年一〇月、大津市の中学二年生だった男子生徒が自宅マンションの一四階から飛び降り自殺した事件でも、ケータイは影の立役者だった。自殺の予行演習まで強いられていたという彼は、決行の前日、当の同級生との間で、こんなやり取りをしていたというのである。

「もう俺、死ぬわ」

「死ねばいいやん」

近頃のいじめにはケータイが欠かせない。筆者は拙著『私がケータイを持たない理由』(祥伝社新書、二〇一二年)でこの悲惨な事例を取り上げ、こう続けておいた。

〈前後して、愛知県蒲郡市の中学校で男女九人の生徒が、一人の男子生徒を対象に「自殺に追い込む会」を組織して〝いじめ〟ていた実態や、兵庫県赤穂市の中学生五人が一人の小学生男児を殴ったり蹴ったりし、その様子を撮影した動画がネットサイトに投稿されていた事実などが報じられました。（中略）

大津の事件は、やがて凄まじい展開を遂げていきます。加害少年やその親たちの実名や顔写真、自宅の住所などの個人情報がネット上にさらされ、匿名の人々による罵詈雑言が浴びせられたのです。個人情報には間違いも多く、姓が同じだというだけで、事件とは何の関係もないのに中傷されたり、大量の脅迫状や脅迫電話を受けた高齢の女性もおられました。

匿名の主たちは、〝正義の憤り〟のつもりなのかもしれません。でも、これでは加害少年らの〝いじめ〟と本質的には何も変わりません。関係のない人までをも日頃のうっぷんのはけ口に、リンチにかけただけではないですか。

――ケータイさえなかったら。

そう私は思います。一連の犯罪は、ここまでエスカレートしなかったに違いない。もっと言えば、世の中がこうまで荒むこともなかったのでは、と。〉

その後も同様の事例はとめどもない。こんな無惨が、いったいいつまで続くのだろう。

2010.08.04
◉消費税を巡る民主党内の内輪モメを煽るメディアの魂胆

参院選の敗北は菅直人首相の「消費税一〇%」発言[1]のせいだと、民主党内が揉めている。首相も二九日の両院議員総会で「不用意だった」として、「おわび」の表現を三度も繰り返したという。

政治家にとっては死活問題だから、これはこれで当然の成り行きだ。問題は、これを伝えるマスコミの側にある。

しょせんは党内の内輪揉めを騒き立てるばかりで、消費税そのものの実態や本質には触ろうともしない。負けた分の票は増税路線の本家本元・自民党に移ったのだから、ほとぼりが冷めれば民主党も、再び増税を叫び始めるに決まっているのに。

実際、選挙前に実施された共同通信の立候補者アンケートで、民主党の候補者の三三・四%は「一〇%」に同調していた。自民党の七〇・八%よりは少なかったが、その代わり三八・三%は無回答だったのだから、衣の下から鎧が見えている。

消費税とは社会的弱者のわずかな富まで富裕層に移転させる悪魔の税制だ。本欄でも何度も書いた。にもかかわらず、単なる責任のなすり合いだけに焦点を当て続けるマスコミは、もはや事の本質を覆い隠す支配装置以外の何物でもない。

彼らは何もわかっていない——と書けたら、どんなにか幸福か。そういうことなら、きっかけ次第で消費税の実態を追及する、まともな報道姿勢に転じる可能性が残されていなくもないからだ。おそらくは違う。彼らの上層部は何もかも承知した上で、何も知らない〝報道〟現場の末端に、ニュースという名のバラエティー番組や娯楽記事を作らせて、世論の誘導を図っているのではないか。

なぜ？　知れたこと、スポンサー筋の歓心を買うためだ。▼2

民主党も自民党も、消費税の増税分を法人税減税の財源に充てる方針で共通している。消費税にはこの他にも、下請けが納めた税金を輸出企業への事実上の輸出補助金として〝還付〟する「輸出戻し税」や、正社員を派遣に切り替えると節税できる「仕入れ税額控除」など、大企業にはうまみだらけの仕組みが満載（詳しくは拙著『消費税のカラクリ』参照）。そこで大増税の絵を描いた財界各社に、マスコミ各社はひたすら媚びへつらって、広告の獲得に勤しんでいるのである。

貧すれば鈍するとはよく言ったものだ。一寸の虫にも五分の魂の精神を無理にでも発揮してみせなければならないジャーナリズムの精神を、マスコミは自ら否定し、せせら笑っている。

▼1　当時の菅直人首相はこの年の六月、翌月に控えた参院選のマニフェスト（政権公約）を提示した記者会見で、消費税増税に言及し、「自民党が提案している一〇％という数字をひとつの参考にしたい」と述べていた。

▼2　もちろん、これだけではない。**2014.09.10**の項の脚注や、**2014.10.15**の項で指摘するような、政治および行政権力に対して自らの商品（新聞）への軽減税率適用を求める〝オネダリ〟の見返りに、世論誘導の旗振り役を買って出た側面も大きかった。

◉ 2010.08.18 「司法よりタチが悪い」報道機関

ちょっと凄まじい話だ。

米軍普天間基地の爆音訴訟の控訴審判決が先月二九日、福岡高裁那覇支部で言い渡された。周辺住民約三九〇人が米軍機の夜間・早朝の飛行差し止めと騒音被害に対する損害賠償を国に求めていた。河辺義典裁判長は国に一審判決の二・五倍に当たる約三億六九〇〇万円の支払いを命じた。肝心の差し止め請求は棄却され、原告側も最高裁に上告する方針ではあるものの、ヘリの低周波音と精神的被害の因果関係を初めて認めた、せめてもの意義はある判決だった。

問題はその後だ。判決を受けた記者会見で、原告団長の島田善次さんが、沖縄県外の報道機関に対して、「あなた方は司法よりもたちが悪い。読むに堪えない」と言い放ったのである。

普天間基地の、いわゆる県外・国外移設問題をめぐる彼らの姿勢への、それは強烈な非難だった。実際、圧倒的多数のマスコミは、ともかくも頑張ろうとはしていた鳩山由紀夫・前首相の問題意識さえあざけり笑い、〝日米同盟の危機〟だとの大合唱を浴びせては、国内世論を米国と日本の政財界に都合よく導く機能ばかりを発揮して、基地に翻弄される沖縄県民にツバを吐きかけ続けていたのだ。

私とて東京の人間だ。定期購読している地元紙で事実関係を知った際には、「公の席でそこまで言うか」と反発を覚えないでもなかったが、すぐに納得させられた。

なぜなら、沖縄県外のすべてのマスコミが、島田発言を無視した。〈「沖縄報道」がこれほど辛辣に批判されたのもおそらく初めて〉（「沖縄タイムス」七月二一日付社説）だったにもかかわらず、何事もなかったことにされたのだ。

一事が万事。この間には那覇市の民家に嘉手納基地の空軍兵が不法侵入したり、やはり那覇市内で岩国基地（山口県）所属の海兵隊員が強制わいせつ致傷事件を起こしているのだが、当然のようにして黙殺されている。

一三日には普天間基地の大型ヘリが沖縄国際大学に墜落・炎上した大事故から丸六年を迎えた。宜野湾市内では同基地の早期閉鎖・返還や飛行中止を訴えるデモや集会がいくつも催され、大学当局の弱腰やら県警による抗議団体の排除やら、報じられるべき出来事がゴロゴロ転がっていたのに、これまたみんな無視された。

どれもこれも、ローカルニュースの類いでは絶対にない。もはや権力のタイコモチ以外の何物でもなくなった沖縄県外のマスコミは、その存在理由を完全に失いつつある。▼

▼書くべきことが多すぎるので、ここでは沖縄タイムスの社説だけをもう少し引いておこう。

〈鳩山内閣が「県外移転」の可能性を模索していた昨年一〇月、ゲーツ米国防長官が来日し、普天間の辺野古移設が唯一の実現可能な案だとし、早期の決断を迫った。

その後、沖縄の基地問題が日米同盟の踏み絵であるかのように論じられ、メディアの主張は多様性を失った。「傷ついた日米当局間の信頼をどう回復するつもりか」（朝日）、「普天間問題を日米同盟全体を揺るがす発火点にしてはならない」（毎日）、「安保にかかわる米軍基地問題に関して、県民の意向だけに委ねるような姿勢は危険である」（読売）〉

2010.09.01

◉ICチップを体に埋め込まれる日

高齢者の所在不明問題が大きな話題になってきた。東京都足立区で年金詐取事件が発覚し、再来年度に予定されている介護保険制度の改正で、孤立化しそうな高齢者世帯への巡回や生活支援の充実が打ち出されたりしている。

これは、これで、いい。高齢者の所在不明▼1が望ましい事態であるわけもない以上、それぞれの領域での自然な取り組みがもたらした結果である。

ただ一方、この種の事態の解消は不可能である現実も、私たちはあらかじめ見据えておくべきではなかろうか。社会の構成員の中には、見捨てる人、見捨てられる人々が必ず現れるものだから。

煎じ詰めれば個々の家族の問題に帰着するしかないのかもしれない。だが追い詰められた層が放置されれば彼らの人権は確実に侵害され、周囲への悪影響が膨らんでいくのも必然なので、せめて可能な限り多くの人々に優しい社会を築こうよ、という程度のスローガンには結びついてほしい。

この際、大切なのはアプローチの仕方である。大ざっぱな対応だけにとどまらず、見捨てられゆく高齢者らを確実に把握しようとし過ぎれば――。

人々の生命ないし人生のすべてを、行政が見張っているべきだとする論法が浮上する。はたして国民総背番号体制への誘導が始まった。たとえば佐々木毅・学習院大学教授（前東京大学総長）の手になる新聞コラム。

〈国民個々人の生死について、確たる情報を持とうとしない政府が国民の信頼を得られないのは当然として、国民の側にもプライバシーその他の口実を設けて深い闇をつくることに手を貸してきた側面があったのではないか。（中略）

まずは、先に述べたような共通番号制度の導入によって政府機能の透明化や効率化を徹底的に図ることが何よりも優先課題である。実際、国民の生死の把握すらままならないありさまでは政府の活動を量的に広げても同じことの繰り返しになるだけである〉（「東京新聞」八月一五日付朝刊）

高齢者の所在不明問題が、あからさまに利用されている。全国民の一挙手一投足を掌握・監視したいがための、それこそ口実に、この問題が使われつつあるらしい現実が耐え難い。

この調子では、生体反応まで測れるICチップを全国民の肉体に埋め込むべきだとする主張が、近いうちに展開され始めよう。国民総背番号体制をさらに一歩も二歩も進めた、究極の監視社会[2]が構想されていく。

▼1 高齢者の所在不明問題。『知恵蔵』二〇一三年版によると、〈住民登録や戸籍があっても実際には死亡していたり、所在が分からなくなっていたりする高齢者が多数いる問題。二〇一〇年夏頃から次々と発覚し、社会問題になった。

発端は一〇年七月二十八日、東京都足立区で、都内の男性最高齢とされる百十一歳の男性が自宅でミイラ化した遺体で見つかったこと。男性は三〇年以上前に死んだと見られるが、同居する家族が死亡届を出さなかったため、「生存」扱いのまま遺族共済年金や長寿者に贈られる金品などが支給されていた。このケースの発覚を機に、各地の自治体が高齢者の所在確認に乗り出したところ、住民登録された住所地に住んでおらず行方不明になっているケースや、自治体が所在不明を把握しながら住民票を修正していないケースが多数発覚し、一部には年金の不正受給も見つかった。この他、戸籍が抹消されずに、江戸時代生まれの人が戸籍上で「生存」しているケースも各地にあった。

厚生労働省の一〇年の調査によると、八五歳以上の年金受給者のうち現況届の提出者（住民票と年金登録の住所が異なる人など）を対象に無作為抽出した七七〇人を訪問調査した結果、四八人の死亡が判明、二七人は行方不明の可能性があることが分かり、両者のうち二三人に年金が支給されていた。この結果から、同省では、八五歳以上の現況届提出者のうち健在が確認できないまま年金が支給されている人が八〇〇人程度いると推計している。〉

▼2　この警告は一九九九年の拙著『プライバシー・クライシス』（文春新書）以来の取材の積み重ねに基づいたものだったのだが、二〇一五年にジャーナリストの船瀬俊介氏が発表した『死のマイクロチップ』（イースト・プレス）に、凄まじい記述があったので紹介しておきたい。オバマ大統領が、すべてのアメリカ国民にＩＣチップの埋め込みを義務づけると明言したというのである。しかも、医療保険制度改革（いわゆるオバマ・ケア）の美名の下で――。

全体的には陰謀論に寄り過ぎているため、筆者自身がそのまま同調するわけにはいかない。ただ、無視できない記述も多くあり、事実関係の一部を確認する必要を感じているところだ。

2010.10.27
◉菅政権に匂う悪魔のような人間性

これほどの暴言、いや、支配者意識の塊のような立ち居振る舞いが、どうして政権を揺るがす大スキャンダルに発展しないのか、不思議でならない。B型肝炎訴訟の和解案に示された数兆円規模とされる国の負担の財源問題で、野田佳彦財務相がさる一五日、「国民負担をお願いせざるを得なくなるのではないか」と語った、あの一件だ。

国民負担とは何か。早い話が増税だ。全国原告団の谷口三枝子代表が「国は私たちを国民の敵に仕立てた。被害者を加害者のように扱って踏み潰そうとしている。国は卑怯だ」と憤ったそうだが、その気持ちは察するに余りある。

もともと集団予防接種の際の注射器の使い回しが原因なのだ。感染との因果関係を完璧には証明できなくても、その可能性が高いから、国側も和解案を出してきたのではなかったか。

責任はひとえに厚生行政と医療界にある。何よりも、いいかげんな仕事で患者たちをどん底に突き落とした彼ら自身が私財をなげうち、周囲もできる限りの負担を買って出るのが人の道というものだ。

それでも足りなければ国民負担もやむを得ないにしろ、まずは赤字国債の発行で賄うのが筋である。それが将来の増税につながっていくのが不可避だとしてさえ、仮にも一国の台所を預かる大臣が、賠償を受ける当事者たちに向かって、よくもまあ、恫喝《どうかつ》と嫌がらせを兼ねた、どチンピラ丸出しのセリフが吐けるものだ。

彼らにとっては、他人の不幸など蜜の味以外の何物でもないらしい。患者たちの命をだしに、またぞろ消費税率引き上げ論へと進めたい下心が見え見えで、どうにも見苦しい。人でなしとは連中のためにある形容なのだと悟らざるを得ない。

法人税減税を叫ぶ時の、誰でもいい、[1]菅直人政権の幹部らの表情や口調と比べてみることをお勧めする。消費税増税の大義名分に利用したい思惑は同じでも、金と票のなる木にこびまくってはすり寄っていく男芸者の卑しさと、弱い立場の人間をせせら笑っては己の優位を確認せずにはいられない、それでもやっぱりどこまでも卑しいゲス根性と。

この政権には、もしかしたら致命的な欠落があるのではないか。人間が人間であるためには絶対に持ち合わせていなければならない、最低限の人間性である。

魔物のような、悪魔のような。小泉純一郎政権と同じ匂いを嗅いでしまうのは、ひとり私だけだろうか。[2]

▼1　本文中に登場する財務相、すなわち後の野田佳彦首相にとどめを刺すだろう。二〇一二年九月、自民、公明両党とのいわゆる三党合意という名の談合で消費税増税関連法案を可決・成立に持って行った彼は、政権を握ることになった二〇〇九年八月の総選挙では、大阪の街頭で利権を漁る官僚たちを批判して、なんと「シロアリ退治をしないで消費税を上げるのはおかしい」と演説していたのである。

この発言が注目されるきっかけになったのは経済評論家・植草一秀氏のブログだった。彼は筆者との対談でも、次のように語っている。

「『シロアリ退治に取り組まない政権は不信任に値する』と言っていた張本人が、シロアリ退治にはまったく取り組まずに巨大な消費増税をやるという。選挙で消費増税問題で対立した野党と組んでこれを通すという話です。国民から見ればまさに『ペテン=詐欺』という話で、これはおかしいと考えるのが常識というものではないですか。

　メディアは『シロアリ退治なき消費増税はやらない』と宣言した民主党に所属する議員のなかで、『シロアリ退治なき消費増税法案』に反対した人を造反者と言っていますが、話の経緯からすれば、造反しているのは野田政権自身です」（植草一秀・斎藤貴男『消費税増税「乱」は終わらない』同時代社、二〇一二年）。

▼2　悪魔のような人間性は、民主党政権の専売特許ではない。改めて指摘するまでもなく、第二次安倍晋三政権では、さらにエスカレートしている。野田政権が成立させた八％への消費税増税を実行してのけた彼らは、二〇一七年四月には一〇％へと再増税する予定だ。合わせて軽減税率という名の複数税率とインボイス（適格請求書）制度を導入するとしているが、これに先立つ一六年二月の衆院予算委員会で麻生太郎副首相兼財務相は、これらの措置による負担の大きい零細事業が廃業に追い込まれていく可能性を問われ、「ひとつやふたつあったとか、一〇〇や一〇〇〇あったとか、いろいろ例が出てくる。別に驚くことはない」と答弁。さらには衆院財務金融委員会でも、「農家には税金を一回も払っていない人もいる。地元で三人ぐらいに聞いた」と述べている。職業や事業規模によって納税方法が異なる制度を利用して、納税者間の対立を煽る分断統治そのものだった。一連の発言は一部で報道されなくもなかったが、案の定と言うべきか、それ以上は問題視さえされないままである。
　この種の手法については、詳しくは拙著『源泉徴収と年末調整』（中公新書、一九九六年）、『消費税のカラクリ』（講談社現代新書、二〇一〇年）などを参照されたい。

◉2010.11.10 漁船衝突事件をめぐる菅内閣の対応と支持率急落

読売新聞社が今月五日から七日にかけて実施した全国世論調査で、菅内閣の支持率は三五％。前回調査（一〇月初旬）の五三％に比べて一八ポイントも低下したという。

とりわけ尖閣諸島に関わる対中外交の弱腰が不人気の原因らしいと、調査結果を報じた同紙（八日付朝刊）は示唆している。漁船衝突事件をめぐる菅内閣の対応を「評価しない」が八二％を占めたというのだから凄まじい。

何だかなあ、とつくづく思う。内閣支持率はもとより、消費税でも中国の好き嫌いでも臓器移植でも、この種の世論調査の類いが幅を利かせすぎてはいないか。

ほとんど毎日のように見せつけられている感じだ。少し前から繰り返されている批判ではあるけれど、近頃はさらに加速し始めたように思われる。さまざまな議論があり得よう。素人の意見を大々的に伝える前に、ジャーナリズムならまず特ダネを取ってこい、と言いたい。未熟で不十分なマスコミ報道やネットの落書きに基づいた、無知の思い込みの集計に何の意味があるのか。しかして、そんなものにやすやすと左右されてしまう政治って、いったい……。

ポピュリズムのレッテル張りでくくって済ませたくはない。とはいえ、たとえば原子力発電所の建設をめぐる住民投票のような切実な営みとは明らかに次元が異なる現実を、誰もが認識しておく必要があるとは思う。

領土問題に絡む世論調査は特に要注意だ。単純でわかりやすいが、伝統的なナショナリズム、というか国と自分自身を一体化させた占有欲が刺激されると同時に、対象が遠く、行ったこともない土地であればあるほど、余計に言いたい放題。ますます無責任な結果が導かれていく。わかりきった話ではないか。

仮にも一国の政権が、くだらない数字の遊びに動かされてしまうはずがないと信じたいが、菅政権には疑問符がつきまとう。衝突の映像がネット上に流出した一件でも、仙谷由人官房長官は八日の衆院予算委員会で、いきなり国家公務員法の守秘義務違反の厳罰化を持ち出した。与党の当時は問答無用で戦時体制の構築を急いだ自民党が、こういう時だけ世論調査の結果をタテにしたがるのもどうかしている。

なんだかもう、どうでもよくなってきた。戦争さえ起こらなければ、それ以外はどうでもいい。政治の是非を測るハードルを、いつの間にかとてつもなく低くしている自分自身に気がついて、慄然とし続けている今日この頃なのである。▼

▼菅直人政権を責めるなら、材料はいくらでもあった。消費税率一〇%発言をはじめ、本書にも拙稿のいくつかを再録している。だが、彼への支持率を急落させた最大の原動力が、こんなにも薄っぺらで安っぽい〝ナショナリズム〟もどきだったとは。改めて読み返してみて、愕然としている。

2010.12.01
◉中国資本の猛威にどんな対抗策があるのか

全国各地の不動産を外国資本、とりわけ中国人が買い漁っているという話題が喧しい。未確認情報やためにする噂の類いも少なくないけれど、北海道ではさる九月、砂川市やニセコ町など一市四町で合計八件、約四六〇ヘクタールが二〇〇八年から〇九年にかけて外資に買収されていた事実が、道議会で明らかにされている。

あるいは対馬や五島列島のような国境の島々。水源をたたえる森林にも外資の手は及び始めたという。中国の経済成長は凄まじい。これに伴う不動産私有制限の解除も急らしいものの、公的な規制はなお強力だそうだから、投資資金が近隣の外国、ということは日本に向かうのも、自然の成り行きではある。

いわゆる右派系メディアが強調するほど統一された国家戦略なのか否かは不明にせよ、中国資本の猛威が今後も続くことだけは間違いない。外資の対日直接投資を歓迎している日本政府としても、魂はアメリカに、国土は中国にそれぞれ売り渡してしまう悲喜劇だけは避ける必要があるはずだ。

問題は、では進行しつつある事態をどう受け止め、対応していくのか――。近未来の超大国・中国を相手になまじの軍事力など無意味だし、現状以上の日米同盟の深化はこの国を完全な植民地――彼らのための戦争をいとわない――におとしめる行為以外の何物でもありはしない。

やたら勇ましい妄言のごときは百害あって一利もなし。今こそ真に有効かつ実戦的な国家安全保障の体制を構築すべき時期だと考える。

外国資本による不動産取得に関わる厳格な法整備が急務なのは当然だ。加えて、あらゆる政策に臨んで個人の尊重と、資本の適度な抑制が求められると訴えたい。

たとえば〝平成の農地改革〟である。幾度となく繰り返されてきた農地法の改正は、いずれ農地所有の株式会社への開放を予定しているとされるが、そうなってからは外資だけの差別はできにくい。

全国の市街地で広がる一方の〝シャッター通り〟を早急に回復させる取り組みも死活問題になってくる。駅前の一等地を外国に占有された都市がどうなるか、火を見るよりも明らかではないか。地域に根を下ろした人や事業を大切にしよう。いわんや中小零細の事業者を壊滅させかねない消費税増税などもってのほか。

デフレの下で価格の税金分を転嫁できず、自腹ばかりを切らされれば、誰だって国や社会に絶望する。相手がどこの国の人だろうが、土地ぐらい簡単に売り飛ばす。少なくとも私なら、あとは野となれ山となれ、の心境にならないとも限らないと思うから。

▼TPP（環太平洋パートナーシップ協定）が締結されれば、この問題は一気に進行することになるだろう。

2011.01.05
◉村木元局長が担う「子育て新システム」の危険性

菅直人政権は相変わらずだ。社民党に色目を使ったかと思えば、たちあがれ日本に連立政権への参加を求めて断られた。〝ウイングを広げる〟のにも程がある。もはや民主党は自らの存在理由さえも見失い、権力の維持だけが自己目的化してしまったのではないか。

もはや彼らの政策の何も信用できない。「子ども・子育て新システム」[1]が好例だ。

関係閣僚を集めた検討会議が昨年六月に基本制度案要綱をまとめている。幼保一元化（保育園と幼稚園の垣根をなくし「こども園」に）ばかりが報道される計画の、陰の部分を知っておこう。

「新システムの下では、現行の保育制度が担ってきた児童福祉の機能が失われることになります」と指摘するのは全国保育団体連絡会の実方伸子事務局長だ。具体的には児童福祉法第二四条が定める市町村の保育の実施義務が削除され、保育の主体は民間の事業者へと移されていく。

高齢者や障害者の福祉と同様の民営化の流れだ。幼保一元化の表看板はともかく、新システムの根幹は小泉・竹中流の構造改革以外の何物でもなかった。

「市町村の責務は親の勤務時間を基に割り出す要保育度認定などに限定されます。介護保険制度と違うのは、本人、つまり子どもの状況や発達段階が顧みられない点ですね」（実方さん）

前記の基本制度案要綱でも、雇用の創出や保護者の就労支援の側面ばかりが強調されている。それはそれで重大なテーマではあるにせよ、事業者の都合を最優先した制度設計は、本末転倒が過ぎはしないか。

保育を市場原理あるいはビジネスの論理に委ねれば、手間がかかって採算性を低下されると見なされた子どもは対象外にされやすい。保育の質もカネ次第。事業者が進出してこない過疎の町では、子どもを産むこともままならなくなるだろう。

「菅政権は〝待機児童ゼロ〟を掲げていますね。なるほど新システムはそのための究極の手段だという説がある。こんな制度になったら、事業者に歓迎されない家庭は保育所への入所を諦めてしまうからです。そうなれば待機児童ゼロになるという皮肉です」（実方さん）

菅政権は郵便不正事件で無罪が確定して厚生労働省に復職した村木厚子▼2・元局長を内閣府の新システム担当に出向させている。改正児童福祉法案の国会提出はもうじきだ。国民的ヒロインのやることだからといって、すべてが正しいとは限らない。

▼1　子ども・子育て新システム関連三法案は二〇一二年八月の通常国会で可決・成立し、一五年四月に施行されている。だが改めて指摘するまでもなく、待機児童の問題はその後もいっこうに改善されていない。二〇一六年二月に国会でも取り上げられた匿名のブログには、この国の無残すぎる現状が、あまりにも的確に表現されてしまっていた。〈何なんだよ日本。／一億総活躍社会じゃねーのかよ。／昨日見事に保育園落ちたわ。どうすんだよ私活躍出来ねーじゃねーか。／（中略）／不倫してもいいし賄賂受け取るのもどうでもいいから保育園増やせよ。／オリンピックで何百億円無駄に使ってんだよ。／エンブレムとかどうでもいいから保育園作れよ。／有名なデザイナーに払う金あるなら保育園作れよ。／どうすんだよ会社やめなくちゃならねーだろ。／ふざけんな日本。（後略）〉

▼2　村木厚子氏はその後、厚生労働省の社会・援護局長や事務次官を歴任して二〇一五年一〇月に退官。一六年一月には伊藤忠商事の社外取締役就任が発表された。

2011.01.19
◉財界にへつらうだけのタイコモチ政治に反吐がでる

いくら何でもひどすぎないか。先週末に発足した菅直人第二次改造内閣だ。与謝野馨・元たちあがれ日本共同代表が経済財政相で、はじかれた海江田万里・前経財相が経済産業相に横すべり。野田佳彦・財務相は留任する。露骨なまでのＴＰＰ（環太平洋パートナーシップ協定）および消費税増税シフトに他ならない。ＴＰＰは関税の全廃を原則とする多国間の自由貿易協定だ。参加すれば日本の農業は壊滅状態に追い込まれるに違いない。

農林水産省の試算によれば、二〇〇八年度の国内農業生産額八兆四七三六億円が半減するという。ただでさえ四〇％しかない食料自給率（カロリーベース）は、一四％にまで落ち込むそうだ。

消費税についてはは嫌というほど書いてきた。この税制の納税義務者は年商一〇〇〇万円以上の事業者だが、担税者（実際に税金を負担する者）は特に定められていない。個々の取引の都度、力関係で弱い側が被るしかない仕組みなのである。

スーパーとの競争を強いられる小売店や大手の下請けメーカーの商いを想像してみられよ。デフレの世の中で顧客に消費税を転嫁できる方が珍しい。中小零細の事業者はどこも自腹を切って消費税という名の売上税を納めさせられている。

農家や中小零細事業主の殺人にも等しい一方で、ＴＰＰ参加と消費税増税は、しかし、多国籍企業には多大な利益をもたらす。自由貿易の拡大で儲かる輸出産業は、同時に消費税を下請けに背負わせて泣かせるほど不労所得を得るという、理不尽な制度が存在するからだ。

輸出戻し税という。詳しくは拙著『消費税のカラクリ』（講談社現代新書）を参照されたい。

いずれも複雑で難しいテーマである。いかなる犠牲が出ようと、大企業が潤えば、オコボレは下々にも及ぶじゃねえかとの独善に一面の真実が含まれていない保証もない。

とはいえ、こうまであっけらかんと割り切ってしまえる菅政権には、不信の以前に恐怖を覚える。しかも「平成の開国」だの「公平・透明・納得の税制」などと大嘘ばかり。

今週号の週刊現代が「仙谷に菅　キミたちはそれでも左翼か」と題する特集を組んで話題になっている。私は彼らに「あなた方は何をしたくて政治家になったのか」と問いかけたい。

財界にへつらうだけのタイコモチ政治に同調しまくる全国紙各紙もだが、しょせんこの世はカネ次第と満天下に思い知らせるためか。それで本当によいのか。人間としておしまいではないのか。▼

▼民主党政権後期のこのザマがあってこそ、第二次安倍晋三政権のデタラメも導かれた。当時の彼らに対して、それ以上の何も言うべき言葉を筆者は持たない。

◉2011.02.16 都条例の影響を危惧せざるを得なかった出来事

西武百貨店渋谷店（東京都）の「美術画廊」で開かれていた絵画や人形などの作品展「デパート de サブカル」が、会期途中で打ち切られた。今月初めのことである。

ややあって、全国展開の〝遊べる本屋〟こと「ヴィレッジヴァンガード」が、いわゆるアダルト系の商品群を全店舗から撤去した。昨年末の東京都議会で成立したばかりの「青少年健全育成条例」との関係があちこちで取り沙汰されているのも当然ではある。ともあれ西武に出展していた作家たちに会い、話を聞いてみたのだが、もうひとつ要領を得なかった。

やがて作品展が中止に追い込まれたのは西武の持ち株会社であるセブン&アイ・ホールディングスの意向があったためだとの情報に接した。そこで同社の広報に問い合わせたら、西武百貨店の本社販売促進部長から電話がかかってきた。

「百貨店にふさわしくない催事だというご指摘を、複数のお客さまからいただいたのが中止の理由です。セブン&アイからではないし、都の条例とも関係ございません。表現の自由の侵害だとか、そういった問題については、私どもはお答えできるだけの考えを持っていないのです。作家の方々や、作品展を楽しみにしておられたお客さまには申し訳ないのですが」

だとしても、ではうかつな作品展を企画してしまった責任はどうなるのか。百貨店らしい〝お客さま第一主義〟を、店内とはいえアートを扱う施設に丸ごと適用することに躊躇《ちゅうちょ》がなさ過ぎる。出展作品の中に女性の裸を描いた作品があったのは確かでも、「美術画廊」は一般の買い物客や子どもが何となく入り込んでしまう構造にはなっていないのだ。

早稲田大学などでフランス語やフランス文学の講師を務める大野英士《ひでし》さんに意見を求めた。現代美術やサブカルチャー、新自由主義経済と格差社会、言論表現の統制との関係についても造詣の深い研究者である。

「西武の説明が事実なら事実で、社会全体がある方向へ動員されていく時代に、その障害となる〝不健全〟を密告し、排除することに快感を覚える〝善意の大衆〟が増えてきたらしい現実が見えるようで、かえって恐ろしい。ヴィレッジヴァンガードの件も合わせて、二つの事件がこのタイミングで起こったのは決して偶然ではないと思います」

同感だ。この問題は今後の日本社会に世間一般の、いや、当事者である石原慎太郎都知事の認識をはるかに超えた、深刻な影響をもたらしそうな気がしてならない。▼

▼本稿は怒りに任せて書いた原稿だったし、紙数も足りなくて、主張したかったことをうまく表現しきれなかった記憶がある。西武百貨店の回答を聞いた際、本当はこう感じたのだった。

――表現の自由について、お答えできるだけの考えを持っていないとはなんだ。セゾングループも堕ちたものよ。そんな手合いが、「美術画廊」だなんて代物を商売にするんじゃない！　と。

ただ、おそらくはこの国の圧倒的多数派はそんなものなのかもしれない。だからお上がちょっと正体を露にすると、簡単になびく。だからって、何も考えることができないスポンサー筋を排除してしまった日には、あらゆる表現は発表の場を失う。こういう現実を「民度が低い」と言うのである。悲しい。

2011.03.02
◉住基ネットと社会保障改革がセットになる怖さ

住基ネット差し止め訴訟[1]の全国原告団が先週二四日、最高裁への申し入れを行った。各地に先駆けて違憲を訴えた私の裁判は最高裁で敗訴。最後に残った北海道訴訟も昨年二月、札幌高裁に合憲判決を言い渡されたのだが、この間には被告の国側自身が自らの主張を覆す動きをあらわにしてきた。そのため、上告審の司祭たちには一言クギを刺しておく必要があったのである。

問題は菅直人政権の目玉とされる「税・社会保障共通番号制度[2]」だ。これは住基ネットを国民総背番号体制へと展開し、国民一人一人の一挙手一投足を監視・管理していく第一段階に他ならない。札幌高裁が国側の言い分をうのみにして、〈控訴人らの主張は、科学的根拠に基づかない危惧感または行政機関等に対する根拠のない不信感の表明に過ぎない〉などと認定した判決を実質的に無効にしたものだ。

水永誠二・全国弁護団事務局長の申し入れを抜粋しよう。

「政府は番号付きの所得情報を名寄せして突合（データマッチング）し、〝所得を正確に把握する〟ために共通番号を創設します。これぞ本質的な機能であると言わざるを得ません。当面は（所得情報のための）独自の番号を用いる案が有力だそうですが、公表された基本方針によれば、住基ネットと一対一で対応させ、そこに収められた個人情報を丸ごと利用するというのですから、住基ネットの番号と同じことです。税・社会保障共通番号制度はまさに、住基ネットの違憲性と同じ問題なのです」

他には山本博・全国弁護団長や亀田成春・北海道弁護団長らが発言。私は国民総背番号体制の下でのＩ

D番号をマスターキーとして携帯電話のGPS機能、顔認識システムおよび集音マイク内蔵の監視カメラ網などと連動させる構想などを紹介して、こう述べた。「世の中を動かしているつもりの人々にとって、それは進歩に映るのかもしれません。でも、富も地位もなく、自由な魂だけを財産に日々を生きている人間には、社会の監獄化以外の何物でもないのです。最高裁にお願いします。この国をこれ以上堕落させないでください。住基ネットは憲法違反だという事実を、今度こそ認めてください」

この問題に限らず、昨今はマスコミも完全に政府と同化している。もはやチェック機能の存在しない時代に、支配欲の虜《とりこ》どもがひたすら既成事実を積み上げていく。それが何をもたらすのか。

みんな、いくらなんでも、もう忘れちゃったの？

▼1 住基ネットをめぐっては、全国各地で違憲訴訟が繰り返された。訴訟件数は合計で少なくとも一七。早くから監視社会のテーマに取り組んでいた筆者も、この問題の本質を多少なりとも知り得た立場上、断じて許せるものではないと考え、書くだけでは済ますことができず、原告として当事者の一人になった。二〇一一年五月、北海道訴訟の上告が最高裁に棄却されて、すべての裁判が終了した。この間には大阪高裁が〇六年一一月に違憲判決を言い渡した例などもあったが、これも最高裁では破棄され、最終的にはすべて被告である国の全面勝訴とされている。また違憲と判断した大阪高裁の竹中省吾裁判長は判決の三日後に自宅で死亡。遺書はなかったが、大阪府警に自殺と断定されたまま現在に至っている。

▼2 ここで指摘した「税・社会保障共通番号制度」が、二〇一三年五月に関連法案が可決・成立した「マイナンバー」である。二〇一六年一月から本格的な稼働が始まった。

2011.03.16

◉石原氏が原発立地県の知事に吐いた大暴言

もはや嘆くべき言葉も見当たらない。原子力発電の反対派が主張してきた危険がことごとく的中してしまった。▼1

推進した当事者らは万死に値する。原発マネーに群がった識者やタレントという名の宣伝マンたちにもいずれ十二分の責任を取っていただくのは当然だが、本稿では別の問題を指摘しておこう。

一昨年暮れのことだ。二〇〇六年九月までの五期一八年もの長期にわたって福島県知事を務めた佐藤栄佐久氏に、私はこんな話を聞かされた。

「経済産業省の主催で開かれた、国の原子力政策をPRするシンポジウムの席でした。電力供給地の代表として参加した新潟県の平山征夫知事が消費地の意識改革を訴えたら、東京都の石原慎太郎知事がこう返したんです。『（供給地の）夜は熊しか通らない道は誰のカネで出来ているのか』とね。

かねて原発の安全性を叫んでは、『東京にも造ればいい』などと公言していた人が。いざ原発立地県の首長を前にすると、これだ。ええ、私自身は不毛な議論に付き合うのが嫌で、参加要請にも応じなかったのですが」

にわかには信じられなかった。石原知事とは差別と無責任に服を着せたものだと承知してはいたけれど、いくらなんでも。▼2

だが本当だった。朝日新聞の二〇〇二年二月一〇日付朝刊が、ごく小さくだが報じていた。現在に至るまで、特に批判されてもこなかったのが不思議でならない。自分自身の懐を痛めたわけでもない石原知事に恩を着せられた側の人々が、そして今、まさに放射能の恐怖に苛《さいな》まれている。

なお佐藤氏はもともと保守の政治家で、原発も受容していたが、安全性に疑問を抱いて透明性や自治体権限の確保を求めたところ、収賄罪で逮捕・起訴された。いわゆる国策捜査だった疑いがある。私の取材も彼が東京高裁で有罪判決を受け、最高裁に上告したのを機に実現した。

石原知事はまた、二〇〇七年三月に発生し多数の死傷者を出した能登半島地震の直後にも、下劣な品性を丸出しにしたことがある。

「震度六の地震が来た。ああいう田舎ならいいんです。東京ならかなりの被害が出ただろう」

三選目の都知事選に臨む、葛飾区・JR亀有駅前での街頭演説だった。

はたして石原知事は今回も、得意の後出しジャンケンで四選を目指すことになった。東京の有権者は今度こそ、被災地の人々に最低限の謝意と誠意を示さなければならない。いつまでも人でなしの臣民のままでいないためにも。[3]

▼1　二〇一一年三月一一日の東日本大震災と、それに伴う福島第一原発事故を指している。
▼2　拙著『東京を弄んだ男「空疎な小皇帝」石原慎太郎』（講談社文庫、二〇一一年）参照。
▼3　佐藤栄佐久・元福島県知事への取材成果は、拙著『「東京電力」研究　排除の系譜』（角川文庫、二〇一五年）に詳しい。

◉ 2011.03.30 「がんばろう」キャンペーンの「危うさ」

大震災から二週間余りが経過した。放射能の恐怖にも怯えながら、私たちは「がんばろう！　日本」と、互いを鼓舞し合っている。

問題は頑張る方向だ。本来はそんなことを論じていられる場合ではない。今はただ死者を悼み、被災者が一日も早く日常を取り戻すための環境整備にのみ全力を傾けるべき時期だと思う。

だが不安なのだ。「がんばろう！」に込められた善意のポジティブ・シンキングが、逆に私たちの未来を狂わせてしまいかねないのではないか、と。

あえて書く。復興に臨んで経済大国の再現を夢見てはならない。身の丈に合った、ほどほどの国家社会を、今度こそ築き直すべきである。

なぜなら日本は地震国だ。国土が狭い上に山がちで、平野が少なく、地下資源にも乏しい。かつて植民地を求めて海外侵略にいそしんだ動機だった。植民地を失った戦後はアメリカの支配下で、彼らが殺しまくった朝鮮半島やベトナムの民衆の屍《しかばね》を糧としつつ、空前の高度経済成長を果たした。

国内でも水俣病をはじめとする公害禍を次々に生んだ。「くたばれＧＮＰ」の批判も束の間、農業を叩いて食料の輸入を促し、自給率を引き下げて工業製品による貿易黒字の埋め合わせに回した。

政策的に淘汰されたのは零細自営業だ。産業構造の再編成とは、すなわち巨大商業資本の利益の極大化を意味していた。

無理に無理を重ねて金儲けに邁進《まいしん》した日本。原発の乱立も規模の経済ばかりを重んじた結果だ。安全神話の大嘘と、徹底的な無責任が呼び込んだダメージは計り知れない。世界経済における日本の地位は低下せざるを得ないだろう。少子化も確実に加速する。

それでもなお、過去の延長線上で「がんばろう」とすれば、どうなるか。米倉弘昌・日本経団連会長（住友化学会長）の妄言が強烈だ。原発政策を見直す必要はないとして彼は、「千年に一度の津波に耐えているのは素晴らしい。原子力行政はもっと胸を張るべきだ」と強弁したとか（都内で記者団に語ったということだが、第一報はなぜか「北海道新聞」など一部でしか報じられていなかった）。

人間の命が以前にも増して軽視されるに違いない。朝鮮戦争やベトナム戦争の特需景気の再来を求める空気さえ醸成されていくのではないか。

枝野官房長官は二七日の記者会見で、今後の方向性や考え方を示す「復興ビジョン」を打ち出す意向を表明したという。せめて米倉発言のごとき驕慢《きょうまん》とは縁のない、まっとうな人間性を湛《たた》えたものであってほしい。▼

▼ここでもまた、筆者は改めて言うべき言葉を持たない。周知の現実がすべてを物語っている。

◉2011.04.13
それでも原発を止めない国の恐怖

もはや一刻の猶予もない。少なくとも太平洋岸に林立している原発は、この際、軒並み停止させるべきである。

地震浸けの日々が続いている。福島県の浜通りを震源とする昨夕の揺れは特に激しかった。所詮は余震とも割り切れない。三・一一と四日後に静岡県富士宮市で観測された震度六強、今月九日に鹿児島県種子島沖で発生した五・七との関係も、何もわかってはいないのだ。

残る東京以西の太平洋岸。いわゆる東海、南海、東南海に、南九州まで連動した大震災の恐怖に怯えているのは、筆者だけではないはずである。

──などと口走ると、またぞろ「科学的でない」「情緒的に過ぎる」「バカ、アカ、サヨク」の悪罵が飛んでくるのだろう。だが、すでに結果は出てしまっているではないか。

原発は危険に過ぎるのだ。日本のような地震国ではコントロールが不可能で、また火山活動なども考慮すれば、現在はどうやら地震の頻発期らしい、と。

周辺住民は逃げるしかない。農業や漁業は壊滅的な打撃を被った。今後も場合によっては東京を諦めざるを得ない可能性を示唆する専門家もいる。せめて浜岡原発だけでも停止されなければならない。中部電力が静岡県御前崎市で運用する五基の原発群[▼1]は、かねて巨大地震が想定されてきた東海地震の、なんと震源域のど真ん中にあった。

過去に大津波を経験した地域の原発も止めるべきだ。とすれば太平洋岸だけでなく、瀬戸内海も、北海道の日本海側、秋田、新潟。なぜか「津波はない」と信じ込まれていた北陸でも、最近は電力会社自身が対策の必要を口にし始めた。

統一地方選では、原発銀座の福井県でも大消費地の東京都でも、現職の推進派が多選を果たした。彼らを操る財界の野望を有権者たちは知らない。「原子力行政は胸を張れ」と吐いた日本経団連会長の妄言は前回に紹介した。経済同友会はといえば、さる六日に発表した「緊急アピール」で、原発の停止どころか、四年前の中越地震で休止した柏崎刈羽原発の三基を再開せよと迫っている。

彼らは道州制の導入や消費税増税も重ねて強調した。要は従前のまま、飽くなき利潤追求を目指した国家改造を、ドサクサに紛れて強行してしまいたいというだけの代物だ。

筆者はヒューマニズムだけでは発言していない。この期に及んで人間を顧みない経済成長一本槍の価値観が、相当の確率で起こり得る次の災厄の前に、経済はもちろん、日本という国をも終わらせかねない近未来を危惧している。▼2

▼1　浜岡原子力発電所。

▼2　政府はその後、巨大地震発生時の被害想定の見直しに着手。二〇一二年八月には災害対策基本法に基づく「中央防災会議」のワーキンググループが、太平洋の伊豆半島九州近辺までの沖に延びる深さ四千メートルの南海トラフ（溝）の活断層で今後、マグニチュード（M）9・1クラスの巨大地震が発生する恐れがあり、その場合は八都県（都は島嶼部）が二〇メートル以上の津波に見舞われて、最悪三二万三千人の死者が出るとの想定をまとめた。

南海トラフは過去にも百年から二百年の周期でM8級の大地震を繰り返してきている。同会議はしかし、大地震の発生は千年に一度か、もっと低い確率だとしながら一三年三月、同じ想定での経済的な被害を最悪で国内総生産（GDP）の四二％に相当する二百二十兆三千億円と試算。耐震化や防火対策を進めれば半減できるとしている。

遅ればせながら次なる巨大地震に国の関心が向けられたのは結構だと言いたいが、必ずしも額面通りには受け取りにくい。自民党政権はこの間に十年間で二百兆円を投入する「国土強靭化計画」を打ち出しているからだ。南海トラフ大震災に備えた防災を大義名分にした公共事業のバラマキ、土建政治の復権が企図されている可能性が高い。

でなければ、三二万人以上の死者が出るかもしれないと強調しているにもかかわらず、原発推進の国策が改められない現実を理解しようがないのである。

2011.05.18

◉「大きな夢を持った復興計画」とは

菅直人首相が記者会見で、「大きな夢を持った復興計画を進めたい」と発言してから一カ月半が過ぎた。筆者などは犠牲者たちの四十九日も済まないうちに「大きな夢」とはよう言うわと鼻白んでいたのだが、実際、政財官界にとって復興とは一切のしがらみ抜き、白地のキャンバスに好き勝手な色の絵の具を塗りたくる絶好のチャンスに映っているらしい。

宮城県知事の「水産業復興特区」構想に、地元の漁協が猛反発しているという。幅広い参入を促す目的で漁業権を開放しようとする試みに既得権益を侵されかねないからだと解説すれば、悪いのは漁師側だと反論されそうだが、では構想が実現した暁の社会とはいかなる姿を見せるのか。

不漁が続いて儲からなくなれば、企業はたちまち撤退する。小さくとも一国一城の主であることを何よりの誇りとする昔かたぎの漁師は存在を許されなくなるだろう。

復興構想会議は来週にも正式決定する「主な意見の中間的整理」で、臨時増税の検討を求める姿勢を鮮明にすると報じられた（「朝日新聞」一五日付朝刊）。これまでの経緯から見て消費税率の引き上げが想定されていることは間違いない。▼1

先月末に政府が定めた「社会保障と税の共通番号制度▼2」の法制化に向けた要綱には、大災害時の被災者支援に活用する方針が明記された。とすれば今後、人間一人一人の一挙手一投足が政府や大企業に見張られる監視社会を導く国民総背番号制度の導入に反対する人間が〝非国民〟呼ばわりされるのは確実だ。

一連の動きに共通するのは、巨大資本による支配体制をより強固にしたい思惑。プラス、中小零細・独立自営業をこの機に一掃し、ノンエリートの自律性を完全に奪おうとする欲望だ。事業者の納税義務だけが定められ、実際に税金を負担する担税者の規定がない消費税は、すべての取引において力関係の弱い側により多くの負担を強いる〝悪魔の税制〟だと繰り返してきた筆者の指摘を、どうか想起してみてほしい。

在日米軍の存在感が、そして、いつの間にか高められつつある。〝トモダチ作戦〟▼3と普天間基地の問題、嘉手納基地への統合案がにわかに浮上した関係については、いずれ稿を改めたい。

復興は重大なテーマだが、だからこそ流されてはならない。津波にも流されなかった人々が、権力の都合通りに流されてしまうのでは、いくらなんでも馬鹿馬鹿しすぎる。

▼1　消費税率増税については、「増税分の全額を社会保障費に」というイメージ戦略が優先された。復興財源のためには復興財源確保法と地方財確法が制定され、所得税、住民税、法人税に上乗せされている。

▼2　マイナンバー制度のこと。

▼3　トモダチ作戦を『現代用語の基礎知識』二〇一三年版で引くと――、

〈二〇一一年三月の東日本大震災を受け、米軍が自衛隊と緊密に協力して展開した救援活動。救難や物資の輸送、福島第一発電所の事故対応など、他分野に及んだ。人員は二万人以上、動員された艦船は二〇隻、航空機約一六〇機、総予算八〇〇〇万ドル。陸海空のほか、沖縄に駐留する海兵隊も参加し、仙台空港の修復などを実施。また民間空港である山形空港が県知事の許可を得て米軍の拠点となった。〉

深化が急がれている日米同盟にとって重大な意義を帯びたと言われる「トモダチ作戦」。だが当の米軍兵士たちの心身には深い傷を負わせてもいるようだ。米兵向けの「星条旗新聞《スターズ・アンド・ストライプス》」によると、参加した米兵二六人が二〇一三年三月までにカリフォルニア州の連邦地裁で東京電力を相手取り損害賠償を求める提訴を起こしており、約百人がこれに続く意向で手続きを進めているという。

彼らは「トモダチ作戦」によって頭痛や集中力の欠如、直腸出血、甲状腺疾患、ガン、腫瘍、妊娠時の出血などの被害を受けたと主張。にもかかわらず国防総省が訴えを軽視していることに不満を抱いたもの。損害賠償の請求額は総額で約二〇億ドル（約一九〇〇億円）に達する見込みとされる。

東京・お台場のフジテレビ本社を取り囲む大規模デモが繰り返されている。韓流ドラマや韓国人アイドルグループの登場する番組を多く放映している同局への抗議であるという。八月二一日に二度行われたデモの参加者は警察の集計で延べ五三〇〇人だったが、ネット上では八〇〇〇人とも一万人とも言われている。

発端は女優・宮﨑あおいさんの夫で自らも俳優の高岡蒼甫《そうすけ》さんによる批判だった。「日本人は日本の伝統番組求めてます」「韓国ネタ出て来たら消してます」などといったツイッターでの書き込みが「2ちゃんねる」の類いで広がって、デモにまで発展した。

ローコストでそこそこの視聴率を取れる商法に徹した昨今のテレビ局が安易であるのは確かだろう。とはいえ、デモ隊側の主張はそれ以上に安っぽかった。

「ブームは韓国政府のプロパガンダ」

「フジテレビは売国的。なでしこジャパン優勝の際、国歌斉唱を意図的に中継しなかった」云々。

朝鮮半島絡みのニュースは続く。八月二九日には朝鮮学校への高校無償化適用の審査手続きが再開されることになった。菅直人首相（当時）が文部科学省に指示したものである。

これまでの凍結措置は、昨年一一月に北朝鮮が黄海・南北境界水域に近い韓国の延坪島《ヨンピョンド》を砲撃した事件への対応だと説明されてきた。一連の日本人拉致事件に対する報復感情もあるにせよ、そうした具体的な問題だけが原因ではなかったこと、改めて指摘するまでもない。石原慎太郎・東京都知事をはじめ、朝鮮学校の無償化適用を阻んできた政治家らの顔ぶれを眺めてみれば明々白々だ。

嫌な話だが、ハッキリさせておこう。▼1 反・韓流デモも、朝鮮学校の扱いも、あからさまな差別の産物に他ならない。表向きの理屈は後で無理やりでっち上げた代物以外の何物でもありはしないのである。

つくづく情けないと思った。差別とはおよそ世の中で最も醜くくだらないもののひとつだ。とはいえそれは万国共通の、人間の悲しい業であり、自分自身は無縁であるなどと自惚れているわけでもないけれど、とりわけ日本人の朝鮮民族に対する差別をどうしても許せない理由が、私にはある。

日本の近代化は周辺諸国の人々への差別を欲した。相手に対する差別意識が伴わなければ、侵略戦争も植民地化もできっこない道理。かくて培われた日本人の習性を熟知しているのがアメリカ人だ。そこで第二次世界大戦後、トルーマン政権の外交顧問で、対日講和の責任者だったJ・F・ダレスが、こんなメモを書き残していたという。

「アメリカは日本人が中国人や朝鮮人に抱いている民族的優越感を十分利用する必要がある。共産陣営を圧倒している西側の一員として、自分たちがそれと同等の地位を獲得することができるという自信を日本人に与えねばならない」

朴正熙《パクチョンヒ》大統領時代の韓国から日本に〝亡命〟してきた知識人・鄭敬謨《チョンギョンモ》氏▼2の最新刊『歴史の不寝番《ねずばん》』（藤原書店、二〇一一年）に紹介されていた。アメリカはそうして日本を利用し、たとえば東アジアにおける東側との力の均衡を保つための不沈空母とする。あるいは朝鮮半島から旧満州（中国東北部）、すなわち日本の旧植民地だった地域の間接統治を委ねようとした、というわけだ。ダレスら自身による差別の眼差しに気づかないはずのない日本人の屈辱を和らげてやり、より忠実に従わせる狙いも当然、込められていたに違いない。

ダレスのオリジナルな発想などではなかった。鄭氏によれば、日本をアメリカの代理人として活用する手口は、むしろアメリカの伝統的な対東アジア戦略であると言っていい。ポーツマス条約が締結される二カ月前の一九〇五年七月、W・H・タフト米陸軍長官と桂太郎首相の間で交わされた「桂―タフト密約」▼3で日露戦争後の韓国に対する日本の支配権が認められた時から同じ状況が続いていると鄭氏は書いていて、…。

恥ずかしくて死にたくなりそうなので、このへんで止めておく。関心を抱かれた読者はぜひ、『歴史の不寝番』を手に取ってみられたい。

▼1　改めて指摘するまでもなく、「反・韓流デモ」と、東京・新大久保や大阪・鶴橋など在日コリアンが多く居住する地域で繰り返されている差別的な「ヘイトスピーチ」とは同一のものではない。けれども根底には同じ潮流が存在する。考えれば考えるほど、辛く悲しく、情けないことだ。

在日韓国人三世で「ヘイトスピーチとレイシズムを乗り越える国際ネットワーク」の共同代表を務める実業家・辛淑《シンス》玉《ゴ》氏の悲痛な文章の、せめて一部だけでも紹介しておきたい。「協同センター・労働情報」の機関誌『労働情報』（二〇一三年一一月一日号）の巻頭コラム「時評自評」より――。

〈「鶴橋大虐殺を行います！」と叫ぶ女子中学生の動画が世界に配信され、衝撃が走った。

自民党政権は格差社会を推し進め、仕事がなくて死ね、働いて（過労死で）死ね、戦争で死ね、戦争に行かなければ（軍法会議で）死ねと語った。そして大衆は、この政権に反対するものすべてを反日・売国奴として「在日認定」し、

「殺せ」と叫ぶ。〉
〈どんなに頑張っても生活設計は立てられず、明日は見えない。
これは、みんな「朝鮮人」のせいだ。
そう思うことで、俺は日本人なんだと確認し、朝鮮人を抹殺しなければ日本の俺に未来はないと思い込む。
恐ろしいほどの依存である。彼らは本当に、この社会から「朝鮮人」と呼ばれるものがいなくなったら、自分たちの存在の意味すら見失い、生きることさえできなくなることを知らない。DVの夫が、いよいよ妻が死んでしまうと、もはや生きていられなくなるのと同じだ。
日本人が日本人でいるためには「朝鮮人」が必要なのだ。そして、このストーカー行為はやまないだろう。朝鮮人をしゃぶり尽くして殺し尽くすまで。〉
辛氏のコラムには、〈もちろん、政府はまともな対応ひとつしない〉ともあった。実際、レイシストたちの暴挙を警察は見て見ぬふり、一般のデモと特に変わらない態度で臨んでいるのが常である。

▼2 鄭敬謨氏は一九二四年京城（現在のソウル）生まれ。慶應義塾大学医学部予科を卒業後、渡米してエモリー大学文理大卒業。朝鮮戦争勃発と同時に米国防総省職員となり、板門店での休戦会談にも参加した。朝鮮政府技術顧問、会社役員などを経て来日し、以後は文筆活動や、韓国問題専門誌『シアレヒム（一粒の力）』の発行によって韓国民主化運動の一翼を担った。

▼3 桂－タフト密約（協定、覚書とも言う）は、一九〇五（明治三八）年七月に桂太郎首相兼外相と米国のタフト陸軍長官の間で交わされた。米国のフィリピン統治と日本の朝鮮に対する優越的支配を相互に認め合い、日米英の三国による極東の平和維持などを規定した。

◉2011.06.15 経団連「復興・創生マスタープラン」に書かれた恫喝

あの文書がなぜ注目を集めないのか不思議でならない。五月二七日に日本経団連が発表した「復興・創生マスタープラン～再び世界に誇れる日本を目指して」のことだ。

〈復興の青写真を描くのは、基本的にはそれぞれの地域の住民自身である。しかしながら、被災地域の活力なくして、日本経済の再活性化はあり得ない。その逆もまたしかりである。〉

のっけから挑戦的だった。目的は日本経済の再活性化で、被災地域の復興などテコに過ぎぬとでも言いたげなのである。実際、読めば読むほど財界の身勝手があからさまになっていく。特区方式で東北に工業団地を設け、高付加価値化を図れと述べたかと思うと、それだけでは過剰設備になりかねないとして、

〈わが国全体を底上げするという観点が不可欠である。加えて、製造業の海外生産比率が高まる中、産業空洞化により雇用の喪失や高付加価値産業の流出が起きないよう国内改革を大胆に進めていくことも必要である。〉

これはこれで理屈だが、その先が凄まじい。厳しい国際競争に耐えられる基盤整備のため、

〈わが国企業の海外生産比率が高まっているアジア諸国との比較において、事業環境のイコール・フッティングを確保することが求められる。（中略）日本は事業を運営していく上で極めて高いコストがかかっていることが分かり、これらの改善が急務である。〉

などとして、アジア各国と立地コストを比較する表を載せていた。いずれも日本を一〇〇とした場合、

法人実効税率と労働コストがバンコクではそれぞれ七四と七、広州は六一と七、シンガポールは四二と三二であるという。

まるで恫喝だ。国内の工場を維持してほしければ、法人税と人件費をタイか中国並みの水準に引き下げろというのである。他にもTPPへの参加を改めて促したり、消費税増税を示唆したり。前者は農業、後者は中小零細・自営業への致命的な打撃を伴う弊害が懸念されている大命題を、復興のドサクサで一気に進めてしまう腹らしい。

腐っても経団連は経団連だ。無能と無責任の大連立が既定路線化されつつある政治情勢では、こんな提言が丸ごと政策にされてしまう危険さえあり得るのではないか。

それにしても日本の財界も堕ちたものである。自意識過剰で下品で、中身は空っぽ。ついでにオモライ根性の塊。とりあえず全首脳陣が引退し、ゼロからやり直していただく方が、よほど復興・創生の早道だ。▼

▼東北の〝復興〟も、日本経済の〝再活性化〟も、実際、政権の所在にかかわらず、財界の思惑に沿って進められている。ただし二〇二〇年東京オリンピック開催が決定されてからは、東北に対する関心が急速に薄らいでいるようだ。

◉2011.07.13
命の尊厳と電力コストを混同するな

原発を疑ったら日本経済はオシマイだ式の〝報道〟が、いよいよあふれ始めた。日本経済新聞がこの土日に連載した「迷走原発再稼働」が好例だ。

〈菅直人首相による突然の安全宣言撤回に戸惑う企業。ただでさえ内需縮小や円高、高い法人税率などに苦しんでいるところに、電力不足やコスト増の不安がのしかかる。〉

として、記事はまず、電子部品の調達先を日本から他のアジア諸国に切り替えようとしている中国の大手通信機器メーカーを紹介。〝日本外し〟を急ぐ海外顧客に呼応して日本脱出を図りつつある大企業を一覧表にした。

日本電気硝子、NOK、三井金属、関西ペイント、テルモ、東レ……。で、こう続けるのである。

〈被災地を目の当たりにした経営者には国内生産維持への思いが強い。しかし、そのために国際競争力を失えば国内の雇用はさらに減る。（中略）日本に残る企業には電力を安定調達するコストが重くなる。〉

これは、これでいい。記者なら己の取材と信念と責任に基づいて、何でもガンガン書けばよいのだ。

問題はその先、というより、経営判断の絶対を説くならなおさら、最低限度は示されなければならない人間性の欠落だ。現実に原発のせいで人生を狂わされた人々や死の灰を浴びせられた子どもたちと妊婦たちへの共感、どころか遠慮さえ排する冷酷が蔓延するのであれば、この国の未来はどうしようもなく暗い。

絶望のあげく自殺に追い込まれた農家や高齢者たちのニュースを、彼らはどう聞いたのだろう。

被害者たちにまともな補償をしようと考える限り、もはやコストうんぬんは二の次、三の次であるはずだ。それでも償いきれっこないのにもかかわらず、下々の生命だの尊厳だのはどうでもよろしい、補償などスズメの涙ほどでたくさんだといった大前提ないし暗黙の了解があって初めて成立する論法が、いとも軽々しく語られている状況が許せぬ。

人間は国家や資本の食い物にされるためにあるのではない。人間が幸福を追求するためのあくまでも方便として、国家も資本も存在を認められているのに過ぎないのである。日経新聞だけの問題でないことはもちろんだ。戦前も戦後も、この貧しい国は常に、一人一人の人権を無視することとリアリズムとを積極的に混同し続けてきた。

戦争や公害、新自由主義的構造改革の類いを振り返ってみるといい。未曽有の国難だといわれるこの期に及んで、なお——？

▼福島第一原発事故後は手控えられていた原発広告が、二〇一五年夏を境に復活している。博報堂出身の作家・本間龍氏による指摘が興味深い。復活した原発広告の中で最も出稿量が多いのは浜岡原発の再稼働を急ぐ中部電力だが、事故前のようには派手にできないので地元県民へのPR効果は中途半端だ、それでも継続するのはなぜかとして、〈実はそこに、隠された別の狙いがあるからだ。それは、3・11以前同様、巨額の広告出稿金額をメディアに払うことによって、メディアの報道自粛を促そうとしているのである。（中略）これらの広告掲載が活発化した昨年夏以降、静岡新聞紙上で浜岡原発再稼働に関する批判的な視点の記事はほとんど掲載されていない。〉（「原発プロパガンダとは何か？　第5回」『NO NUKES voice』二〇一六年二月発行号）

◉ 2011.08.10 「五輪より戦争」と言った石原妄言

東京都の石原慎太郎知事は先週五日の記者会見で、核保有に向けた模擬実験を行うべきだと主張した。オバマ大統領がノーベル平和賞の受賞後に核弾頭のシミュレーションを実施したことに触れ、「日本もやったらいい。三カ月でできる。プルトニウムは山ほどある。日本は強力な軍事国家にならなかったら絶対に存在感を失う。北朝鮮、中国、ロシアが領土をかすめ取ったり、かすめ取ろうとしている」うんぬん。

石原氏の与太にいちいち腹を立てていたら身が持たない。なにしろ大震災と大津波に見舞われた東北を横目に「天罰だ」と言い放ち、[▼1] わざわざ福島に赴いては「私は原発推進論者です」と捨てゼリフを吐かずにはいられなかった人なのだ。

ただ、東京都は二〇二〇年夏季五輪招致に立候補を決めている。時期が来れば前回同様、平和主義者を気取りだすのがミエミエだから許せぬ。論より証拠、二〇一六年夏季五輪招致で敗れた前後の妄言を示しておこう。

「（近頃の若者がダメな理由は、という問いに）六〇年間戦争がなかったから。『勝つ高揚感』を一番感じるのは、スポーツなどではなく戦争だ」

これは五輪招致を初めて口にした半年前、〇五年一月の『週刊ポスト』での発言。ところが〇九年二月、ＩＯＣ（国際オリンピック委員会）のロゲ会長に宛てた手紙には、「私の祖国日本は、（中略）戦争放棄をうたった憲法を採択し、世界の中で唯一、今日までいかなる大きな惨禍にまきこまれることなく過ごしてきました。その日本でこそ、（中略）民族の融和、国家の協調を担う大きなよすがとなるオリンピックを行うことは、世界の平和に大きな貢献ができるものと信じます」（！）

大嘘もいいところだった。他人に戦争させて楽しみたい、儲けたいという病的な支配欲は、死ぬまで直るまい。

被災地での暴言がたたって辞任に追い込まれた松本龍・前復興担当相が気の毒にもなってくる。▼2 あちらは躁うつ病らしいのに袋叩きで、こちらは広島や長崎の原爆忌を前に被爆者を嘲笑しても、最低限の批判にもさらされない。財界や米国に都合のよい存在ならミソもクソも一緒の国の不幸を、石原氏は全身で体現しているということなのか。

首都の長の立場で戦争賛美と都財政の私物化を繰り返すばかりのコソ泥の話など話題にしたくもない。だが誰も批判しなければ、彼の言動は正しいということになってしまう。だから書き残しておくしかないのだ。自分自身を腐らせながらでも。

▼1　東日本大震災から三日を経ただけの二〇一一年三月一四日の発言。蓮舫・内閣府特命大臣との会談後、報道陣に国民の対応について感想を求められた際に、「（日本人は）この津波をうまく利用して我欲を一回洗い落とす必要がある。やっぱり天罰だと思う」と述べた。

▼2　松本龍氏はその職務にもかかわらず、大震災の四カ月後に初めて被災地入り。応接室に遅れて入ってきた村井嘉浩・宮城県知事（元陸上自衛官）に、「お客さんが来る時は、自分が入ってからお客さんを呼べ。いいか、長幼の序がわかってる自衛隊ならそんなことやるぞ。わかった？」と語り、報道陣にも「今の言葉はオフレコです。書いたらもうその社は終わりだから」と恫喝するなどした。

◉2011.09.07 放射能を気にする消費者も諦め切れない生産者も正しい

首都圏の消費者団体などが土壌や農作物に含まれた放射性物質を測定する取り組みを重ねている。公表されたデータの中には、深刻な数値が表れている場合も少なくないようだ。

なるほど公的機関は本格的な調査を嫌がりがちだ。試みてもらっても事なかれ主義の恣意的な結果ばかりを見せてくる、などという不満もよく聞かされる。

独自の測定を急ぐ人々の、特に小さな子を持つ親たちの気持ちが痛いほど伝わってくる。彼らは正しい。

一方で、福島県の農家や酪農家は〝風評被害〟を強調してきた。政府も地元自治体の立場も基本的に同じだ。八月末には福島、岩手、栃木各県の肉牛について出荷停止の指示が解除された。餌の管理や牛の検査体制が確立されたためだという。

内部被曝《ひばく》の恐ろしさが完全に立証できているとは言い難い。福島第一原発の周辺はもちろん、かなりの広範囲が放射能に汚染されたことは明々白々でも、風評被害の表現がなお有効性を保っていられる所以《ゆえん》である。絶対の危険が証明されない以上、丹精込めた農産物や家畜を諦め切れない人々もまた、きっと正しい。

少なくとも現段階では、生産者も消費者も、それぞれの判断と責任に従って行動するしかないのではないか。また将来も、国の安全宣言が出ようが出まいが、それを全面的に信頼して済むものではないことは、誰もが嫌というほど承知させられているはずだ。

心配なのは、都会の消費者と被災地の生産者との関係である。同じ福島県内でさえ、たとえば地産地消を掲げる公立の小学校が給食に県内産の野菜を使い、それに不安を訴えた保護者が村八分のような扱いを受けた、などといった話が伝わってきてしまう。

消費者と生産者はともに原発事故の被害者だ。ただし同時に過去の推進態勢を支持し続けてきた共犯者同士でもあって、いずれにせよ連帯し共闘していくべき関係だと考えるが、現状は危うい。どちらも自衛に躍起になるあまり、いつの間にか両者の溝が深まり始め、どこまでも無責任を貫きたい原子力ムラ――政府や経済界が漁夫の利を得つつある気がしてならないのは、ひとり私だけだろうか。

事態はきわめてデリケートな様相を呈している。調査が進み、仮に風評被害の用語がもはや通用し得ない状況が明らかになったとして、その場合に被災地の生産者たちは転地か転職か、生き方そのものの大転換を迫られることになりかねない。まだしも食品の選択肢程度は残されている消費者側は、そのことを承知し、覚悟の上で行動する必要があると思う。いわんや一部のジャーナリズムで散見される、パフォーマンスじみた言動などもっての外だ。▼

▼この時の思いを込めたルポルタージュ「子どもたちの被曝を止めて――福島県郡山市発・母親たちの心の叫びを聞け」が、拙著『ポスト成長神話の日本経済』（かもがわ出版、二〇一二年）に収められている。

◉2011.11.16 公安警察の横暴

きわめて重大かつ今日的なテーマが争点であるのに、なぜか一般のマスコミには無視されている裁判の証人尋問が、一四日、東京地裁で始まった。

二〇〇八年一〇月に都内の「なかのZEROホール」で開かれた、戦争と貧困の強制に反対する集会をめぐる国家賠償請求事件だ。訴状によれば、会場に数十人もの公安警察官が押し寄せ、参加者らを威圧した上、一人一人を隠し撮りしたという。集会・結社・表現の自由を定めた憲法二一条違反が問われている。

原告団を代表して法廷の証言台に立ったのは森井眞・元明治学院大学学長（九二）。弓削《ゆげ》徹・元フェリス女学院大学学長や土屋公献・元日弁連会長（いずれも故人）らとともに、集会の発起人だった人である。

「私は大学を繰り上げ卒業して召集されました。軍隊では上官の命令は絶対です。上官の命令は天皇の、すなわち神の命令。天皇のためにという名目で、命を捧げることを称揚されたのです。私は三人の友人を戦争で失いました。彼らの『畜生！　悔しい！　俺の人生を返せ！』という叫びが、はっきりと聞こえます」

森井氏は反対尋問も含め、一時間一五分にわたって持論を述べた。昭和天皇のXデーを前に「天皇制を絶対化することに反対する」学長声明を出し、「国賊を殺せ」の脅迫を受けても撤回しなかった肝の据わりようには、いささかの衰えもない。

「被告は、警察官が〝視察〟したとしても、集会の開始が遅れたわけでもないと主張していますが、そんなことを問題にしているのではない。革マルの集会だなどとも主張していますが、まったくの事実無根です。党派の違いを超えて開催を呼びかけた発起人に対する侮辱だ。人間の尊厳を踏みにじる戦争が許せないから、米国政府の暴挙や、これに追随する日本政府に対する怒りを表明したのであり、心ある民衆の声を代弁しているものと思っています。一党派のための運動などという、志の低いことをしているのでは断じてない」

齢《よわい》九〇を越えて、だからこそ戦争を繰り返させてはならじと屹立する学究の気迫に、満席の傍聴席から拍手が湧き起こった。なお、この訴訟に関わる「一〇・一三集会妨害国賠を支援する会」の共同代表には、池田龍雄（画家）、伊藤成彦（元中央大学教授）、信太《しだ》正道（元特攻隊員「厭戦庶民の会」代表）らとともに、筆者も名を連ねている。必ずしも客観的な立場ではないが、黙殺されてはならないニュースであるゆえに、書いた。▼

▼本件訴訟は二〇一二年六月、東京地裁に棄却された。控訴審も一三年九月に棄却され、原告側は上告している。東京高裁の判決は集会の自由は保障されると確認した上で、しかし、〈集会参加者が当該集会に参加していることが秘匿されることまで保障されるわけではな〉いので、〈外部から認識され、個人が識別され、特定される危険があることも自ら覚悟し、自己の責任において集会に参加するかどうかを決定すべきこと〉と明記。また、「この集会は予定通りに開催されたのだから、集会を開催する自由が実質的に侵害されたとは言えない」旨の判断を示した。弁護団は「集会の自由を事実上否定した不当判決だ」と反発している。

2011.11.30
◉ナベツネと橋下独裁を許すのか

〝清武の乱〟[1]も二〇日近くを経過した。訴えるの訴えないのと、事態は泥沼の様相を呈している。

だが、そんなことはどうでもいい。この騒動に関する報道や人々の反応を通してつくづく思い知らされたのは、この国のマジョリティーの、どうしようもない奴隷根性だ。

清武英利・前読売巨人軍球団代表は、ミニナベツネと呼ばれるほどのワンマンだったという。きっとそうなのだろう。

しょせんは内輪の痴話ゲンカの類いを日本シリーズの直前におおっぴらにしたのがけしからんという。それもまた一応の理屈には違いない。

とはいえ、少なくとも清武氏は〝ミニ〟でしかなかった。彼が「週刊ベースボール」で連載していたコラムを読む限り、ナベツネよりははるかに野球が好きで、選手たちへの愛情も豊かなようだった。「たかが選手」とも言わなかった。

その男が意を決して立ち上がったのだ。ならば報道はとりあえず彼の心意気に敬意を表し、この機にナベツネを表舞台から退場させるのが務めではないのか。

巨人が儲かりさえすればよろしい式の球界だから、一流選手がみんなメジャーへ逃げていく。ベイスターズの売却問題でもドラフト無視の世論誘導でも、事あるごとに八五歳の酒臭い与太を書かされ、実際その通りに球界が動いていく屈辱を、スポーツ記者たちは感じていないとでもいうのか。

いつの間にか清武氏は、単に上司に歯向かう不忠の臣、サラリーマンの風上にも置けないやつ、といったイメージに染め上げられつつある。かつての侮蔑語〝サラリーマン根性〟が、今では理想的な生き方とでも受け止められているような。〝清武の乱〟についての報道は、だから、まるで巷にあふれる処世術本のエッセンスみたいだ。

ついには朝日新聞までが、二八日付朝刊のオピニオン欄でナベツネに言いたい放題を言わせっぱなし。解説も記者の感想も一切ヌキ。揚げ句の果てに財界のスポークスマン丸出しの原発推進論や天下国家論を垂れ流させて、「まず消費税を上げること。ここは朝日新聞と一致しているんじゃないかな」で結んでいたのには恐れ入った。軽減税率のオネダリでナベツネの政治力を利用したいマスコミ業界にとって、なるほどこの点がポイントなのは確かだけれども。

自らを独裁者だと公言する手合いら[2]が当選した大阪のダブル選挙も構造は同じ、というか一体。真性の奴隷しか生息できない島国に、未来などありようはずもないではないか。

▼1　清武英利氏による渡邉恒雄・球団会長（読売新聞グループ代表取締役会長）に対する告発。ヘッドコーチ人事をめぐって不当な介入があり、会社の内部統制とコンプライアンスを破ったとする声明を発表した。清武氏は代表職を解任され、裁判闘争にも発展している。

▼2　橋下徹大阪府知事（当時）は二〇一一年六月に大阪市内のホテルで開いた政治資金パーティーで、「今の日本の政治に必要なのは独裁」と発言。世論の批判に晒されると、冗談めかして「独裁者の橋下です」と挨拶するようになった。

◉2011.12.14 公務員の給与を下げればいいのか

最近、テレビに出演して消費税増税について論争する機会を何度かいただいた。つくづく感じることがあったので書き残しておきたい。

私は増税には大反対だ。ただし、そのこととは次元がやや異なっている。「増税の前にやるべきことがある。まずは税金の無駄遣いを改めよ」という意見が出るのは当然だ。一般論として私も相手方の増税派も大いにうなずき、その場は収まる。

ところが視聴者の反応が凄まじい。「そうだ、公務員なんか全員クビだ、でなければ給料をドカンと下げちまえ」のオンパレードなのである。

懸命に話した消費税そのものの本質論など、まともに聞いてもらえていないのかと思うと悲しい。それは確かに、就労人口の圧倒的多数を占める民間のサラリーマンや派遣労働者より、公務員の方が安定しているのだろう。だがそう思うなら、どうして自分たちにも公務員並みの待遇や権利をよこせと叫ばないのか。

まだしも比較的には恵まれている職種の人々を罵倒し、引きずり下ろすのに成功したとして、何かよいことがあるとでもいうのか。それでいて、まさに最悪の条件で働く労働者を搾取して、何億円もの上前をハネている企業経営者や株主らに対しては、皆さん、じっとガマンの子なのだった。

公務員の給料が下がれば、民間はさらなる人件費削減の好機と捉えよう。経営者や官僚や政治家や、要は世の中を支配する側から見たら、これほど都合のよい国民も珍しい。今やこの国の多数派は、上に搾取される以外の生き方を認められなくなっているのではないか。

誰しもそれぞれの立場がある。私は自営業の家に生まれ育ち、自分自身も自由業だから、そこからの視点が価値判断のモノサシになりやすい。消費税率が引き上げられれば、仕事の対価に転嫁させてもらえない増税分を自腹で納めさせられ、いずれ廃業に追い込まれるのが自明だから反対している側面を否定できないのだが、だからって、そこまでの被害は受けないサラリーマンを引きずり下ろせというふうには思わない。人間として当たり前の態度を貫いている自分は、密かな誇りだ。

消費税だけの問題ではない。TPP（環太平洋パートナーシップ協定）をはじめ小泉時代に逆戻りしつつある構造改革路線のことごとくは、エリートサラリーマンと派遣労働者の格差をますます広げると同時に、その他の生き方を徹底的に排除していく。

連帯して抗《あらが》わなければならない時なのだ。虐げられる側の人間が反目し合うように仕向けられている現実に、いいかげんに気づこうよ。▼

▼公務員に限らない。〝人民の敵〟をでっち上げての分断統治は権力者の常套手段だ。小泉純一郎、石原慎太郎、橋下徹、安倍晋三、そしてドナルド・トランプの手口を見るがいい。

2011.12.28
◉苦しい人々にトドメを刺すのが消費税増税

我ながらしつこいが、また消費税について書く。腰抜けマスコミのどいつもこいつもがスポンサー様の意向には絶対に逆らわない算段を決め込んでいる中で、俺と日刊ゲンダイだけは違ったんだぜと、せめて後世の人々には知ってほしい。

日本の消費税率は世界最低水準だうんぬんの話のたびに示される棒グラフがある。ドイツ一九％、英国二〇％、フィンランド二三％。日本だけ五％ぽっちでスイマセン、みたいなやつ。

最近では読売新聞の一二月一九日付朝刊の一面に載っていた。▼一〇日のＮＨＫ「ニュース深読み」に出演した時にも、財務省詰の記者がフリップで、「ホラ、まだ増税の余地がある」とやっていた。いくらなんでもくだらな過ぎないか。だって、このグラフには肝心の国が抜けている。いつもサル真似を強いられている、日本の事実上の宗主国だ。

理由は簡単。アメリカには合衆国レベルの消費税が存在しないのである。州税としての付加価値税はある。けれども国税としては、子ブッシュ（ジョージ・Ｗ・ブッシュ）政権やレーガン政権が金持ち減税の財源にしたがったものの、あまりに不公正な仕組みだと財務省に反対され、ポシャった経緯があった。

彼らはまだしも理解しているのだ。いわゆる逆進性の問題や、筆者が幾度も指摘してきた、顧客との力関係で価格に転嫁できない中小零細の事業者が自腹を切らされ、あるいはより弱い立場の人々に負担を押し付けるしか道のない税制の、悪魔のような本質を。

ヨーロッパ諸国は日本やアメリカとは国情がまるで違う。ギルドの伝統や社会主義にも近い福祉国家を標榜している分だけ、市場の価格競争が緩やかだ。福祉といっても帝国主義時代に若い男を後顧の憂いなく戦場に送り出す方便だったそうだから褒められたものでもないが、だから日本も彼らのような社会を目指すから消費税率も引き上げる国家一〇〇年の計だというのであれば、それはそれで筋が通らなくもない理屈ではある。

実際はどうか。日本の理想モデルはあくまでアメリカ新自由主義。ただし消費税率だけはヨーロッパを目指したい、というおぞましさ。

消費税は福祉国家で運用されてこそ社会保障の財源たり得る。誰も激烈な価格競争市場から逃れることができない日本では、社会保障に頼らなければ生きていけない人間ばかりが拡大再生産されていく結果を招くだろう。

ただでさえ苦しい人々にトドメを刺すのが消費税増税だ。それでも強行突破を図るなら、野田佳彦首相は万死に値する。

▼〈消費税・一体改革の行方〉と題する連載キャンペーンの第一回目。棒グラフには「日本の消費税率は世界最低水準」のキャプションがついていた。

連載は終了しても、読売新聞のキャンペーンは絶えることがない。軽減税率の見返りとしての世論誘導にしても露骨に過ぎるが、とりわけ二〇一二年二月二四付朝刊一面トップで掲載された〈消費税率二五％　北欧は納得／安い保育料　育休八割補償　大学無料／子育て世代　余裕ない日本〉には開いた口が塞がらなかった。消費税が増税されるとスウェーデンのような福祉国家になるはずだと誤解させるために書かれたとしか思えない、デタラメな記事だった。

◉ 2012.01.18
「ネバーギブアップ」は国民への宣戦布告

この国は狂っている。テレビも新聞も、野田佳彦改造内閣を思い切り持ち上げて恥じる気配もない。もはやマスコミは消費税増税のための翼賛機関以外の何物でもなくなった。

政府広報のカネに魂まで売り渡したのか、晴れて増税の暁の、新聞料金への軽減税率適用とのバーターか。しばしば囁かれる噂の数々を、そこまで腐り切ってはいないはずだよとかばえるだけの根拠を、少なくとも私は持ち合わせていない。だから野田首相が調子に乗りまくる。「ネバー、ネバー、ネバー、ネバー、ギブアップ」とやらかした年頭会見。ありゃあ、いったい、なんだ。

なんでも第二次大戦中、ドイツとの攻防に勝利した英国のチャーチル首相に倣ったセリフなのだとか。なるほど自国民を相手の戦争のつもりなのだろう。日本中の零細企業や自営業に対する宣戦布告。「テメーらみたいに生産性の低い、経済成長の足を引っ張るような連中はどいつもこいつもブッ殺す。軒並み自殺に追い込んでやる！」という虐殺宣言にしか、私には聞こえなかった。

何度でも書く。消費税の納税義務者は年商一〇〇〇万円以上の事業者だが、実際に税額を負担する担税者の定めはない。つまり、個々の取引の力関係で弱い方がより多くを負担する仕組みだ。価格に「転嫁できない」と言うと、「できている」と返してくる増税論者が珍しくもないが、アホか。同業者との競争上、あるいは元請けに泣かされて、消費税分以上の値引きを余儀なくされても、だからって免れはしない納税義務を果たさなければ、税務署は地獄の果てまで取り立てに来る。だから帳簿上は「転嫁できた」形になっているだけの話ではないか。

すでに大手外食チェーンの一部が値下げ競争を始めた。価格に敏感になった消費者の歓心を買うと同時に、値下げ分の負担をパートの従業員や仕入れ先など、要は弱い立場の人々に押し付けて利益を確保する、消費税増税後のビジネスモデルを整えておく一石二鳥。押し付けられた業者が生き残るためには、そのまた従業員や仕入れ先など、さらに弱い人々を泣かせるしかなくなって——。

弱い者いじめの無限連鎖こそが消費税の本質だ。▼ これも繰り返すが、付加価値税率の高いヨーロッパとは社会のありようが根本から違う。新聞もテレビも、分かっていて財務省と財界にひたすらおもねり、彼らのパシリ政権と一緒になって国民を愚弄している。だまされてはいけない。だまされてはいけない。俺たちはあんな連中の財布じゃないんだ。

▼ 拙著『消費税のカラクリ』（講談社現代新書、二〇一〇年）より——、

〈消費税とは弱者のわずかな富をまとめて強者に移転する税制である。負担対象は広いように見えて一部の階層がより多くを被るように設計されているし、中立的などではまったくなく、計算も複雑で、徴税当局の恣意的な運用が罷り通っている。大口の雇用主に非正規雇用を拡大するモチベーションを与えて、ワーキング・プアを積極的かつ確信犯的に増加させた。税収は安定的に推移しているように見えても、その内実は滞納額のワーストワンであり、無理無体な取り立てで数多《あまた》の犠牲者を生み出してきた。納税義務者にしてみれば、景気の後退イコール競争のさらなる激化であり、ということは切らされる自腹のとめどない深まりを意味している。

断定できる根拠はすべてこの本に書き込んだ。〉

2012.02.15
●人々をレッテルで貶めることに何の意味があるのか

いわゆるクレーマーの問題を調べてみた時のこと。ある雑誌の対談で、いずれ団塊の世代が大量にリタイアすると、説教タイプのクレーマー（窓口の対応次第で損なわれる企業利益を説きたがる）が増えるとして、大要次のような持論を語る人がいた。「あらかじめそういう人たちをラベリングしよう。〝モンスターペアレンツ〟は後からのネーミングだったので、かえって愉快犯的に拡散させてしまった。社会防御のためには発生前に警鐘を打ち鳴らすのが重要だ[1]」。

この分野ではベストセラーもある第一人者。同席の心理学者がお追従で、「なるほど、こうなったら恥ずかしいという共通認識を広めてしまう、と」。単純化にも程があると呆れた。と同時に、ああ、世の中はこうやって動かされているのか、とも。すなわち「レッテル貼り」による市民社会の分断。あるいは対立をも積極的につくり出す情報操作。

たとえば私が、「消費税を増税されたら、価格に転嫁できない自営業者が軒並み廃業に追い込まれる」と批判した。するとネット上に、「だからどうした。どうせ自営業の連中は脱税してんだろ、とっとと潰れて死ねばいい」の書き込みがあふれた。

橋下徹・大阪市長が市の職員に罵倒を浴びせた。こうなるともう、何の関係もない都道府県の住民までが、「そうだ、既得権益まみれの公務員はけしからん。給料下げろ、全員クビだ」のシュプレヒコールときたもんだ。

どうしてみんな、少しは自分の頭で物事を考えてみようともしないのだろう。自営業にも公務員にもサラリーマンにも、非正規労働者にも農民にも漁師にも、どんな職業にだって、立派な人もろくでもない人も、いろんな人がいる。それぞれの職種には特有の制度や常識があって、外部から理解するのは難しい。それだけの話ではないのか。

生半可に聞きかじったハンパな知識しか持ち合わせていないのに、全能感に酔って特定の職業人を十把ひとからげで貶めたがる人間が、今のこの国には多すぎる。自営業者の所得は六割しか捕捉されていないと決めつけた「クロヨン」論▼2など財務省発の名誉毀損でしかない。公務員や労働組合バッシングの発想は、一九八〇年代の行革キャンペーンで臨調当局と産経新聞が手を組み、〝人民の敵〟をでっち上げたのがルーツのひとつだった。

権力に都合よく操られる愚だけは、お互い、もうやめにしようではないか。他者を叩きたいなら叩きたいで、自分自身の力と責任でモノを言え。

▼1 「あなたもクレーマーになりうる⁉」『婦人公論』（二〇〇七年九月二二日号）
▼2 所得税の不公平さをPRして消費税の導入や増税を正当化させてきた、分断統治のための印象操作。勤務先の源泉徴収と年末調整に納税手続きを委ねる給与所得者は所得を当局に九割方把握されているのに、自営業者や農民どもはみんな脱税の常習犯だ、という対立感情をサラリーマン層に植え付けた。だが本来は、確定申告による申告納税こそが所得税の原理原則であり、グローバルスタンダードでもある。逆にサラリーマン税制はナチスドイツの手法に倣って導入された特殊かつ例外的な徴税システムで、納税者の権利を実質的に奪っている実態が広く知られるべきだろう。詳しくは拙著『源泉徴収と年末調整』（中公新書、一九九六年）を参照されたい。

◉2012.03.14 被災者に「天罰」と言った石原知事が居座る異常社会

昨年のちょうど今ごろ、正確には三月一四日に、石原慎太郎・東京都知事のいわゆる〝天罰〟発言があった。報道陣に囲まれ、大震災への国民の反応について問われた際に、彼は「日本人のアイデンティティーは我欲。やっぱり天罰だと思う」と答えたのだ。

さすがに翌日には撤回と謝罪に追い込まれはしたものの、石原氏の辞書に反省の二文字はない。その後もわざわざ福島を訪れては原発推進の持論をぶったり、核武装だと騒いでみたり。一時は石原新党だの次期首相だのといった世まい言が声高に語られていたのも記憶に新しい。

被災地の富岡町で少年時代を過ごした哲学者の高橋哲哉氏（東京大学大学院教授）が、最新刊『犠牲のシステム福島・沖縄』（集英社新書、二〇一二年）で、凄まじい怒りを押し殺して書いていた。

〈天罰論において死者たちは、罰を受けるべき罪を集中的に担う存在とみなされている。生き残った者たちが死んだ者たちを、一方的に、罪あるがゆえに罰せられた存在とみなし、語るのである。だが、生き残った者たちは、そのようにみなし、語る権利を、どこから得るのだろうか。〉

あんなものにもっともらしい解説をくれてやる必要に迫られた高橋氏の心情はいかばかりだったろう。本来なら石原氏のような手合いに対しては、哲学者の手を煩わせるまでもない、世間さまの〝常識〟があってしかるべきではないのか。

たとえばこんなイメージだ。日頃から鼻つまみ者の老人が、飲み屋で正体をなくして「大震災は天罰だ」と口走る。居合わせた酔客の中に被災者の身内がいて、許せんとばかり、そいつに殴りかかった。仲裁に入った女将が、老人を外に見送りながら、「もう二度と来ないでね」……。

世の中というのは、こうでなくてはならないのだと思う。なのに、今のこの国はどうだ。他人の人生や尊厳を傷つける者ほど大衆の支持を集めて権力者然と振る舞い、それがまた英雄であるかのように報じられる毎日。

財政危機のイタリアは、二〇二〇年夏季五輪のローマ招致活動を辞退した。彼ら以上の危機的状況にあるはずの東京は、被災地の苦境を尻目に、なお招致のためのお祭り騒ぎに酔いしれている。

それでも石原氏は老齢だ。引退さえしてくれれば少しはまともな社会が取り戻せると安心し始めてもいたところに、亜種が台頭してきた。橋下徹・大阪市長。くだらな過ぎる時代状況には、どこかでピリオドが打たれなければならない。

▼ここで批判したような暴言・妄言の類いが、かえって石原氏の人気を高めていった。彼自身週刊誌やテレビのワイドショーが取り沙汰した〝石原首相待望論〟を真に受けたのか、二〇一二年一〇月には都知事職を突然辞任し、平沼赳夫・元経済産業相の率いる「たちあがれ日本」に参加して、石原新党「太陽の党」に改称。共同代表に就任して、同年一二月の衆議院選挙に比例東京ブロックから出馬・当選し、一七年ぶりの国政復帰を果たしている。

太陽の党はその後、橋下徹大阪市長の「日本維新の会」とも合流。石原氏は代表に収まるが、二〇一四年五月には分党して再び新党「次世代の党」を結成する。同年一二月、政界引退。

◉2012.05.02 安全性が軽視され、やがて多くの人が死ぬ

三年前の朝、とんでもない強風が吹いていた。近くの建築工事で使われているクレーンが気になって、玄関を出てみたら、前を歩く作業員たちの会話が耳に飛び込んできた。

「すげえ風だな。ちょっと危ねえかなあ」

「ま、いいさ。今日中に終わらせちまおう」

――よかないよ。クレーンに家をぶっ壊されたり、殺されんのはゴメンだね。

後ろから声をかけた。ギョッとして振り向いた男たちに、私は続けた。

「ついこの前も、麹町で通行人ら六人を死傷させたクレーン事故[▼1]があったばかりだろ。あんたたちは何を考えてんだ」

彼らはクレーンの周りに集まり、何やら相談を始めた。平日の、若い者が出払った町の家々から、お年寄りたちがわらわらと出てきた。「よくぞ言ってくれました。私たちだけじゃ怖くて」と喜んでくれたお婆さんも。作業員たちの相談はなかなかまとまらない。改めて様子を見に行くと、現場監督らしい男が強行を主張しているようだ。

ダメだこりゃ。私は近隣に配られていた工事期間の説明書きを引っ張り出して、元請け業者に電話をかけた。大手の住宅メーカーだった。

「とにかく今日はクレーン作業をやめてもらおう。万が一の場合は刑事事件にする。作業員は危険を認識

していたって証言付きだ」

大の男が通勤せずに自宅で働いているメリットを、この時ほど痛感したことはない。クレーンを丸一日遊ばせて、彼らはそれなりのロスを被っただろうが、知ったことか。他人の命や生活をコストと見なし、その切り捨てを企業努力と称する〝ビジネス〟とやらが、近頃はのさばり過ぎている。

居眠り運転の大型観光バスが関越自動車道の防音壁に衝突して死者七人、重体三人、重軽傷三六人を出す大事故を起こした。倉敷市水島の製油所の海底トンネル掘削現場で発生した落盤事故で、六人の作業員が死亡ないし行方不明になった惨事も記憶に新しい。

小泉構造改革以来の時代風潮というだけでは済まない。消費税率が引き上げられれば、顧客との力関係が弱くて税金分を転嫁できない納税義務者（年商一〇〇〇万円超の事業者）は、自腹を切っての納税を強いられる。多くは廃業に追い込まれる運命だが、どうにか利益を確保しようとムチャなコストダウンに走る者が現れるのも自然の成り行きだ。

これまで以上に安全性が軽視されていく。事故がいくらでも起こる。大勢の人が死ぬ。▼2

▼1　二〇〇九年四月、東京・麹町のマンション新築工事現場で、鉄製資材を吊り上げていたクレーンが横転し、巻き込まれた女性が死亡。他にも五人が重軽傷を負った。この時期には他の地域でもクレーンの事故が多発していた。

▼2　規制緩和に伴う過当競争で安全性が軽視された結果と見られる事故は、その後も頻発している。二〇一二年四月に群馬県藤岡市の関越自動車道で死者七人を出した高速ツアーバス事故や、一六年一月に長野県軽井沢町の国道一八号線で乗客乗員四一人のうち一五人を死なせたスキーバス事故が記憶に新しい。

◉ 2012.05.16 「マイナンバー」法案の危うさ

先週末に都内で緊急集会「作らせてはいけない！　共通番号・ICカードが進める監視・管理社会」が開かれた。「マイナンバー」法案が近く国会審議入りするらしい情勢ゆえの催しだが、この種の動きはまともに報じられない可能性が高いので、せめて本欄の読者にだけでも伝えておきたい。

まずは石村耕治・白鴎大学教授（税法）の基調講演だ。NGO「プライバシー・インターナショナル・ジャパン」の代表も務めている彼は、国民全員に新たな番号を割り振り、IC内蔵のIDカードを携帯させて一元管理する「マイナンバー」が名実ともに国民総背番号体制以外の何物でもない実態を証明した。

「民主党政権は、〝社会保障と税の一体改革〟の一環としてマイナンバーを打ち出しました。利便性ばかりが強調されているようですが、この仕組みには重大な疑問符がつきまといます」

石村教授によれば、マイナンバー法が成立すれば、日本国民は就職や通院をはじめ、何をするにもIDカードの提示を求められるようになる。かくて収集された国民の行動記録は行政機関に蓄積され、あるいは民間のデータベースとも連動して蓄積されていく。しかも法案には、「情報連携」を積極的に進める旨まで書いてある。国民の一挙手一投足は絶えず政府の監視下に置かれるというわけだ。住基ネットとは監視のレベルが一ケタも二ケタも違う。

私も発言した。マイナンバーもまた、階層間格差の拡大を必然とする新自由主義のあからさまな発露だとして、

「巨大資本の利益を極大化する政策に抵抗する人間を監視しては、従順な国民と振り分けていく。徹底的な思想統制が始まるでしょう。国民主権が再び国家に奪われると言い換えてもいい。

先月末に自民党が発表した憲法改正案には、天皇を元首とし、国の交戦権を認めるとしたその憲法を国民が尊重しなければならない義務まで書き込まれていました。憲法とは権力の暴走を抑止するための規範であるのに、彼らは国民の生き方マニュアルとして位置づけているようですね。民主党の主流派の考え方も基本的に同じです。マイナンバーは、人間が番号扱いされて気持ち悪いというだけの話では終わらないんですよ」

国家などしょせんは必要悪でしかない。人間一人一人の監視などという所業は、神様にも許されてはならないはずなのに。今後の展開にはくれぐれも警戒してほしいと思う。▼

▼「マイナンバー」法はやがて可決・成立し、二〇一五年一〇月には国内の全居住者に割り当てられた番号が通知された。一六年一月には本格的な稼働を開始している。筆者は一六年二月に刊行した『「マイナンバー」が日本を壊す』（集英社インターナショナル）で、こう書いた。

〈（国民総背番号制の下では）「ビッグ・マザー」とでも言うべき監視の海に、権力や資本の利益に直結していない人間すべてが呑み込まれ、その一部として機能させられることになるのである。監視カメラ網や顔認証やＧＰＳなど、一見バラバラに見えていた監視ツールの数々が、〝マイナンバー〟によって連結され、スイッチが入り、電流が流れはじめた。〉

◉2012.05.30 財界と財務省のパシリ

民主党の仙谷由人・政調会長代行が、消費税増税に同調しない党内勢力を、「思慮の足りない方々。常識のある人はわかってる」と吐いたそうな。先週二六日、徳島県吉野川市での討論会の席上。

彼の論法に従えば、私など世界一のクルクルパーということになるのだろう。増税反対どころか、かくも不公平な税制は即刻廃止すべしとさえ主張しているからだ。

ふざけるなと言いたい。財界と財務省のパシリ風情が。何もわかっていないのは仙谷さん、あなたの方だ。

消費税には納税義務者の定めはあっても（年商一〇〇〇万円超の事業者）、実際に税額を負担する担税者の規定がない。常に力関係の弱い側が身銭を切らされる。デフレ下での増税は、すなわちグローバル経済のお荷物と見なされた自営業や零細企業を狙い撃ち、その大半を廃業か倒産か自殺へと追い込んでいく〝粛清〟に他ならないのである。

フリーの文筆業にとっても死活問題だから、私は公憤プラス私憤で抗う。増税反対をしょせんは政争の具にしている小沢一郎グループにせよ、粛清に「命をかける」という人でなし政権よりは、まだしも人間らしくて救われる。

財源なら無尽蔵だ。金持ち優遇も極まった所得税の累進性の正常化。定説とは逆に実は高くも何ともない法人税の、これも正常化。宗教法人課税、米国債の売却等々。

それを——。

政府や巨大資本に従順でない者を未熟者呼ばわりしておとしめる。陰でコソコソ、でなければツイッターの類いで全能の神サマ然と威張り散らす。

この手の卑劣漢が、近頃はのさばり過ぎている。短絡が美徳になるネット社会の陥穽《かんせい》か。単に人間という種族の劣化なのか。権力の監視が生業《なりわい》のはずのマスコミもひどいものだ。たとえば昨年一二月二八日付の「朝日新聞」社説〈社会保障と税　オトナはわかってる?〉。生き残るために必死な人々を思い切り嘲笑して、

〈そりゃあ、いまのオトナたちの生活も厳しいのはわかるよ。でもさ、だからって借金して後払いにされたら、将来、僕たちの生活はもっと苦しくなっちゃう。(中略)あっ、自己紹介が遅れたけど、僕たちは、いわゆる「将来世代」。これから生まれる赤ちゃんです。けっして、ザイムショウの回し者じゃないからね〉

回し者ならまだマシだ。下々の人生を平然と斬って捨てることのできる〝改革の志士気取り〟ほど恐ろしいものはない。▼

▼自民党に政権を奪回された後も、仙石氏のパシリぶりは変わっていない。彼は二〇一五年三月、税制の研究者や元官僚らが組織する「民間税制調査会」のシンポジウムでも、増税による負担に苦しむ中小零細の事業者をあからさまに見下す発言を、会場から繰り返していた。筆者も会場にいたので激しく応酬したが、「だからどうした」と言わんばかりの態度には呆れた。だから民主党は信用できないのだ、と改めて思った。

●2012.07.14 自民党の本性を丸ごと受け入れる野田政権

野田佳彦首相直属の「国家戦略会議」フロンティア分科会（座長＝大西隆・東京大学大学院工学系研究科教授）が先週末、集団的自衛権の行使を容認せよとの提言を公表した[1]。将来ビジョンにおける安全保障を扱った部分で、「米国や価値観を共有する諸国と安全保障協力を深化」「集団的自衛権に関する解釈など旧来の制度慣行の見直し」うんぬんと述べている。

主張自体は安倍晋三政権や麻生太郎政権と変わらない。だが民主党は、自民党に対するアンチテーゼとして政権交代を国民に託されたのではなかったか。

そう言えば、消費税の騒動に隠れるような形で、米日同盟がらみの動きが急展開している。欠陥だらけの垂直離着陸輸送機オスプレイの沖縄・普天間基地への配備問題、原子力基本法に「我が国の安全保障に資することを目的として」研究を行うとする条項が、いつの間にか書き込まれていた事件[2]など。核兵器の開発に通じる後者も、米国政府の事前承認済みと考えるのが自然だ。

どれも自民党政権時代からの構想と違わない。とすれば自民党が四月にまとめた憲法改正草案が気になる。天皇の国家元首化など、やたら復古調を強調した点ばかり報道されていたが、少し読み込むと、それだけではない実態が見える。

たとえば〝改正〟九条では自衛隊改め「国防軍」が、〈国際社会の平和と安全を確保するために国際的に協調して行われる活動及び公の秩序を維持し、又は国民の生命若しくは自由を守るための活動を行うことができる〉という。在日米軍の司令部と自衛隊の司令部の一体化が急がれている現状[3]に照らせば、前段は米軍の戦争に絶えず付き従う日本軍、後段は国民に銃口を向ける治安出動も許された日本軍の姿が想定されているのではないか。

野党になった自民党がむき出しにしたホンネを、民主党が丸ごと受け入れていく可能性が小さくない。野田政権は、消費税増税を見ても分かるように有権者の期待も人間としての誇りも何もかも、自民党に売り飛ばして構わない気でいるからだ。

フロンティア分科会の提言にある「価値観を共有する諸国」の表現に要注目。第二次大戦後も戦火を絶やすことのなかった米国の価値観と、まがりなりにも戦争放棄をうたい続けてきた日本の価値観を共有できるはずがないのにもかかわらず。

これ以上、国家権力と巨大資本の複合体に魂まで支配されなければならない義理など断じてない。

▼1　野田政権が設置した諮問機関「国家戦略会議」には法的な根拠が存在しなかった。名称もいかにもタカ派だったが、こうして振り返ると、野田政権が第二次安倍晋三政権のための露払い役でしかなかった実態がよくわかる。

▼2　ただし原子力基本法改正案として提案された条文ではない。まずは福島第一原発事故を受けて環境省の外局として設置される「原子力規制委員会」の根拠法案の目的（第一条）に、修正協議の段階で自民党が挿入したもので、この法案が可決・成立するや、上位法である原子力基本法の「民主・自主・公開」の原則を定めた基本方針（第二条）に同じ文言が追加されたという経緯がある。国民の目を欺くための手口と言わざるを得ない。

▼3　**2006.05.09**の項を参照。

2012.07.25

◉かくも卑しい三党合意の深層

いわゆる〝三党合意〟の意味がよくわからなかった。民主、自民、公明の連中が「社会保障と税の一体改革」関連法案を修正したのは先月下旬だが、この間の報道は基本的には〝決める政治〟とやらの大絶賛を続けてきたからだ。

その正体がようやくわかった。〝三党合意〟とは、恐ろしいほど卑劣である。早い段階で日弁連会長による反対声明が出ていたが、先週一九日、その趣旨を学ぶ緊急集会が都内で開かれたので参加した。

壇上に立った船崎まみ弁護士（日弁連貧困問題対策本部委員）が一つ一つ解説した。三党合意のカギを握る「社会保障制度改革推進法案」は——。

①社会保障費の抑制を基本方針としている。自助という名の自己責任原則を強調し、公助（国や自治体の責任）を軽視する第一条と第二条第一項は、国民の生存権を保障した憲法第二五条に抵触しているのではないか。

②社会保障の主要な財源には消費税および地方消費税を充てるとしている。このことを定めようとする第二条第四項は、個人の尊重を求める憲法第一三条や法の下の平等を定めた同一四条などから導かれる応能負担原則に違反するのではないか。

③生活保護の不正受給者への厳格な対処、給付水準の適正化などを実施するとしている。受給者が急増した主な理由が不安定就労や低賃金労働の増加にあるのに、全体の〇・四％にすぎない不正受給者の問題に

すり替えられ、生保制度そのものの切り捨てが図られているのではないか、お笑い芸人の騒動を利用した情報操作の疑いも濃い――。

何のことはない、「消費税の増税で社会保障を充実させる」などとは真っ赤な嘘。消費税増税が実現した暁に増えるであろう税収は、はたして公共事業という名の政治利権に費消されるだけの運命をたどることになっている。▼

「社会保障の財源は消費税だと明記されれば、今後、目の前の生活のためには増税を承知できない低所得者は、すなわち自ら社会保障の抑制に同調する立場を余儀なくされてしまいます。なんと卑劣なやり方でしょうか」

船崎弁護士の言葉が忘れられない。こんなばかげた政治を許してしまえば、大勢の人々が死に追いやられる。いいのか、それで？

▼社会保障制度改革推進法はこの年の八月に可決・成立。二〇一三年一二月にはその具体的な道筋を示した「社会保障制度改革プログラム法」も可決・成立している。プログラム法の第二条を読むと、政府が社会保障における役割をきわめて限定的にしか位置づけていない姿勢がよくわかる。

〈（政府は）個人がその自助努力を喚起される仕組み及び個人が多様なサービスを選択することができる仕組みの導入その他の高齢者も若者も、健康で年齢等にかかわりなく働くことができ、持てる力を最大限に発揮して生きることができる環境の整備等（次項において「自助・自立のための環境整備等」という。）に努力するものとする。〉

◉2012.08.22 東京都の尖閣購入宣言の愚劣

香港の活動家らが尖閣諸島の魚釣島に上陸。合計一四人が逮捕され、強制送還されたと思ったら、今度は東京都議ら一〇人の日本人が上陸して日の丸を掲げてみせた。わざわざ竹島に石碑を建てて除幕式に訪れた韓国の李明博《イミョンバク》大統領といい、この極東三カ国は、どこまで愚劣なのだろうか。

領土問題というのは、当事者双方にそれなりの理屈があるものだ。ヘタな強硬手段は戦争の引き金になりかねない。まして実効支配している側が先に手を出せば、せっかくの優位を自ら投げ捨て対等の立場に下りてしまうことを意味する。

一連の痴態の発端は、石原慎太郎知事による東京都の尖閣購入宣言だった。▼どだい日本国内の登記簿をいじくったところで、中国側には何の説得材料にもなりっこない。単なる挑発以外の何物でもありはしなかった。

しかも石原は当初、尖閣の主要五島のうち、魚釣島など三島だけを購入の対象とした。残る大正島はもともと国有地だが、久場《くば》島は三島同様の個人所有であるのに。

理由は明白だ。久場、大正の二島は射爆撃場として米海軍の排他的管理区域なのである。ならば中国側の主張は論外になる理屈だが、当の米国は尖閣の施政権こそ一九七二年の沖縄返還で日本に戻したものの、主権については「立場を表明しない」としていた。

背景には中国や台湾への配慮があった。この問題に詳しい豊下楢彦《とよしたならひこ》・関西学院大学教授（外交史）によると、しかも当時のニクソン政権には、日中間に領土紛争の火種を残すことで、米軍の沖縄駐留をより正当化させる思惑があったという（「『尖閣購入』問題の陥穽」『世界』八月号）。

石原知事の真意は〝固有の領土の死守〟などではないと、豊下教授は書いている。あえて〈軍と軍の衝突から「軍事紛争」を生じさせ「米国が踏み込んでこざるを得ない」ような状況をつくりだす〉契機とする気だ、と。

何よりもまず石原を引責辞任させ、しかるのち中韓両国と再度の棚上げか共同開発か、何であれ平和解決に向けた交渉を始める以外の道はない。またぞろ〝弱腰だ〟の大合唱が聞こえてきそうだが、ならば問う。口先で凄めば相手は引き下がってくれるのか？　本気で戦争する気があるのか？

石原本人もだが、異常に幼稚なナルシシストをここまでつけ上がらせた東京都民の責任はあまりに大きい。この期に及んで英雄視し続けるのであれば、何が起ころうと自業自得とわきまえておくことだ。

▼二〇〇〇年代後半から相次いだ中国漁船の領海侵犯事件などを受ける形で、石原氏が二〇一二年四月に米国ワシントンのヘリテージ財団で「尖閣を東京都が地権者から買い取る方向で合意した」と発言した。購入のための寄付金も募集して、八月中旬までに一四億円以上を集めたが、日中関係は悪化の一途を辿り、困った野田政権は九月になって国有化を決断するに至った。石原都知事のやりたい放題を恐れ、「平穏かつ安定的な維持管理」を掲げて中国側の反発を和らげようとしたものだったが、かえって火に油を注ぐ結果となり、現在に至っている。

◉2012.10.03
尖閣報道とオスプレイ配備

とうとう普天間基地（沖縄県宜野湾市）にオスプレイが配備されてしまった。世界各地で墜落事故を繰り返してきたアメリカ海兵隊の欠陥輸送機が、六機もだ。

地元では二〇〇四年の米軍ヘリ墜落事故が今も生々しい。凄まじい反対運動が展開されたのも当然だ。先月九日に開かれた県民大会には、一〇万人を超える人々が結集した。

それでも――。

命乞いは無視された。嘲笑したのは米日両政府だけではない。長いものに巻かれる以外の生き方ができない、ヤマトの奴隷国民に他ならなかった。

尖閣諸島をめぐる騒動の再検証も必要だろう。すべてはこの日のために用意された演出だったのではあるまいか。

「オスプレイの有用性も訴えなければならない。南西方面の抑止力を考えて、沖縄とコミュニケーションしていく」

八月末の国会で、野田首相はこう答弁している。中国人の反日感情も、まだ全国的な暴動には至っていない時期だった。

沖縄のメディアは尖閣問題をオスプレイ配備の正当化に使う手口に抗議し続けた。ところが朝日や毎日は、批判の以前に、この種の声そのものを曖昧にしか伝えない。読売や産経の、権力べったりの主張ばかりが目立った。

意図的な役割分担だったとまでは言わない。いずれにせよ尖閣の地理的条件は自明だから、まっとうな批判の伴わない、やたら日中間の対立を煽《あお》りまくる報道は、そのままオスプレイ配備の大義名分として、読者視聴者の深層心理に浸透していく。

もちろん尖閣有事が日米安保の対象になるかどうかは微妙だ。この件での中立を米国政府は強調している。〝殴り込み部隊〟こと海兵隊は、初めから島しょ防衛の任にない。▼第一、米軍に助けてもらう前提の領土ナショナリズムって何なんだ？

事実だの現実だのは、しかし、どうでもよかったのに違いない。米日両政府にとって重要なのは日本国民に刷り込むイメージの出来不出来だけ。

とすれば発端をつくった石原慎太郎の底なしの無責任ぶりもむべなるかな。アレは舞台を盛り上げた立役者として、むしろ殊勲甲モノなのかもしれない。

あの安倍晋三も自民党の総裁に返り咲いた。我ながら陳腐な陰謀論は、当たらずといえども遠からず、ではあるはずだ。

今日もマスコミは陰謀論より愚劣な「日中もし戦わば」の類いを垂れ流している。人間をなめきった演出に中国側も乗ってくれ、本気の戦争など仕掛けてきっこないと、固く信じきった面持ちで……。

▼米国には尖閣有事に積極的な関与をする意志がなく、日本政府もこれを諒としていると断じて差し支えないのではあるまいか。二〇一五年四月に改訂された「日米防衛協力のための指針」（新ガイドライン）の、「陸上攻撃に対処するた

めの作戦」の項に、こうあった。

〈自衛隊は、島嶼に対するものを含む陸上攻撃を阻止し、排除するための作戦を主体的に実施する。（中略）自衛隊はまた、関係機関と協力しつつ、潜入を伴うものを含め、日本における特殊作戦部隊による攻撃等の不正規型の攻撃を主体的に撃破する。

　米軍は、自衛隊の作戦を支援し及び補完するための作戦を実施する〉（傍点引用者。英文では「主体的に撃破する」が〝have primary responsibility〟と表現されていた）。

◉2012.10.31 原発はささいなことか!

石原慎太郎が東京都知事としては最後の定例会見で、またぞろ妄言を吐いた。「原発をどうするかはささいなこと。(永田町の人間は)もうちょっと大きな視点で考えられないか」というのである。相手にすること自体がおぞましい。だが例によって石原のタイコモチ以外の何物でもないマスコミが、ろくに報じようともしないので書いておく。

あれだけの原発事故があって、それでも原発推進を言い募るのは、まあ勝手と言えば勝手だ。脱原発でなければ許されない社会になってしまうのも、別の意味で恐ろしい。

とはいえ、「ささいなこと」とは何だ。他の問題にも目を向けようと言いたいなら言いたいで、被災者たちの心情をよほど気遣い、まともな補償のために全力を尽くすと誓ったうえで初めて、おずおずと切り出すというのが、およそ人間社会のお約束ではないのか。

三・一一の直後には、「天罰だ」「日本人の我欲を津波で押し流せ」と吐き捨てた経緯もある。この人は他人の生命や尊厳をバカにし過ぎている。社会生活を営む人間が絶対に備えていなければならない資質を決定的に欠いている。▼1

今回の新党宣言を、▼2〝盟友〟とされる亀井静香・前国民新党代表に、「それこそ我欲じゃないか」と叱られたそうだが、まったくだ。いや、それこそどころか我欲だけが異常に肥大化し、卑劣と無責任とを練り固めて服を着せたものが石原だ。そもそも公の仕事に就いてはならない人なのである。

筆者は二〇〇三年に岩波書店から『空疎な小皇帝――「石原慎太郎」という問題』を発表して以来、彼を批判し続けてきた。一部では痛快だと受け止められているらしい暴力的な言動の陰で、切り捨てられた人々がどれほど泣かされているか。戦争の恐怖にさいなまれていることか。

みんな、もういいかげんに目を覚まそう。亀井氏にしても、石原の実体など百も承知していたはずだ。いくら利用のしがいがある人気者だからといって、持ち上げて、つけ上がらせてきた責任はあまりに大きい。全国民の前で詫びてもらいたい。

ともあれ石原は都知事職からは離れる。血税を最低の勘違い男とお身内のお遊びに費消される悪夢から解放されるかもしれないのは至上の喜びだ。

辞職会見での耄碌《もうろく》ぶりを見れば、もはや公職でなくても使いものになりっこないのも自明。あとは票になれば何でもいいロクデナシ政治屋どもとの連携が怖い。ゆめゆめ警戒を怠るまい。

▼1　いくら頭に来ても、プロの物書きは最低限の礼節を忘れてはいけないと考えてきた。だが物事には限度というものがある。本稿を書いた時には、一切の自制が働かなかった。

▼2　**2012. 03. 14** の項の脚注を参照。

◉2012.11「フォーラム21」
酒はコンビニで買っちゃいけない

名古屋のコンビニで缶ビールを買おうとしたら、客の側を向いたタッチパネルを示され、成人確認のYESを押してくださいと言われた。五四歳の私は当然、これを拒否して、しつこい店員に「無礼でしょう」と返した。我ながら静かには振る舞いつつ、相手の態度次第では警察沙汰になってもいいやと思った。諦めた店員が自分で「YES」を押してくれたので助かった。とはいえ、こみ上げる激情と違和感がいつまでも消えない。この店はいったい何なんだ。

友人に話したら、俳優の梅沢富美男氏が同様の体験をしたらしいと教わった。彼はテレビで怒りを露にしていたという。「オレが一九に見えるわけねえだろ！　六〇過ぎのジジィをつかまえて、押せとは何だ！」と。

ここ一年ほどの間に広がった〝システム〟なのだそうだ。そう言えば私は、日頃はお酒を酒屋さんに配達してもらっているし、出張先でもホテルの自動販売機で買うのが常だから、何も知らずに済んでいたのだ。

テレビでの発言の又聞きでは、梅沢氏の怒りと私のそれが同じ性格のものなのかどうかは、よくわからない。とりあえず私が許せなかった理由を書いておく。

なぜなら私は、これでもそれなりの歳月を生き抜いてきた、分別盛りの大人である。ガキ扱いされる謂れはない。「年を食ってりゃ偉いのか」式のイチャモンとは無縁の話だ。私は人の世の道理を叫んでいる。

誰だってそう思うはずだと考えていたら、違った。梅沢氏の発言はネットでも大騒ぎになっていたので覗いてみて、たちまち後悔させられた。

「梅沢さん大人気ない」の類いなら、まだしもわかる。私自身、あからさまに怒ってしまった自分が腹立たしい。他人に言われる筋合いはないがという条件付きでだが、それはそれで一面の真実ではあると認めよう。

呆れ果てたのは、どこぞのコンビニオーナーを名乗る人物のブログだった。二〇〇〇年に改正された「未成年者喫煙禁止法及び未成年者飲酒禁止法」で販売者は消費者の年齢確認など必要な措置を講ずるものとされている、違反すれば販売行為者だけでなく経営者や経営法人、役員、従業員も罰金の対象だ、しかもその最高額は五〇万円に引き上げられたんだと強調して、彼は述べていた。

〈暴力的な態度を取る人がいるんですよ。それを年端もいかない高校生のバイトとかに、口頭で確認させることが徹底できますか？　出来ないんですよ。しかし、出来ないと売った側が罰せられるんですよ！だから、タッチパネルで対応することにしたんですよ。年齢確認を買った本人にさせることが、一番スマートなんですよ。それを「コッチは大人なんだから見りゃわかるだろ」って勝手なことヌカすな‼〉

ちゃんちゃら可笑しくてヘソが茶を沸かすとはこのことだ。ならば未成年のチンピラでもＹＥＳを押しさえすれば何でも買えることになるわけで、本末転倒も甚だしい。ただ単に店側が無責任を貫くためだけの仕組みでしかありはしないではないか。本当に紛らわしい場合は免許証などで確認するというのなら、初めからタッチパネルなど不要だ。

そもそも所詮はコンビニの本部と警察との間で捻り出された弥縫策《びほうさく》でしかないものを、絶対の正義だと言わんばかりの意識がどうかしている。もちろん酒やタバコを売る以上、多少のトラブルは避けられまい。子どものバイトを安く使い、酒もタバコも売らせることで本部が高い上納金を掠め取るフランチャイズのコンビニチェーンという業態自体に問題があるのである。

なんでもかんでも資本と支配の論理だけで割り切ろうとするから、世の中はここまで馬鹿馬鹿しくなった。コンビニオーナー氏のブログには、彼に同調する、訳知り顔のコメントがわんさか。こんな具合だ。〈じゃあ老け顔の未成年が入ってきたら君達はどうする？　余裕でボタンを押させずに販売するでしょ。老け顔だから。そしたら五〇万円以下の罰金払ってね、だぞ。じゃあどうする？　全員に押させりゃいいでしょ。三秒もかからないんだから〉

やはり、コンビニなんて真っ当な大人が買い物する場所じゃない。といって世界の大半はすでに資本と支配の論理に覆い尽くされ、普通の店はことごとく潰されている。せめて酒やタバコだけはコンビニ以外で買おう。私が死ぬまでの間ぐらいは、他の購入ルートも少しは維持され続けていくだろうと信じたい。

▼成人確認パネルは、その後、スーパーや酒の量販店にも一気に拡がった。筆者にとっては配達か、家人に買ってもらう以外の調達方法がなくなったことを意味する。

◉2012.12「フォーラム21」

撤去されていたホテルの自販機

前回の本欄（2012.11「フォーラム21」、一八三頁）で、「酒はコンビニで買っちゃいけない」と書いた。五〇年以上も生きてきた大人がガキ扱いされ、成人確認の屈辱を強いられるのが許せぬからで、死ぬまでの間ぐらいは他の購入ルートも維持されるだろうしと結んだのだったが、甘かったらしい。

今回は出張先の地名は伏せる。そうしなければならない事情がある。

その都市では中の上程度のホテルに投宿し、自動販売機はどこかと探した。少し前ならミニバーがあるのが普通だったクラスの部屋なのに、近頃は冷蔵庫と言えば空っぽが当たり前なので、いつの間にか習慣になっている。

このホテルには、しかし、自動販売機さえも置かれていなかった。飲み物は外のコンビニで買えとの由。なるほど町一番の盛り場に立地しているだけに、辺りにはコンビニが林立して覇を競っていた。

思わず連想を働かされたのは、携帯電話が爆発的な普及を遂げ始めて以来、公衆電話が次々に撤去されていった悪夢である。私は携帯電話が嫌いで、できれば持ちたくないと考えていたのだが、こうして外堀を埋められてしまうと、宗旨替えをしない限り、日常生活に重大な支障を来たすことになる。

事実上のケータイ携帯義務が課せられたにも等しかった。はたしてそれまでケータイを避けていた人々の多くが、ＮＴＴドコモの軍門に下っていった。

へそ曲がりの私は逆で、ケータイ会社の小汚い手口に怒り狂い、どんなことがあろうと持ってたまるものかと誓って、現在に至っている。詳しくは最新の拙著『私がケータイを持たない理由』（祥伝社新書、二〇一二年）をご笑覧されたい。

そんなわけで、コンビニでしか買えない酒ならいらねえやと考え、夕食を簡単に済ませて床に就いたのだが、新幹線での仮眠がたたって眠れない。やむなく起き出して、翌日に予定されていた講演会の準備を始めたところ、やっぱり飲みたくなった。

そこでルームサービスを頼んだ。ビールの中ビン二本と、ついでにサラダは割高で、馬鹿馬鹿しすぎる出費だぜと頭ではわかっていても、講演で少しは稼げるのだし、ま、いいかと割り切った。

だけどそれでも眠れない。半端に酔うと、ますますアルコールが欲しくなる。ルームサービスもタイムオーバー。もはや背に腹は変えられない。今日だけは年齢確認の屈辱に目をつぶろう、とにかく酒だと思いつめた挙句、私はついに、ホテルの向かいのコンビニに赴いたのである。

レジの前で深呼吸。でもどうしよう、タッチパネルを押せと指図されたら、俺は本当に我慢できるのだろうかと心配しつつ、思い切って缶ビール二本也を差し出すと――。

何も言われなかった。店を出て、ほっと一息つきながら思った。

――ホテルに自販機が置かれていないということは、俺みたいな客がこの店に大勢やってくるに違いない。当然、トラブルが相次いで、おそらくは店長が、未成年ではないとわかりきった客にはマニュアルを適用しない方針に踏み切ったのではないか、と。

地名を明かすことができない理由をおわかりいただけたと思う。迂闊に書いて、万が一にも警察やコンビニチェーン本部の目に触れる危険を恐れる。真っ当な商売人が嫌がらせを受けたり、排除されるような事態だけは避けれらなければならない。

臨機応変の対応を心がける店長が棲息できている間は、まだしも世の中というものを信頼していられる気がする。人間が人間であり続けるのに必要な抵抗力が完全には消滅していないことの証明だから。

それにしても資本と支配の理論というのは、あまりに強大だ。逆らう者をどこまでも追い詰めて、精神的な逃げ場さえ奪っていく詰め将棋。監視社会は街中に張り巡らされた監視カメラ網やマイナンバー＝国民総番号体制のみで構築されるのではない、ホテルの自販機を撤去することによっても完成に近づけられていく。

もうこれ以上、何物にも操られたくない。操り人形としての人生なんて真っ平だ。こんなふうにばかり考えてしまう私は異常だろうか。こだわりすぎだ、とは我ながら思いもするけれども。

2012.11.28
◉自民党「憲法改正草案」の恐ろしさ

衆院選の公示まで一週間。世論調査の類いでは、自民党の復調と維新の会の躍進が目立つ。まるで両党の連立政権誕生が自然の流れのように見えてくる。

民主党はもはや終わった政党だ。だが、だからといって自民・維新とは。マスコミは相変わらず肝心な部分を報じない。せめて本欄が伝えよう。

自民党の安倍晋三総裁は先週、選挙公約を発表した。朝日新聞に載った「要旨」には、〈最小限度の自衛権行使（集団的自衛権を含む）を明確化〉〈国防軍の保持を明記〉〈憲法改正原案の国会提出を目指す〉などとある。

保守色が前面に、などと説明されていたが、それほど簡単な話ではない。「原案」とやらをひもとけば、その正体は一目瞭然だ。

四月に公表されながら、これもなぜかスルーされてきた自民党「日本国憲法改正草案」の、たとえば新九条案である。

〈国防軍は、（中略）国際社会の平和と安全を確保するために国際的に協調して行われる活動及び公の秩序を維持し、又は国民の生命若しくは自由を守るための活動を行うことができる。〉

国の交戦権を認めない現行憲法とは正反対だ。この国でいう〝国際社会〟〝国際的〟がイコール米国の都合を指している現実は、皆さまご案内の通り。

自民党政権時代からの在日米軍再編を重ね合わせてみるがいい。横田の空軍、横須賀の海軍、座間の陸軍の各基地に置かれたそれぞれの司令部には、ことごとく陸海空3自衛隊の司令部が同居か隣接し、一体運用が深化された。最後の砦たる現行九条を失えば、日本の〝国防軍〟は常に米国の戦争につき従わなければおかしいという構図が完成してしまう。

改憲草案には言論・表現の自由に対する制限規定や、非常事態宣言（新設）下での国の絶対権限を定めた条文も。

政府の暴走を抑止する憲法の原則（近代立憲主義）を覆し、むしろ〝国民の生き方マニュアル〟として位置づけた条文（新一〇二条案）に至っては、あからさまな支配欲の発露以外の何物でもない▼。

戦後六十有余年、今こそ押し付け憲法ではない、自主憲法をとの主張は俗耳に入りやすい。だが、米国の後ろ盾あっての自民党、安倍総裁だ。

改憲路線だけが独立独歩であるはずがないではないか。

日本が米国の戦争に一〇〇％は追従せずに済むユニークな安全保障システムとして、すでに私たちは現行憲法を〝獲得〟している。わざわざ自発的に服従するための新憲法を制定してやるほどの愚はないと知るべきだ。

▼いずれも集団的自衛権の行使を容認した二〇一四年の閣議決定や、翌一五年に安全保障関連法案が国会の審議に付されていく過程で一定程度は報じられたが、それらの可決・成立後はマスコミも再び音無しの構えに戻った。一六年三月現在、安倍晋三首相は憲法改正への意志を以前にも増して声高に叫ぶようになってきたが、奇怪な報道姿勢にさほどの変化は見られない。

2012.12.12
◉憲法改正、徴兵制のリアリティー

前回、自民党の公約は危険だと書いた。実現を目指すという「日本国憲法改正草案」で、国の交戦権を認めない現行九条二項を削除し、自衛隊改め「国防軍」が、米国の戦争には常に参戦しないとおかしいような条文を盛り込もうとしているためだ。

先行した在日米軍再編計画と重ねれば一目瞭然。それでも自民党の人気は高く、各種調査からは憲法〝改正〟に寛容な〝民意〟が伝わってくる。由々しき事態なので、今回も前回の続きみたいになる。

自民党の草案九八、九九条に新設するという「非常事態宣言」を取り上げよう。外からの武力攻撃や内乱、大規模な自然災害の際に首相が発し、国民は国や公の機関の指示に従わなければならないとしているのだが、何のことはない。この筋書きは一九六三年に自衛隊統合幕僚会議が極秘で行ったシミュレーション「三矢《みつや》研究」と、続いて航空幕僚監部が作成した「臨時国防基本法（試案）」の焼き直しだ。

すなわち非常事態宣言が布告されたら最後、政府は移転の命令も集会の禁止も、住民を陣地構築、対敵監視等の緊急業務に従事させることも、何でもアリ。これと自民党草案一八条「何人も、社会的又は経済的関係において身体を拘束されない」が連動するとどうなるか。現行の条文は「いかなる奴隷的拘束も」とある。自民党案で奇妙な条件が加えられる意味は？　じゃあ、社会的か経済的な拘束がなければいいんだネとばかり、徴兵制への道が開かれる危険はないか。

構造改革がより徹底され、これまで以上に格差社会が進めば、志願兵不足に悩む必要はないはずだ。実際、そうやって回している米国の社会構造を、二〇〇〇年代以降の日本は懸命に真似てきた。とはいえ米国とともに戦争にいそしむのが常態化する時代のために、兵士調達の回路はいくらあってもいい、ということなのだろう。

絶好の追い風にあって、安倍晋三総裁は公示後、なぜか改憲を声高には叫ばなくなった。件の草案が注目され、その本質が知れ渡ることを恐れているのかもしれない。

その代わり、同類同士の連立が噂される日本維新の会の石原慎太郎代表がペラペラしゃべってる。「三カ月前にパラオの軍隊と警察が、密漁していた中国の漁船を威嚇して沈めちゃった。逃げようとした船員は撃たれて死んだ。うらやましい」（八日の岐阜市内の街頭演説で）

世の中には戦争が大好きな連中がウヨウヨしている。それならそれで他人を巻き込まず、自分たちだけでやってくれ。

▼非常事態宣言については、二〇一五年頃になって、各方面から反対の声が上がるようになってきた。かのアドルフ・ヒトラーがドイツの首相に就任して最初に行ったのがワイマール憲法の「国家緊急権」を発動することで、それは彼の存命中に解除されることはなかったとか、一五年一一月のパリ同時多発テロ事件で非常事態宣言が発せられたフランスの社会が混乱を極めているとか、さまざまな指摘があるが、短い紙数ではとても紹介しきれない。

ここでは二〇一六年二月までに出された全国一七の弁護士会による反対声明の中から、東北弁護士会連合会の宮本多可夫会長名によるものを引いておこう。一五年五月一六日付である。

〈現在、与党自民党において、東日本大震災時の災害対応が十分にできなかったことなどを理由として、日本国憲法に「国家緊急権」の新設を含む改正を行うことが議論されている。国家緊急権とは、戦争や内乱、大災害などの非常事態において、国民の基本的人権などの憲法秩序を一時停止して、権限を国に集中させる制度を言う。この制度ができると国は強大な権限を掌握することができるのに対し、国民は強い人権制約を強いられることになる。災害対応の名目の下に、国家緊急権が創設されることは、非常に危険なことと言わざるを得ない。（中略）

確かに、東日本大震災では行政による初動対応の遅れが指摘された事例が少なくない。しかし、その原因は行政による事前の防災計画策定、避難などの訓練、法制度への理解といった「備え」の不十分さにあるとされている。例えば、震災直後に被災者に食料などの物資が届かなかったこと、医療が十分に行き渡らなかったことなどは、既存の法制度で対応可能だったはずなのに、避難所の運営の仕組みや関係機関相互の連絡調整などについての事前の準備が不足していたことに原因があるのである。東京電力福島第一原子力発電所事故に適切な対処ができなかったのも、いわゆる「安全神話」の下、大規模な事故が発生することをそもそも想定してこなかったという事故対策の怠りによるものである。つまり、災害対策においては「準備していないことはできない」のが大原則であり、これは被災者自身が身にしみて感じているところである。

そもそも、日本の災害法制は既に法律で十分に整備されている。例えば、災害非常事態等の布告・宣言が行われた場合には、内閣の立法権を認め（災害対策基本法一〇九条の二）、内閣総理大臣に権限を集中させるための規定（災害対策基本法一〇八条の三、大規模地震対策特別措置法一三条一項等）、非常事態の布告等がない場合でも、防衛大臣が部隊を派遣できる規定（自衛隊法八三条）など、災害時の権限集中に関する法制度がある。また、都道府県知事の強制権（災害救助法七～一〇条等）、市町村長の強制権（災害対策基本法五九、六〇、六三～六五条等）など私人の権利を一定範囲で制限する法制度も存在する。

従って、国家緊急権は、災害対策を理由としてもその必要性を見出すことはできない。他方で、国家緊急権はひとたび創設されてしまえば、大災害時（またはそれに匹敵する緊急時）だけに発動されるとは限らない。時の政府にとって絶対的な権力を掌握できることは極めて魅力的なことであり、非常事態という口実で濫用されやすいことは過去の歴史や他国の例を見ても明らかである。国民の基本的人権の保障がひとたび後退すると、それを回復させるのが容易でないこともまた歴史が示すとおりである。

よって、当連合会は、東日本大震災において甚大な被害を受けた被災地の弁護士会連合会として、災害対策を理由とする国家緊急権創設は、理由がないことを強く指摘し、さらに国家緊急権そのものが国民に対し回復しがたい重大な人権侵害の危険性が高いことから、国家緊急権創設の憲法改正に強く反対する。〉

2012.12.26

◉日本国民は参院選の前に覚悟を決めよ

つくづく争点の定まらない、ひどい選挙だった。各政党はパフォーマンス合戦ばかりを繰り広げ、それをまたおバカなマスコミが増幅してみせていく。

その結果がコレだ。三・一一東日本大震災と福島第一原発事故の後に行われた最初の国政選挙の結果が、コレ。

自民党の圧勝は小選挙区制の産物だ。政党支持率に近いとみられる比例区での得票率に限れば三〇%もなかったなど、制度上の不当性はいろいろある。だが小選挙区は多数政党に有利なのはわかりきっていながら放置されてきたのだ。マスコミが最低なのも、まともな報道にこだわれば売れずに潰れる経験則に導かれているのだから、何もかもをひっくるめての〝民意〟なのだと認めるしかない。

とすれば日本国民は、この結果に覚悟を決めなければならない道理。安倍晋三政権は間違いなく改憲への舵《かじ》を切り始める。来年夏の参議院選挙までは刺激的な言動が控えられるにせよ、その後は一気呵成《かせい》に――。

改憲のベースはさる四月に発表された「日本国憲法改正草案」だ。本欄でも繰り返し指摘したが、この通りの新憲法にされた暁には、日本は常に米国の戦争に参戦しなければおかしい、憲法違反だということにされてしまう。言論・表現の自由には大幅な規制が課せられ、有事における徴兵にも道が開かれる。憲法とは国家権力の制限規範、という近代立憲主義の原理原則が根底から覆され、おぞましくも国民の生き方マニュアルへと堕さしめられていく危険性がきわめて高い。

今回の選挙では本来、三・一一の被災者を棄民とし、さらには米国の戦時体制に組み込まれていく近未来の是非こそが争点とされるべきだった。原発も消費税もＴＰＰも、個別具体的なテーマのどれもこれもが、そのことと一体だからである。

米国の下で日常的な戦時体制を築きたい意思を、自民党も、勝ち馬に乗れさえすれば何でもいい有象無象の連中も、特に隠しているわけではない。ある意味では〝誠実〟な態度と評価されるべきなのかもしれない。

真の争点が、せめて参院選までには有権者の間で共有されるようになってほしい。あと半年あまり。今度という今度は、もう待ったなし。二〇一三年が悪夢の時代の幕開けになるのも、素晴らしい時代への夜明けとするのも、私たち自身にかかっている。

▼この年の一二月一六日に投開票が行われた第四六回衆議院選挙で、自民党は圧倒的な勝利を収めた。公示前の一一八議席を二・五倍近い二九四議席にまで増やして過半数（二四一）を大きく上回り、連立与党を組む公明党の三一議席（公示前は二一議席）と合計で三二五議席を確保している。対する民主党は政権時代の二三〇議席を四分の一以下に減らした五七議席の惨敗だった。

かくて誕生した第二次安倍晋三政権は翌々二〇一四年一二月、解散・総選挙に踏み切り、またしても自公合わせて三二六議席を得た。民主党は七三議席。この間の一三年七月に行われた参院選でも自公は過半数を取っている。

▼
2013年1月～2014年12月

第2次安倍晋三内閣
2012年12月26日～

◉2013.01.16 教育問題から身を引いてほしいゲスたち

大阪市の橋下徹市長が、男性教師の体罰を受けて自殺した市立高校生[1]の遺族宅を訪れて謝罪した。面会後には記者団に「自分の認識は甘すぎた」と述べたという。

かねて体罰容認の発言を繰り返し、事件発覚後も、「ルール化できていなかったのが問題」「禁止は上っ面のスローガン」などと叫んできた姿勢を反省した格好だ。例によって世論の風向きに合わせたパフォーマンスだとしても、開き直られるよりはマシではあるに違いない。

とはいえ気楽なものである。深刻な問題を狭い体験や思いつきだけを根拠にペラペラまくし立て、大事が起これば頭を下げてチャラ。案の定と言うべきか、はたして橋下市長は事件を教育委員会不要論や教育行政への首長権限強化に結びつける構えも隠していないのだ。

そもそも石原慎太郎氏にすり寄った人物を信用してよいはずがないではないか。石原氏は体罰バンザイの最右翼だ。あの戸塚ヨットスクールを「支援する会」の会長で、昨年の「東京ビッグトーク」[2]では、「子どもが自我を育てていくためには体罰が不可欠だ。刷り込みが必要で、そのためには強い強制力が必要」だと言い切っている。二〇〇六年には文科省にイジメを苦に自殺を予告する手紙を送った主を大人の愉快犯と決めつけ、テレビ番組で「死ぬならさっさと死ね」と罵倒したことも。ただし今回はだんまり。相変わらず卑劣と無責任の塊だ。

教育問題ほど素人の床屋談議が幅を利かせやすい分野も珍しい。誰しも何らかの経験があるからだが、いくらなんでもこの手のゲス野郎にはお引き取り願わなくてはならない時期である。

安倍晋三新政権の方向性は明らかだ。原発のより一層の推進および市場原理主義に公共事業のバラマキを加えた大企業絶対の価値観の徹底、沖縄差別、さらには憲法改正で常にアメリカの戦争に付き従う体制の確立——。

新政権が今月下旬に発足させる「教育再生実行会議」の委員にも、作家の曽野綾子氏や高崎経済大学の八木秀次教授ら、やたら戦争や格差社会を礼賛したがる面々が内定した。副座長には三菱重工業の佃和夫会長が就任するそうだ。

愛国心の美名を盾に、他人の子どもを兵隊か労働力か息をするサイフとしてしか見なしていない手合いばかりがのさばりかえる時代。世襲権力者や軍需産業の親玉の類いに教育を差配されてたまるものか。許せばわが子も私たち自身も奴隷にされる運命と知るべきである。

▼1　二〇一二年一二月、大阪市立桜宮高校でバスケットボール部の主将をしていた二年生男子が自殺した。前夜に顧問の男性教諭から殴る蹴るの暴行を受けていた。同校はスポーツの強豪校で、プロ、アマ問わず多くの有名選手を輩出しているが、この事件を契機に、全校的に体罰が横行していた実態が明るみに出た。懲戒免職となった男性教諭に、大阪地裁は懲役一年、執行猶予三年の判決を言い渡している。

▼2　石原都知事の在職中、年に一〜二回行われていた集会。都政の重要課題について、〝都民と直接語り合う場〟として用意されていた。

◉2013.01.30 麻生太郎の妄言、石原親子の暴言は同根だ

麻生太郎副総理兼財務相の妄言が案の定、ウヤムヤにされた。[1] 二一日の社会保障制度改革国民会議で高齢者らの終末医療をヤリ玉に、「いいかげん死にたいと思っても『生きられますから』なんて生かされたんじゃ、かなわない。政府のお金でやってもらっていると思うと、ますます寝覚めが悪い、さっさと死ねるようにしてもらわないと」とやった、アレである。[2]

マスコミは何も追及しない。一部の識者やネット世論の間では、妙な共感を示す意見さえ珍しくないありさまだが、きいたふうな達観ぶりっ子もいいかげんにしてもらおう。

麻生は「個人の人生観を述べただけだから問題ない」と開き直ったそうな。公の会議での公人のセリフが、こんな屁理屈で済まされるなら、この世は真っ暗闇ではないか。

妄言の背景と中身そのものが掘り下げられなければならない。安倍政権では昨年の選挙前に石原伸晃（現環境相）が「報道ステーション」に出演し、やはり社会保障制度について尋ねられ、「尊厳死協会に入ろうと思っている。（尊厳死を認めないのは）日本だけだ」と答えている。麻生の妄言とうり二つ。自己決定によるはずの〝尊厳死〟が、いつの間にか経費削減の手段にされていた。

遡れば親バカの石原慎太郎が一九九九年、東京都知事として府中市内の重度身体障害者施設を視察した際の「ああいう人ってのは人格あるのかね。こういうことやっているのは日本だけでしょうな。ああいう問題って安楽死なんかにつながるんじゃないかという気がする」にもたどり着く。彼らに共通しているの

は、公のカネは俺のカネ。下々を長生きさせるためになど使わせねえよ、役に立たなくなった使用人なんざ殺しちまえという、狂いきった支配者意識だ。

彼らはそれでいて、案外と現代思想の潮流を知っている節がある。新自由主義万能の世界で猛威を振るう生命倫理学者ピーター・シンガー[3]あたりのロジックを吹き込まれたのではないか。読者には「パーソン論」[4]とか「アシュリー事件」[5]「功利主義」[6]等の用語を検索してみられたい。

安倍晋三首相が昨日の所信表明演説で、原発事故の被害者への補償や今後のエネルギー政策に触れなかった理由も、麻生発言と通底している。

「国、ということは俺のやることに、下々は黙って従っていればいい。それで死のうが人生が台無しになろうが、知ったことか」

これを「受忍論」という[7]。「東京大空襲訴訟」などとあわせて検索を。

▼1 くだらない政治家のくだらない妄言を、多くの人々は「またか」と言って見過ごしがちだ。「きいたふうな達観ぶりっ子」も珍しくないとは本文でも言及した通りだが、そのような態度ばかりでは本質を見失わされてしまうと、いたたまれなくなって書いた。くだらない妄言の背後には、こういう潮流もある。だから短い紙数ではとても収まらず、やたら「検索を」などという呼びかけが多くなった。この際、最小限の解説を加えておきたい。

▼2 それにしてもこの人の妄言癖は度し難い。名門の一族に生まれ育っていながら、絶えず他人を見下していないと不安にでもなるのだろうか。初出馬の際、街頭演説で「下々のみなさん！」と叫んだというエピソードはあまりに有名だが、こういう人は世の中にいくらでもいる。だからといって差別してはいけないけれども、わざわざ高い地位につけてやる必要がどこにあるのかと思う。**2010. 10. 27** の項も参照されたい。

▼3　一九四六年、オーストラリア生まれ。現在は米国プリンストン大学教授で、「最も影響力のある現代の哲学者」（『ザ・ニューヨーカー』誌）の異名を恣《ほしいまま》にしている。

▼4　いわゆる「バイオ・エシックス」の分野における、近年とみに影響力を増してきた立場である。ピーター・シンガーをはじめ、H・エンゲルハート、R・トゥルオグら、有力な主唱者たちに共通する認識を整理した文章を見つけたので引いておこう。

〈人間というのは「人格」を有している存在で、人格とは「自己意識をもち理性的な状態」である。それをもたないのは人間とはいえず、それは生物学的な「ヒト」である。つまり人間には、人格的生命（人間）と生物的生命「ヒト」があるとする。

人格（パーソン）でないのは、次のような状態であると主張する。「植物状態、認知症、重度の統合失調症、生後1週間以内の新生児、無脳児、小頭症の新生児、重度の知的障害、広汎な大脳機能を失った患者など」である。もちろん「重症心身障害」の状態にある人も含まれる。〉（高谷清「『パーソン論』は、『人格』を有さないとする『生命』の抹殺を求める」『月刊保団連』二〇一一年七月号）

▼5　米国シアトル在住の重傷重複障害のある女児「アシュリー」ちゃん（当時六歳）に二〇〇四年、子宮および乳房芽の摘出手術と、ホルモンの大量投与による身長抑制療法が施された。いずれも両親が希望し、病院内の倫理委員会が承認したものだという。担当医が学会誌で報告したところ、一部の専門家や障害者団体、人権団体などが批判の声を上げ、これに反論する形で両親がブログを立ち上げたことで表面化した。英語圏を中心に、今なお国際的な論争になっている。詳しくは児玉真美『アシュリー事件――メディカル・コントロールと新・優生思想の時代』（生活書院、二〇一一年）などを参照されたい。

▼6　功利主義については、一八～一九世紀英国の哲学者ジェレミー・ベンサムの言葉「最大多数の最大幸福」が広く知られている。一般的にはまるで常識のように語られる機会が多いような気がするが、それほど単純な議論ではない。新

自由主義や社会ダーウィニズムの思想潮流（パーソン論とも）と親和性が高いなど、私見は拙著『子宮頸がんワクチン事件』（集英社インターナショナル、二〇一五年）に書いたので、手を伸ばしてみていただけると嬉しい。

▼7 〈戦争中から戦後占領時代にかけての国の存亡にかかわる非常事態においては、国民すべてが、多かれ少なかれ、その生命・身体・財産の犠牲を堪え忍ぶべく余儀なくされていたのであって、これらの犠牲は、いずれも、戦争犠牲または戦争損害として、国民のひとしく受忍しなければならなかったところであ〉る、とする一九六八年の最高裁判断が、一般に「受任論」と呼ばれている。これはカナダ政府に財産を接収された引揚者が日本政府に損害賠償を求めた訴訟の判決で、東京高裁では〈進んで適切な外交保護の手段を採らなかった〈外交保護権の放棄〉〉国の責任が認められていたのに、最高裁によって、〈右の在外資産の賠償への充当による損害のごときも、一種の戦争損害として、これに対する補償は、〈日本国〉憲法の全く予想しないところ〉であるため、補償の余地はまったくない、とひっくり返されてしまった。

以来、東京空襲の犠牲者遺族らが国に損害賠償を求めた東京大空襲訴訟をはじめ、その後の戦後補償裁判ではことごとく、この判例が利活用されてきている。軍人・軍属やその遺族には手厚いが、民間人の戦争犠牲者には冷酷な日本政府を貫く思想が、「受任論」には凝縮されていると言えよう。

◉2013.02.13
オスプレイからの水筒落下を「無視」する背景

アメリカ海兵隊の垂直離着陸機MV22オスプレイが、沖縄県宜野湾市の普天間基地を離陸した直後にプラスチック製の水筒を落下させた。五日午後のことである。

住民や建物への被害はまだ確認されていない。海兵隊は落下の事実そのものは沖縄防衛局に通知したものの、機種などの詳しい情報提供は避け続け、一方で市内上空での旋回訓練を激化させた。

オスプレイからは二〇一一年にアフガニスタンで乗員が転落死。今年一月にもカリフォルニア州で洗浄液の入った容器が落ちて民間地の建物や車六台を損傷させている。

この欠陥機はなぜか飛行中、荷物の搭載口を開放しておくのが普通なのだという。海兵隊は頭上の恐怖におののく沖縄県民をあざ笑っているかのようだ▼。

〝強い日本〟とやらを標榜している安倍晋三首相はといえば、だが、これほどの暴挙に何らの反応も示さない。水筒落下の三日前には沖縄で仲井真弘多知事と会談し、名護市辺野古での新基地建設について、米国政府との合意を最優先する姿勢を強調していた。先月二七日には東京で、沖縄県内四一市町村の首長、議長、県議ら一四〇人にオスプレイ配備の撤回や普天間基地の撤去を求める「建白書」を突きつけられたばかりだというのに――。

〈この復帰四〇年目の沖縄で、米軍はいまだ占領地でもあるかのごとく傍若無人に振る舞っている。国民主権国家日本のあり方が問われている。

安倍晋三内閣総理大臣殿。

沖縄の実情をいま一度見つめていただきたい。〉

建白とは政府に意見を申し立てることだ。徳川幕府に大政奉還を迫ったり、憲法制定や議会開設を求めて自由民権運動の原動力となったりと、国家社会のありようを根底から覆す局面で用いられてきた言葉。単なる陳情や要請ではないのである。

それほどの覚悟を安倍政権は無視し、沖縄県外のマスコミも揃って黙殺した。この国はいつもこうだ。権力に都合の悪いことは何も存在しないことにされてしまう。

安倍政権はまた、所信表明演説で原発のゲの字にも触れなかった。もちろんオスプレイのオの字にも。何も改める気がないからだ。

それでもマスコミはアベノミクスで株価が上がった、復興特需で公共事業の大盤振る舞いだと褒めそやす。うなぎ上りの内閣支持率が、ついには七一％にまで高まったとか（「読売新聞」調べ）。

日本は人でなしの国である。狂気に支配されて、とどまるところを知らない。

▼オスプレイをはじめ、沖縄では米軍機からの落下事故がその後も頻発。二〇一四年六月、一五年三月にもやはり普天間基地のオスプレイがそれぞれ金属製の部品を落とし、同じ一五年三月には嘉手納基地に駐留していたネブラスカ州オファット空軍基地の電子偵察機も約九〇七グラムのファイバーグラス製部品を落下させた。危機感を強めた県の基地対策課がまとめた集計によると、一四年度には一四件もの落下事故があったことがわかっている。一五年も五月までだけで八件。三件ずつで推移した一二、一三年度と比べても異常に増えた。事故のたびに沖縄防衛局は原因究明と再発防止策の徹底等を求めるが、米軍はそれらを講じたか否かさえ明らかにせず、飛行停止措置を取ることもないままである。

2013.03.17

◉金持ちの、金持ちによる、金持ちのための税制

「日本経済新聞」の社会面に、〈お孫さまへの「想い」を形にしませんか?〉と題する三井住友銀行の広告が載っていた。直系尊属(曾祖父母・祖父母・父母)がひ孫・孫・子に教育資金を一括贈与する場合、受贈者一人につき一五〇〇万円まで非課税とした税制改正大綱を受けた信託商品を売り出す、法案等が固まり次第、〈速やかにご提供させていただく予定〉という。

いい気なものである。要は富裕層だけの大減税。[1] 景気対策と名がつけば何でもアリだとは、この国はいよいよ封建時代に逆戻りするらしい。

富裕層以外の国民は、すでに源泉徴収されている復興特別所得税の負担だけでも青息吐息だ。被災者のためなら喜んでと言いたいが、東北各地では凍結されていた大規模事業(三陸沿岸道路など)が次々に息を吹き返した一方で、地域の避難道路の整備などは後回し。復興とは関係ない箱モノへの流用も周知のごとくで、またぞろ政治利権にバラまかれるだけの話である。[2]

はたして消費税増税もシナリオ通りに準備中。本欄が幾度も指摘してきたように、実行されればデフレ下で税金分を価格に転嫁できない零細企業や自営業は自腹を切っての納税を強いられ、軒並み倒産か廃業に追い込まれる運命だ。

とりわけ被災地の地獄絵図は想像するだに恐ろしい。今になって自民党税制調査会が、卸売業者や下請けに値下げ圧力がかかる大手スーパーの〝消費税還元セール〟を法律で禁じる検討を始めたそうだが、頭

は大丈夫か。[3]〝お値打ち価格キャンペーン〟とでも名前を変えて、「私どもの〝企業努力〟で、増税分の値引き販売を実現しました」とでも宣伝されれば、区別のしようがない。消費税というのは、どんな対症療法を取ろうが、弱い立場の者がより多くの税金を奪われるしかない、悪魔のシステムなのである。

税制改正大綱には、四〇〇〇万円超の課税所得に対する若干の所得税率引き上げもうたわれてはいる。だがそんなものは過去の累進税率の大幅緩和の修正にもなりはしない。

金持ちの、金持ちによる、金持ちのための税制あるいは政治。世襲権力の身勝手と、そんなものをもてはやしては狂喜したがる奴隷根性を、今度こそ改めなければ、私たちは永遠に救われない。

▼1　「教育資金の一括贈与に係る贈与税非課税措置」は二〇一三年度に開始され、一五年度の税制改正で一九年度いっぱいまで延長されている。直系尊属（曾祖父母・祖父母・父母など）が三〇歳未満のひ孫・孫・子に教育資金を贈与する場合、一人当たり一五〇〇万円までが非課税になる。五〇〇万円までは学校以外の塾や予備校、習い事でも可とされている。

▼2　東北の太平洋岸のかなりの部分は、もはや最大で高さ一五メートルもの巨大防潮堤に遮られてしまっている。海など見えない。政府が整備の方針を決定し、自治体レベルの動きが加速していた頃、宮城県の気仙沼市で出会った商店主の話を思うと、切なくてたまらなくなる。

「県は気仙沼の人間の生活をまるでわかっていないし、わかろうともしていない。漁師もだが、われわれのような商店だって、店はすなわち住居でもあるのに、高台に移転しろだなんて軽々しく言ってくるぐらいだから。

防潮堤など建てたところで、今回みたいな津波が来てしまえば、どうしようもありませんよ。そんなことよりも何よりも、すぐに逃げられる態勢を整備しておくことでしょう。三波町には裏山があるからね。今度だって（このあたりの地元では）ほとんどの人は退避できたんだ。（中略）

興味深いのは、市や県の復興予算の使い道ですよ。まず街づくり計画、高台移転、住宅と来て、避難道路は後回しなんです。何でもそれだと国の予算が入ってこないのだとか。命を守るための防潮堤だとばかり強調されていますが、それを言うなら避難道路が先じゃないかと、私などは思うのですけれど」（拙稿「復興の過程で何が起きているのか――神戸市長田区と気仙沼を歩いて」『ポスト成長神話の日本経済』（かもがわ出版、二〇一三年）

▼3　二〇一三年五月に可決・成立し、同年一〇月に施行された「消費税転嫁対策特別措置法」のことを指している。それによれば、消費税の転嫁を拒否する下請けいじめは違法だとして、確認されれば公正取引委員会が改善指導をすることになっている。拙稿「中小零細業者を一層苦しめる消費増税」（『月刊社会民主』二〇一六年三月号）から、この法律に触れた部分を引用しよう。

〈まったく無意味だとまでは言わないが、公取委がすべての取引に目を光らせるのは不可能だ。第一、適正な企業努力と下請けいじめを、そう簡単に区別できるのであれば教えてもらいたい。こんなケースはいかがか。

安売りスーパーの社長が、仕入れ先の幹部を集めて呼びかけた。「消費税率が引き上げられて、お客様の価格に対する関心がひときわ高まっています。わが社はこの苦境をむしろビジネス・チャンスと捉え、増税分を値上げせず、それどころか従来よりも安いお値段で商品を提供させていただくことで、一気にシェアを倍増する戦略を構想しています。皆さんもわれわれとともに燃える闘魂と化し、一緒に夢を摑もうではありませんか！」

大幅な仕入れコストダウンなくしては成立し得ない〝戦略〟だ。仕入れ先の各社は軒並み、増税分の転嫁どころか赤字覚悟の値引きを強いられることになるのだが。

単純に〝下請けいじめ〟とは言いにくいのも、また確かなのである。そもそも特措法は、「消費税還元セール」と銘打つキャンペーンを禁じた一方で、消費税を連想させないネーミングのマーケティングには制約を課していない。「春の生活応援セール」とか、「毎月15日はお値打ち価格の日！」とかの適当な言い方をしておけば、大手は――というより、力関係で強い側は――何だってできてしまう。〉

『日刊ゲンダイ』に書いた通りの結果になったということだ。市場メカニズムに基づいて価格が決定される自由経済体制の下で消費税のウェイトを増やせば、企業努力を否定できない以上、必ずこうなる。名称さえごまかしておけばいいという抜け道も、法制定の過程でイオン、ユニクロをはじめとする大手流通企業や、中小零細事業の意義やそこで生活する人々の暮らしを想像できない経済マスコミが重ねた主張が反映されたものである。

2013.04.10
◉どチンピラ丸出しの橋下徹の〝脅迫〟手法

この人はいったい何なんだろう。いや、それはもちろん、そこらへんのオッサンが酔っぱらってクダを巻いているだけなら、勝手にしたらよいのだ。仮にも大阪市長の座にある人だから許せぬ。くだらな過ぎてヘドが出る。

橋下徹氏が、またぞろ朝日新聞の悪口雑言を吐きまくった。『週刊朝日』におちょくられて腹を立て、同誌による昨秋の差別的な記事[1]を蒸し返し、「慰謝料請求する」「バカ」「許してもらったという感覚が全くない」と、ツイッターで連発。これまたもちろん、訴訟を起こすも起こさぬも勝手だ。だが公人なら庁舎の外で、黙々とやってくれ。どチンピラ丸出しのパフォーマンスもいいかげんにしてもらおう。

しかも一度は和解のポーズを演出しておきながら、だ。彼はつい最近も市の職員に強行した思想調査[2]を大阪府労働委に不当労働行為と認定され、「異議はない」と発言したものの、労組の反発が根強いと見るや、その夜には「対立なら雇用の確保を僕にお願いされても困る」と、なんと脅迫に転じている。

自分の思い通りにならないやつはみんな「バカ」。クビをチラつかせては服従を迫る。あの石原慎太郎氏とツルめるわけだ。まさに同類ではないか。

私たちはしかし、彼らの異様な幼児性を嗤《わら》っているだけでは済まない。いつの間にか、この手の勘違い野郎ばかりが政界を埋め尽くしつつある。

橋下氏の「日本維新の会」では、大阪市の丹野壮治市議がブログで他党の市議を中傷して、「お前はもう死んでいる」。同じく井戸正利市議は震災がれき受け入れ反対の陳情書をゴミ箱に捨てている写真を、やはりブログに。浅田均政調会長に至っては、ある集会で同党の〝大阪都構想〟に言及し、「周辺の一〇市くらいを合併し、尼崎や西宮を越えて、神戸まで特別区に」とやらかした。

いずれもここ数日の出来事だ。彼らは順に四〇、五〇、六二歳。恐れ入谷の鬼子母神とはこのことで。維新の他にもまだまだいるが、紙数が尽きた。せめて安倍晋三首相と橋下氏が結託する事態だけは避けようと指摘して、この原稿を終わりたい。簡単な話だ。勘違い野郎どもに憲法だの集団的自衛権だのを弄《もてあそ》ばれて、まともな結果が招かれるはずがないというだけのこと。

もはやマスコミ総出で与太政治の大本を断つべき時期である。相手にもしたくないのは重々承知だが、連中をここまでつけ上がらせた責任は、一にかかってマスコミにあるのだから。

▼1　『週刊朝日』二〇一二年一〇月二六日号の連載第一回が最初で最後になったノンフィクション作家・佐野眞一氏の「ハシシタ　奴の本性」のこと。同誌は同年一一月号に見開き二ページを取り、高畠大四編集長名による「お詫び」を掲載した。

▼2　大阪市は二〇一二年二月、全職員に対して政治活動や組合活動についてのアンケート調査を実施。「市長の業務命令」として、「正確に回答が為されない場合は処分の対象になります」とされていた。本稿の三カ月後には違憲訴訟に発展し、一審大阪地裁は一五年三月、二審大阪高裁も一六年三月に、いずれも原告側の訴えを認めた違憲判決を言い渡している。

◉2013.05.22 日本全体が原発輸出のショールームになっていく

安倍晋三首相は事実上、国内にある原発のできるだけ多くの再稼働と新増設を容認し、また福島第一原発の事故をなかったものとする意向を示唆した――。と、そこまで言い切ってしまうと語弊があるかもしれないが、要は国策としての原発を、これまで以上に推進する方針だということだ。

彼が一七日に公表した成長戦略の柱は「インフラシステム輸出」。現在は一〇兆円ほどの海外からのインフラ受注額を、二〇二〇年までに三倍の三〇兆円に伸ばすという。

具体的には海外の都市計画から道路、鉄道、港湾、発電などの設計、調達、施工、運営までを日本企業が丸ごと請け負うビジネスを、官民一体のオールジャパン体制で拡大強化する構想だ。さる三月に関係閣僚を集めて発足させた「経協インフラ戦略会議▼1」の趣旨そのままである。

中心には原発の輸出が据えられている。すでにトルコやサウジアラビアで首相自ら大胆なトップセールスを繰り返しているのは周知の通り。

史上最大級の事故を起こした〝実績〟を引っ提げて、なお外国に原発を売り込むからには、輸出先の人々の生命など二の次、三の次。安全性を保証できない弱みは汚職の温床にもなっていく。

危険だからと国内の原発を停止し続けていたら、当然、営業には不利になる。相手国の要人を招待して接待する口実もつくれない。「インフラシステム輸出」から原発が外されない限り、冒頭に書いた懸念は必然だ。日本列島は原発のショールームにされており、この国で暮らす人間はそれだけで、株式会社ニッポンのカミカゼ販売員に仕立て上げられている次第。

もともとは民主党政権が二〇一〇年に打ち出した「新成長戦略」のパクリだった。当時も関係閣僚による「パッケージ型インフラ海外展開大臣会合」が重ねられたのだが、今回の「経協インフラ戦略会議」は「在外邦人の安全」や「資源の権益確保」の要素を追加して、憲法九条改正の切り口にもつなげる考えだ。一月にアルジェリアの天然ガスプラントがイスラム武装グループに襲撃されたテロ事件[2]もテコにされている。

国策なるものの本質が何もつまびらかにされないうちに、はたして安倍政権は、インドへの原発輸出に向けた動きを加速させている。こちらは昨日の新聞各紙が万々歳で報じた。インドは核拡散防止条約（NPT）に加盟せず、隣国パキスタンとの紛争を抱えて二度の核実験を強行した経緯もあるのだが。

▼1　首相官邸のHPによると、〈我が国企業によるインフラ・システムの海外展開や、エネルギー・鉱物資源の海外権益確保を支援するとともに、我が国の海外経済協力（経協）に関する重要事項を議論し、戦略的かつ効率的な実施を図る〉目的で設置された。議長は内閣官房長官で、構成員は各関係閣僚。「オールジャパン体制」の標語は同会議の議事録や資料に頻出する。

▼2　二〇一三年一月に同国東部のイナメナスで発生した。日本人一〇人を含む約四〇人が殺害されたとされている。インフラシステム輸出との関係は、拙稿「原発を売る『プラント輸出』という国策ビジネス」（『g2』二〇一三年五月発行号）に詳しく書いた。

2013.06.05
◉原発推進で日本は世界の孤児となる

朝日新聞が先月三一日付朝刊の一面トップで、〈安倍政権が六月にまとめる成長戦略の素案に「原発の活用」を盛り込み、原発再稼働に向けて「政府一丸となって最大限取り組む」と約束することがわかった〉と報じた。

五日に産業競争力会議で示される内部資料を入手したそうで、一四日にも閣議決定されるという。▼自然の成り行きではある。原発を中核とするインフラシステム輸出が国策にされつつある以上、本国がショールームにされないはずがない。前回の本欄で書いた通りだ。

朝日以外のマスコミが後追いしていないのは、完全な裏付けが取れていないためだと信じたい。国民の反発を抑えたい政府や財界の意思に従って報道を控える魂胆だとしたら、この国は本当に真っ暗闇だ（新聞への消費税の軽減税率適用とのバーターだったりして）。

当の朝日にも満足な続報が載らないのが気になるが、それはそれ。このスクープはいずれ現実になると仮定して、最悪のシナリオを考えた。

――三〇年もしないうちに、世界中で建設された日本製の原発が爆発しては、何の罪もない人々の命を奪い、あるいは人生を狂わせていく。大地震か津波、戦争やテロによる爆撃等々、原因はどうあれ、私たちは世界中から糾弾されるだろう。

なにしろ地球規模の地殻変動が指摘される中、官民一体で前科のあるメイド・イン・ジャパンを売りつけた。少なくとも被害者住民に対する損害賠償責任の一端は免れまい。

財源はフクシマの時と同様、原発をめぐる意思決定には何の関わりもない一般国民となるが必定。再稼働させた国内の原発もいつまで無事か。

日本はそして世界の孤児となる。安倍政権の企図する憲法〝改正〟がこの頃までに果たされていた場合、アメリカの戦争に参加することで国際社会に強引に割り込む起死回生が企図される愚もあり得るのではないか。

絶対こうなると予言したいわけではもちろんない。見立て違いで終われば一番いい。

ではあるけれど、フクシマの総括も賠償もまだまだの段階で、海外でも国内でも安全神話再び、またしてもの原発推進だなどとは、無責任にも程がある。

ロシアや韓国、中国がやはり原発輸出に躍起なので、関係筋では「日本が輸出しなければ、世界中が危ない原発だらけになる」という声が強いという（『環境新聞』五月二二日付など）。思い上がった使命感ほど恐ろしいものはない。

何もかも真っ平だ。

▼事態はその後も進行し続け、二〇一四年四月に閣議決定された「エネルギー基本計画」では原発が「重要なベースロード電源」と位置づけられるに至った。原発輸出を中核としたインフラシステム輸出の国策といい、安倍政権はまるで〝原子力立国〟を目指しているかのようだ。このあたりについては拙稿「原子力立国と新しい帝国主義」（『g2』二〇一四年九月発行号）に詳しく書いた。

◉2013.06.19 人間を資源と呼ぶアベノミクス

安倍晋三首相が一六日にワルシャワ市内でビシェグラード4（ポーランド、チェコ、スロバキア、ハンガリー）の首脳と会談。原子力をはじめとするエネルギーや安全保障の分野で協力を進めるとの共同声明を発表した。国策としての原発輸出の、トップセールスの一環だ。

事の善悪をおく限り、見事なタイミングと言うしかない。前々日に閣議決定した成長戦略「日本再興戦略」[1]で、国内での〈原子力発電所の活用〉さえうたった直後。次期経団連会長レースが東芝、日立、三菱重工の三大原発メーカーのトップに絞られた財界人事も睨めば、安倍政権は明確に原発立国を志向し、国内外の投資家やエリート層に全身でアピールしている。

そこには福島第一原発事故への反省はかけらもない。原発の〝安全神話〟が、あろうことか今後も継続されていく。安倍政権の意向に沿ってかどうか、日本語ではやたらわかりにくい〝報道〟が繰り返されているだけに、知らぬは当の日本の庶民ばかりなりの悲劇悲喜劇。

早い話が〝何事も起こらなかったことにする〟国策は、いかなる結果を招くのか。原発そのものの危険や世界の孤児にされかねない懸念は本欄でも幾度も指摘した。だが筆者は何も、日本の原発が今度は海の向こうで爆発する可能性ばかりを恐れているのではない。

あれだけの犠牲をもたらしてなお、否、三・一一以前よりも急ピッチで原発を推進し続けようとする行動原理。あるいはまた、巨大資本のビジネスを絶対の価値とする思想にこそ戦慄している。

「日本再興戦略」や、同時に閣議決定された「経済財政運営と改革の基本方針」（いわゆる骨太の方針）には、雇用、教育、個人情報などあらゆる分野でのさらなる規制緩和が明記ないし示唆されている。中小企業や小規模事業者については〈新陳代謝の促進〉が図られるのだとか。

安倍首相が目指す日本とは「世界で一番、企業が活躍しやすい国」である。今国会の施政方針演説で宣言していた。▼2 この場合の「企業」とはグローバル巨大資本に他ならない、とすれば規制緩和やら新陳代謝やら、アベノミクスがうたう言葉の意味も明々白々である。

投資家でもエリートでもない人間は、彼らに収奪されるだけの運命を強いられる。「日本再興戦略」には〈人材こそが日本が世界に誇る最大の資源である〉などとの表現もあった。魂を湛《たた》えた人間を〝資源〟呼ばわりしたがる政権など、許されてよいはずがないではないか。

▼1　安倍政権が次々に演出してくる〝成長戦略〟の一環。その後も毎年改定されている。

▼2　この言葉の意味をどう読み解くか。私たちは一見バラ色にも映る字面に惑わされることなく、特に新自由主義的構造改革を立て続けに断行していった小泉純一郎政権以降の経験則にも照らしつつ、よほど深く考えなければならない。なお、中小企業から見た〝アベノミクス〟の実態ははっきり「失敗」であると、朝日新聞の中島隆記者が『世界』二〇一六年四月号で書いている（「世界で一番〝大企業〟が活躍しやすい国・日本」）。

◉2013.07.17 覚悟のないメディアは去れ

最悪に近い幕切れが図られてしまった。自民党がＴＢＳの取材や番組出演を拒否すると決定したが、同局の対応を〈事実上の謝罪と受け止め〉（自民党ＨＰから）て、これを解除した顚末のことである。

問題にされたのは、六月二六日放映の「ＮＥＷＳ23」で、電気事業法改正案が廃案になった経緯に関する報道だ。ＶＴＲ出演した環境活動家が、安倍晋三首相の記者会見の映像を見ながら、「選挙アピールだけしている。もともと（発送電分離を含めた）システム改革の法案を通す気がなかった？」と述べた場面に、自民党は噛みついた。〈わが党へのマイナスイメージを巧妙に浮き立たせた〉〈ＴＢＳの報道姿勢を看過することはできません〉として、前記の措置を七月四日付で発表。ＴＢＳ側は翌五日に〈重く受け止めます〉〈今後一層様々な立場からの意見を、事実に即して、公平公正に報道して参る所存です〉とする報道局長名の文書を提出し、一件落着と相成った、のだが――。

自民党側が一方的に「謝罪」と表現した。慌てたＴＢＳは「放送内容について訂正・謝罪はしておりません」との、今度は政治部長名でコメントを発表したものの、いかにも政権与党の軍門に下った印象だけが残った。

件《くだん》の番組は筆者も見た。「国会空転の責任は全政党にある」旨をキャスターが強調したり、むしろ自民党への必要以上の気遣いばかり感じさせられたことの方が不満だっただけに、ほとほと呆れる。あんなので謝らせられた日には、権力に黙って従わない人間は登場させるな、取材もするなと命じられて従うのも同然なのに。

なるほどTBSは正式には謝罪していないのだろう。どうにでも読める文書でなれ合う伝統的な腹芸は、しかし安倍政権には通用しない。自民党の憲法改正草案を読めばわかる。彼らは本気で報道の、いや、言論表現の自由の統制を狙って——もっと言えば国民主権そのものの制限にまで踏み込むつもりでいるからだ。

参院選の先にはなおさら、安倍政権はこの手の恫喝を積み重ねていくに違いない。それでも、人間の尊厳を守り抜くために報道機関ができることが、たったひとつだけ。

公式の取材を拒否されようが、何が何でも権力のチェック機能に徹した調査報道だ。潰されても本望ではないか。ジャーナリズムに携わってよいのは覚悟を決めたプロだけである。まず会社ありきのサラリーマンでいたければ、とっとと報道の世界から去れと言いたい。▼

▼メディア統制に向けた安倍政権の野望は肥大化するばかりだ。高市早苗総務相による二〇一六年二月の国会答弁に、彼らの意志は明らかだと思われる。彼女は衆院予算委員会で、「政治的に公平ではない放送をするなら電波を停止する」と述べた。質問した野党議員は「憲法九条改正に反対する内容を相当の時間にわたって放送した場合は」とも尋ねたが、「一回の番組で電波停止はありえない」が、「私が総務相のときに電波を停止することはないが、将来にわたって罰則規定を一切適用しないことまでは担保できない」とまで踏み込んでいた。

放送法の解釈を極端に捻じ曲げている。本稿の指摘は執筆当時よりはるかに大きな意味を帯びつつあるようだ。

2013.08.14
◉米国の自衛権発動の基準

本欄は書評欄ではないのだが、今回はどうしても紹介しておきたい本がある。リチャード・E・ルーベンスタイン著、小沢千重子訳『殺す理由――なぜアメリカ人は戦争を選ぶのか』（紀伊國屋書店、二〇一三年）。米国ジョージ・メイソン大学教授（専攻は国際紛争解決）による歴史書だが、私にはその内容が大ニュースだと感じられたのである。

アメリカは世界で最も好戦的な軍事大国だ。本書によれば、第二次世界大戦以後だけでも、本格的に武力を行使した事例が優に一五〇を上回り、数百万人もの外国人の命を奪ってきた。

一八三〇年代にはフランスの政治思想家トクヴィルの名著『アメリカのデモクラシー』で「平和愛好者」と評された人々が、なぜ？　著者の分析は多岐にわたるが、特に興味深いのは「自衛」概念の変質に関わる記述だった。アメリカの戦争はどれも合理的な自衛権の行使だと説明されてきたのだが、実は直接の攻撃など受けていないケースがほとんどであるという。

〈彼らの多くが脅威と感じれば、それに対する行動も自衛と見なされるようになった。〉

しかも〝自衛権〟が発動される基準は、時代とともに低く軽く、簡単になっている。

国民や領土ばかりが自衛の対象ではない。国内の諸制度、さらにはアメリカ的な価値観も自衛する。そして今日、超大国としての権益の何もかもが、断じて脅かされてならないものなのだ――。

〈いかなる前進拠点であれ（引用者注：たとえば多国籍企業の営業所）、それがわれわれの拠点であるというだけの理由でその防衛が正当化されうるなら、既得の拠点を守るために新たな征服行動を始める権利があることになるからだ。これは典型的な帝国主義的領土拡張のロジックである。〉

そのようなアメリカとの一蓮托生路線を、わが安倍晋三政権は従来にも増して進めようとしている。彼らが目指す集団的自衛権行使の範囲拡大が実現した暁の自衛隊、あるいは自民党憲法改正草案がうたう国防軍が帯びさせられる役割は、火を見るより明らかなのではあるまいか。

アメリカは世界中から憎悪されている。強大すぎるから報復されにくいだけの話だ。

日本が憲法九条を捨て去れば、それはアメリカへの同化宣言にも等しい。帝国主義の手先に成り下がった国民は、それ相応の復讐がなされる可能性を覚悟する必要があるだろう。いわゆる日米同盟の深化とは、つまり、そういうことなのである。▼

▼本稿で紹介したのは、そんな米国に対する批判的な視座からの論考だったが、当事者による正当化の議論も参考になる。9・11同時多発テロ事件やイラク戦争の時期にペンタゴンで戦略計画補佐官を務めていたトマス・バーネット氏の手になる『戦争はなぜ必要か』（新崎京助訳、講談社、二〇〇四年）が、筆者には許しがたかった。

2013.09.11
◉東京五輪決定に狂喜した連中の「人でなし」

二〇二〇年東京五輪の件については、いくつかのメディアにコメントを寄せた。ＩＯＣ（国際オリンピック委員会）総会を間近に控えた時期の本欄でも書いたがまだまだ言い足りないので――。

決定の瞬間の、東京招致団一行の狂喜乱舞ぶり。朝のニュースであの映像を見せつけられて思った。

「この人たちは正気なのか？」

そもそも三・一一の被災者や被曝者が何らの展望も抱けずにいる中で、招致活動を続けたこと自体が人でなしなのだ。お祭り騒ぎに乱費するカネがあったら、せめて国家と巨大資本のために人生を狂わされた人々に回すのが人の道である。

招致団が東京五輪の目的に掲げた被災地〝復興〟は、体のいい口実以外の何物でもない。この国の指導者層の発想は、あれだけの原発事故を起こしてなお官民一体の原発輸出を国策とし、国内原発の活用をショーウインドーと位置付けたアベノミクスなるものが、ほとんど原発立国計画である実態からも明々白々だ。

「東京は大丈夫」ばかりを絶叫した安倍晋三首相の最終プレゼンがトドメだった。彼の「何もなかったことにする」宣言を、ＩＯＣという国際貴族社会が「ＯＫ。弱者の切り捨てはグローバル資本が支配する世界の正義」とばかりに追認し、褒美を取らせた構図と言うべきか。

安倍政権は天より高く舞い上がる。消費税の増税分はことごとく公共事業に費消されよう。〝愛国心〟

を鼓舞される舞台が職場や公共空間にも広げられていく。人間を国家の道具としてのみ捉える世襲権力者の理想が実現した世の中を、本気で想像してみられたい。

改めて招致団一行の狂喜乱舞を思い出す。職務であの場にいた中にも、まっとうな人間性を持ち合わせた人はいたはずだが、微妙な表情でも浮かべようものなら、周りの目が恐ろしい。誰よりも大きな喜びを表現しなくては、という意識の集合体が、あの幼稚かつ独善的、身勝手きわまった浅ましい光景だったのではないか。

実際、決定後のマスコミは五輪バンザイ一色だ。招致団の空気は丸ごと成田空港に持ち込まれ、やがて日本全体を覆い尽くす。テロ対策を口実に構築されるハイパー監視社会が、東京五輪を冷ややかに見つめ、安倍政権に無条件で服従しない〝非国民〟をあぶり出していく。

私は電通が憎い。スポーツ全般が大嫌いになった。いつまでも操られるだけの原始人でいるのはよそう。狂った時代から抜け出す道は、物事を自分自身の頭で考えることからしか始まらない。そのことを今度こそ、今度こそ思い知ろうよ▼。

▼後に大手全国紙四紙（朝日、読売、毎日、日本経済）は、揃って二〇二〇年東京五輪の「オフィシャルパートナー」になってしまった（各社とも一六年一月二二日付朝刊に社告を掲載）。国内のスポンサーとしては最上位の「ゴールドパートナー」に次ぐランクであり、契約には合計で六〇億円以上の拠出が求められたのではないかと伝えられる。

彼らはもはや、報道機関である前に、オリンピック・ビジネスの当事者なのだ。五輪がらみの事件がまともに追及されてこなかった理由がハッキリした。一六年三月現在、今度は設計を改めた新国立競技場に聖火台を置く場所の設定が忘れられていたとのスキャンダルが浮上しているが――。

2013.09.24
◉日本はサルの列島に成り果てた

安倍首相が来年四月の消費税率引き上げを決めたと、朝日新聞が先週末に一面トップで報じた。正式表明は一〇月一日だそうだが、まず間違いのない線なのだろう。

絶望的な展開だ。増税分を価格に転嫁できず、自腹を切らされる零細事業や自営業が次々に廃業・倒産に追い込まれていく塗炭だけではない。これほどまでの嘘と詐術がまかり通る社会とは、いったい何なのだ。

今月一七日、参議院議員会館で消費税増税に反対する緊急記者会見が行われた。出席者は醍醐聰・東京大学名誉教授（財務会計）、鶴田廣巳・関西大学教授（財政学、日本租税理論学会理事長）、植草一秀氏（政治経済学者）と私。国会で増税の目的とされた〝社会保障の充実〟などもはや影も形もなく、逆に自助努力や公共事業への流用が当然視されている実態をはじめ、消費税増税に関わる深刻な、しかし一般にはまともに伝えられていない諸問題をつまびらかにした。

私が特に訴えたのは、この税制の「弱者のわずかな富をまとめて大企業や富裕層に移転させる」卑劣きわまりない本質。および財政危機キャンペーンのペテン、何でもかんでも米国のサル真似の日本で、消費税の税率だけは福祉国家スウェーデンが引き合いに出されるデタラメ等々だ。四人の話を真摯に聞いてもらえさえすれば、消費税増税の真の意味を必ずわかっていただけたに違いない。

だが、集まった報道陣はたったの一〇人。財務省の記者クラブからは三社のみで、しかも記事にはならなかった。のぞき見して資料だけ持ち去っていった、記者モドキの使い走り《パシリ》もいた。ネットテレビ「IWJ」が中継してくれていなければ、会見の行為自体がなかったことにされていた。

一方で、先月下旬に政府が重ねた「集中点検会合」。ごく一部の例外を除いて、招かれた〝有識者〟らはお定まりの意見陳述に終始した。もともとは増税に多少の批判があるらしかった人も、すでに全否定済みの「社会保障の充実を前提に」容認してしまうのだから、お話にもならない。

そもそも消費税の仕組みを承知している人、自分の頭で考えようとしている人が皆無に近かった。彼らの圧倒的多数はただ体制内部の情勢を読み、それに合わせるしか能のない処世術の権化だ。こんな連中が〝エリート〟を気取り、実際に支配的な立場に君臨しているのだから恐れ入る。

日本はサルの列島だ。もはや国家の名にも値しない。単なる収奪システムに成り果てた。

◉2013.10.08 貧乏は連帯責任という地獄

生活保護の問題について若者と話す機会があり、ハッと気付かされた。例のお笑い芸人母子の一件[1]以来、このテーマは彼らのような成人した子と老親の関係を中心に語られがちだが、それは一面的に過ぎる見方だった。

「今の流れだと、そのうち生活力のない兄弟姉妹の面倒も見るのが当たり前にされてしまう。もしかしたらイトコとかまで。ふざけんなと思います」

かなり具体的な不安であるらしい。自分自身が受給申請の当事者になる可能性に考えが及ばない、根拠なき自信の適否をさておけば、なるほど一理も二理もあるのである。

すでに施行中の社会保障制度改革推進法も、この八月に社会保障制度改革国民会議がまとめた報告書も、「自助」「共助」ばかりを力説し、「公助」などしてやるものかの姿勢に満ちていた。貧乏は自己責任どころか連帯責任だとさえ言いたげだ。

民法の掲げる三親等までの扶養義務を強調した国会答弁も繰り返された。実際、それを口実に受給申請を拒否された困窮者が餓死や自殺に追い込まれたケースが少なくない。

もちろん現行法上はイトコの扶養義務などあり得ない。兄弟姉妹に対しても、扶養義務者の社会的地位にふさわしい生活が成立し、その上でなお余裕がある場合に限るなど、〝親族共同体〟の観念自体が通用しない現実を踏まえた判例が重ねられてもきている。

それでも燃え盛る生活保護受給者バッシングと扶養義務強化の大合唱。はたして自民党の「日本国憲法改正草案」は、財政の原則をうたう現行憲法の八三条にいわずもがなの条文を追加する構えだ。〈財政の健全性は、法律の定めるところにより、確保しなければならない〉。狙いは生活保護費など社会保障予算のとめどない削減か、はたまた消費税増税地獄の永久運動か。

若者の危惧が万が一にも的中してしまえば、もともと公私混同が日常の階層出身でない人間が強いられるストレスは想像を絶しよう。貧しい親族はみんな敵。第二子以降の出産が憎み合う家族の始まりを意味するなら、当然、少子化も加速する。救いのない荒野だ。

ついでに書くと、消費税増税は必然的に補助金予算を膨張させる。主な中小企業団体が沈黙していたのはそれとのバーターに他ならず[2]、したがって醜悪な利権政治も行政も、これまで以上に幅を利かせることになる。軽減税率欲しさで政府の大嘘を垂れ流し続けたマスコミと、そんなものにやすやすとだまされた国民に見合った絶望と言うべきか。

▼1 お笑いコンビ「次長課長」の河本準一の母親と親族が生活保護を受給していたが、売れっ子の河本には彼女らの扶養義務があるはずだと騒がれた問題。二〇一二年四月に女性週刊誌がタレント名を伏せて報じたことをキッカケに、社会保障費を削減したい政府与党とマスコミが一体化した一大キャンペーンへと発展した。

▼2 拙著『消費税のカラクリ』（講談社現代新書、二〇一〇年）参照。

2013.11.05

◉日本のエセエリートが語るホンネ

日本が持っていかれようとしている方向性を浮き彫りにしたという意味で、確かに有意義ではあった。先週二九日に都内で開かれたシンポジウム「新時代の日米同盟——未来への助走」のことだ。

ネオコンが集うシンクタンク・CSIS（米戦略国際問題研究所）と日本経済新聞社との共催で、今回が一〇回目。他のマスコミには扱われない気安さか、本音とゴマスリが露骨で興味深かった。たとえば北岡伸一・国際大学学長である。

「『安全保障と防衛力に関する懇談会』（安防懇）で、安倍総理はとてもよいスピーチをされた。積極的平和主義。平和には軍備も必要だ、ODA（政府開発援助）でアジアに貢献し、PKO（国連平和維持活動）も進めた。もっとやる、と」

「アーミテージさんは以前、『日本は一流国でいる決意があるのか』と言われたが、総理はそのつもり。だから武器輸出三原則の緩和も、打撃力——先制攻撃とまでは難しくても、守るだけ、（ミサイル等を）撃ち落とすだけではない態度も。米国との枠組みを強化することでしかできないことだ」

北岡氏は「安防懇」の座長と、集団的自衛権の行使を容認する憲法解釈のための「安全保障の法的基盤の再構築に関する懇談会」（法制懇）の副座長を兼務する人物だ。件の「積極的平和主義」が、一般的な「自衛」の概念をはるかに超えて、世界の憲兵たる米軍の、名実ともに一の子分を買って出ている本質を、彼の発言は明白にしていた。

「まるでソ連か北朝鮮みたい」と言い放ったのは、アーミテージ元国務副長官だ。事前のアンケートと会場の挙手で日本版ＮＳＣへの支持が九八％を占めた結果への反応。尖閣や慰安婦問題での日本側の激情にはＪ・ナイ・ハーバード大学特別功労教授がこう語った。

「私なら『尖閣はわれわれの領土だが、主権国として鳥や魚たちに寄付しよう。軍事行動はしないし、人も住まわせない』と言明する。圧倒的な優位に立てるではないか」

「重要なのは近隣諸国への影響だ。ヤスクニ参拝にしても、戦死者を悼むなら別のやり方があるはず。日本が大きなダメージを受ける前に、友人として警告しておきたい」

しょせんは米国に隷属した〝衛星プチ（ポチ？）帝国〟を志向するだけの日本のエセエリートたちは、一方で、〝過去の栄光〟としての植民地支配にこだわり続けている。そうした醜態を、現在の宗主国様にたしなめられた構図だ。みっともないこと甚だしかった。▼

▼この時のＣＳＩＳ―日経のシンポジウムでは、以下のような言葉も飛び交った。

「太平洋陸軍の副司令官に日本人が就任する時代が早く来るといい。米軍の基地に日の丸の旗も掲揚されるような日を期待する」（Ｍ・グリーン・元大統領特別補佐官）

「（最近の米国は〝内向き〟傾向にあるようだが、）それは、日本が前に出るチャンスなのだとも言えますね」（長島昭久・元防衛副大臣＝民主党）

彼らの思惑は現実になりつつある。シンポの詳細は拙著『戦争のできる国へ――安倍政権の正体』（朝日新書、二〇一四年）を参照されたい。

◉2013.11.20　特定秘密保護法案の行方

一九四〇（昭和一五）年から翌四一年にかけて発生した「北海道綴方《つづりかた》教育連盟事件」の取り調べなどについて獄中で書かれた被疑者のメモが発見された。「北海道新聞」が一一月一七日付の朝刊で報じた、地味だが重要なスクープだ。

生徒に日常生活のありのままを書かせる綴方教育に取り組んでいた教員らが五六人か七五人（旧内務省と旧文部省の資料で異なる）、治安維持法違反で逮捕された事件。「貧困などの課題で児童の階級意識を醸成した」ということで、戦時下の弾圧事件としては全国でも最大級の規模だった。

メモにはこうあったそうである。

当時の特高警察が取り調べで、〈叩く。ける。座らせる。おどかす。そのうちに自分も妙な気持ちになり、手記を直され、教えられているうちに「赤く」なっていた〉。

メモの主とみられる教員は二年半にわたって拘禁されたらしい。

道内の共産主義運動は一九三五年ごろには壊滅していたという。綴方教育とも関係がなかったので抵抗したが、やがて特高に屈し、〝アカ〟に仕立て上げられていった過程の記録だと、道新の記事は伝えている。▼1

事件の史料は終戦直後、当局によって大部分が廃棄された。それだけに今回の発見は意義深い。

折しも前々日の一五日には下村博文文科相が「教科書改革実行プラン」を発表している。検定基準を見直して政府の意向を尊重させる方針を打ち出したばかりだ。

地元の北海道では二〇一〇年に教育委員会が教職員の政治活動や指導内容を保護者に通報させる制度を導入。「憲法が保障する思想・良心の自由を侵害するおそれがある」と札幌、函館、釧路の三弁護士会が廃止を勧告したにもかかわらず、道教委は継続を表明している。▼2

教育界が直面させられている事態は、深刻さの度合いを刻一刻と強めている。このままでは近い将来、「愛国心や日の丸・君が代の強制など、まだしも可愛いものだった」と振り返られる時代が訪れかねない。

一方では「デジタル教科書」「校務支援システム」といったICT（情報通信技術）化も着々と進む教育界。狙いとされる指導のカスタマイズ（個別化）は、たとえばマイナンバーなどとも結ばれて、子ども時代からの国民監視、思想統制へとつながっていくのではないか。

特定秘密保護法案の行方が注目されている。

日本版NSC、集団的自衛権の行使容認――。今、ここで徹底的に抗わなければ、たちまち戦時体制が築かれてしまう。

▼1　このテーマはその後、夕刊釧路根室版で連載され、『獄中メモは問う――作文教育が罪にされた時代』（佐竹直子著、道新選書、二〇一四年）という一冊の本にまとめられた。

▼2　道教委は翌二〇一一年にも勤務時間中の組合活動について調査。一五年一〇月には、「アベ政治を許さない」と印刷されたクリアファイルを職員室の机に置いていた教員がいたとして、道内の公立学校約一七〇〇校の教職員約三万六千人を対象に、関わった人の名前まで報告するよう求める調査を行っている。ファイルは同年八月に北海道高等学校教職員組合連合会（道高教組）が組合員約一五〇〇人に配布したもの。

◉2013.12.04 大新聞が無視した自殺防止の予算陳情

尾辻秀久・元厚労相が先月二八日に安倍晋三首相と会い、〈来春の消費税率引き上げ後に自殺者が増えないよう予算確保を申し入れた〉。首相は「自殺者が一人でも減っていくように力を尽くしたい」と応じたとか。翌朝の朝日新聞の二面に、ほんの一〇行だけ載っていた。

デジタル版にはあった短い背景説明も、肝心の紙面ではカット。とはいえ朝日はまだマシで、他の新聞は軒並み「首相動静」の欄で面談の事実だけ伝えて済ませたのだから、お話にもならない。

実はこれ、大変なニュースなのである。

消費税率が引き上げられれば増税分を商品やサービスの価格に上乗せできず、自腹を切って納税するしかない零細な事業者（納税義務者）の多くは倒産や廃業を余儀なくされ、少なからぬ人々が自殺に追い込まれていく。二〇〇六年の「自殺対策基本法」制定の功労者で、現在は超党派「自殺対策を推進する議員の会」会長の尾辻氏の問題意識はまさにこの点にあり、増税を決めた張本人もまた、それを否定できなかった。

またぞろイーカゲンな生返事でお茶を濁したようだが、消費税増税に伴う自殺者は減らしようがない。市場経済における消費税とは、イコール顧客との力関係で弱い側がより多くの負担を強いられる理不尽以外の何物でもないからである。

要するに安倍首相は、下々の人生を舐めきっている。国家、否、己の野望のためには、犠牲者の命ごとき当然のコストだとしか見なしていない。

尾辻氏は報道陣に会談の目的も話したらしい。なのに消費税増税と自殺の因果関係に思いを馳せてみる新聞記者はいなかったのか。

「尾辻さんにもっと詳しく聞いてこい」と命じたデスクは？

特定秘密保護法案をめぐっては威勢のいい大新聞も、消費税問題ではなんともはや権力に従順だこと。軽減税率が欲しいからって、国民を騙す役ばかり買って出ていては、いくら〝知る権利〟の代表者面してみても、誰も信じてくれないよ。

▼朝日新聞以外の商業紙では、「信濃毎日新聞」が記事にしていた（二〇一三年一一月二九日付）。それによれば、尾辻会長は消費税率が三％から五％に引き上げられた一九九七年の翌年から自殺者が急増した経緯を振り返り、「因果関係は明確でないが、今回も懸念している」と述べたという。

◉2013.12.18
英語は「敵性語」じゃなかったのかい?

いずれ中学校の英語の授業はすべて英語で行われることになるそうだ。文部科学省が一三日に発表した「英語教育改革実施計画」の一環。〈グローバル化に対応した教育環境づくり〉だとかで、学習指導要領の改定を経て、二〇一八年度からの段階的実施を目指すという。

この人たちの頭はどうかしている。そんなことのできる英語教員が、全国に何人いるというのか。はばかりながら筆者は英国の大学院に留学し、マスターの資格も得ているが、とてもではないが無理である。それはまあ日本中を探せば、できる教員がゼロではなかろうし、頑張って英語ペラペラになる中学生がいないとも限らない。その代わり、圧倒的大多数の生徒は確実に英語が嫌いになる。

学校の授業というものを、あまり舐めてはいけないと思う。英会話学校に丸投げしてカネにしちまえ式の利権話でもあった方が、事の善悪さえおけば、まだしもわからぬでもない気がするほど。

大学入試にTOEFLを活用させたいとも、文科省の計画はうたっていた。それで思い出したのが、先に自民党の教育再生実行本部がぶち上げた、TOEFL等の一定以上の成績を大学の受験資格や卒業要件にせよとの提言に抗して、言語の認知科学の専門家らが緊急出版した『英語教育、迫り来る破綻』(大津由起雄ほか著、ひつじ書房、二〇一三年)だ。

目から鱗《うろこ》の情報や視点が満載だった。高校入学時の英語学力が一九九五年から一四年連続で低下し、下落幅は偏差値換算で七・四にも達している事実。その原因も分析しないで、何が英語による英語の授業なのか。TOEFLを受験に使えば、学校の授業がそれへの対策に終始するだけだ。専門の学校に通わないと難しいとなれば、もはや教育格差の拡大に歯止めがかからなくなる。政治家や財界人の思い付きの英語教育強化論は、肝心の母国語による思考能力をも劣化させていく。

〈戦時中の「英語は敵性語」が今や「英語は国際語」というスローガンに変わっただけのことで、これが果たして進歩なのでしょうか。〉

編著者のひとりである鳥飼玖美子・立教大学特任教授の指摘に、思わず膝を叩いた。

▼施光恒《せてるひさ》・九州大学大学院准教授が二〇一五年に出版した『英語化は愚民化』（集英社新書）に、あるフィリピン人が日本人に寄せてくれたというメッセージが載っている。

〈英語化や英語の公用語化を実施しても、英語を高いレベルでこなせるようになるのは一部の『エリート』のみであって、しかもそのエリートが国民のことを考えるより、外国企業などの『手先』と化してしまうことがあります。（…中略…）フィリピンはもっとも『グローバル化』、つまり『アメリカ化』してきた国のひとつです。日本で英語化を推進するにあたって、フィリピンがどうなってしまったかを参考にしていただきたいと思います。〉

ありがたくも悲しい警鐘だ。この文章を綴った方の思いはいかばかりだったか。

2014.01.08
◉安倍首相の〝お抱え放送〟ＮＨＫ

伊勢神宮への参拝後に行われた昨日の安倍首相の記者会見。一〇月の「遷御《せんぎょ》の儀」への参列といい年末の靖国参拝といい、すっかり神道国家に逆戻りした感のある今日この頃だが、ここで書いておきたいのは別の話題だ。

気になったのはＮＨＫの定時ニュースである。またぞろナルシシストの独善を延々と録画中継し続けた。解説も何もなし。靖国参拝の時もそうだった。これだけの材料で断定するわけにはいかないが、今後のＮＨＫが不安でならなくなった。

首相の大叔父にあたる故・佐藤栄作元首相の退陣表明をご記憶か。

一九七二年六月、報道陣に「テレビカメラだけを通じて国民に直接訴えたい。偏向した新聞は嫌いだ」と吐き捨てて、怒った記者たちが退席するという一幕があったのだ。

なるほど余計な取材や論評を加えず、政権の言い分だけを垂れ流してくれるテレビがあれば、権力には最高に都合がよかろう。

公共放送たるＮＨＫは、いろいろあってもスポンサーにおもねらなくて済む分、まだしもまっとうな番組の多い放送局だとされてきた。安倍首相を囲む財界人の右代表ことＪＲ東海の葛西敬之名誉会長から送り込まれた松本正之会長の下でも、だ。

ところが今月末に彼の後任となる籾井《もみい》勝人新会長（日本ユニシス相談役）は、黒田東彦・日銀総裁や、小松一郎・内閣法制局長官にも劣らぬ〝お友だち〟人事の産物といわれる。とすれば佐藤元首相の夢想を又甥が自らのものとして実現させつつある図か。経済評論家・植草一秀氏との対談を思い出す。「こと政治のテーマでは、NHKは権力のなすがまま。真の〝皆様のNHK〟に改めない限り、日本はどこまでも落ちていく」と力説されていた。

私はといえばNHK「まだしも」論にとらわれていたし、むしろ新聞や雑誌の体たらくの方に腹を立てていたので、少しピントがズレていた。このままでは本当に、彼の予言が的中してしまう。

安倍政権は本気で戦時体制の構築を狙い、すでに半分は果たしてもいる。日本を骨の髄まで米軍の使い走り《パシリ》におとしめて、それだけではつらいからと大日本帝国の〝栄光〟にすがっては孤立させられる首相がのさばる時代に、一刻も早く終わりを告げよう。

安倍政権は、ということは現在の日本は「東北アジアの平和と協力の大きな障害物」▼（尹炳世《ユンビョンセ》・韓国外相）とまで言われてしまった愚挙は、私たちの社会に、とんでもない災厄をもたらしかねないのだから。

▼ 二〇一四年一月、米韓外相会談に臨んで米国に出発する直前、記者団に語った発言。前年の一二月に安倍首相が靖国神社を公式参拝した行動などを指していた。

◉2014.01.22
細川・小泉連合を歓迎していいのか

二三日告示の東京都知事選（二月九日投開票）をめぐり、細川護熙元首相陣営と舛添要一元厚労相陣営の〝全面戦争〟が伝えられている。本紙でも大きく扱っていた。

むしろ両氏のバックにいる「原発ゼロ」の小泉純一郎元首相と、「原発推進」の安倍晋三首相の代理戦争のイメージか。結果次第では原発再稼働を明確にする予定だった安倍政権の「エネルギー基本計画」が修正を迫られる可能性も出てきたとか。

細川&小泉の〝大物〟コンビ登場に、反・脱原発市民グループの反応は二分された。アンチ安倍の先頭にいた宇都宮健児候補（元日弁連会長）の影が薄くなり、陣営内にも細川候補への一本化を図る動きが表れる始末。歓迎したい向きの気持ちはわかる。あれだけの原発事故を起こして、それでも原発輸出を国策とし、ショールームとしての国内原発推進の旗も降ろさない安倍政権の前には、小泉人気にすがりたくもなるのだろう。しかしあえて言う。細川・小泉ラインをあまり信用しない方がよいのではないか。

小泉氏の主張を煎じ詰めると、高レベル放射性廃棄物の最終処分場の問題に行き着く。それがないから原発はダメだというだけの話なら、ではゴミ捨て場を用意できさえすればＯＫ、という論法が導かれる可能性が大である。

東京都に原発政策を動かす権限はない。仮に細川都知事が誕生しても、シンボル的な役割以外は果たしようがないのだから、原子力ムラは必ずこの点を突いてくる。

二〇〇五年の郵政解散を思い出す。総選挙の争点が郵政民営化に特化され、自民党を飛び出した〝抵抗勢力〟と、彼らの選挙区に送り込まれた〝刺客〟たちの戦いだけが注目されて、自民・公明の両党が圧勝した。小泉時代のピークだった。

細川氏と東京電力の縁も深い。彼が経団連の会長だった平岩外四・東電会長（故人）を座長に据えた「経済改革研究会」の報告書（平岩リポート）が、後の小泉構造改革の原型になった。アベノミクスも同じ流れだ。元首相コンビの勝利が、市場原理や自己責任原則を絶対視し、基本的人権を軽視する政治の正統化に通じるおそれはないか。

何もかもがヤラセだとまでは思わない。だが万が一にも反・脱原発への思いまでが最終処分場建設への国民運動に取り込まれる事態になれば、安倍政権の原発立国はまた一歩、完成に近づく。▼人々の善意をもっと素直に信じたい。だが経験則が、それは危ないと教えてくれている。

▼少なくとも結果として、アンチ安倍陣営は分断され、都知事選の軍配は舛添要一候補に上がった。エネルギー基本計画にも修正は施されなかった。**2013.06.05** の項も参照されたい。

◉小出五郎氏を悼む 2014.02.05

一月一八日の朝、急性心不全で科学ジャーナリストの小出五郎さんが亡くなった。七二歳だった。NHKの良識派を代表する元ディレクターで、多くのドキュメンタリー番組を制作した人だ。一九八四年には「核戦争後の地球」で文化庁芸術祭大賞も受賞。NHK解説委員、大妻女子大教授、日本科学技術ジャーナリスト会議（JASTJ）会長などを歴任された。

私は昨年四月から、放送倫理・番組向上機構（BPO）の放送倫理検証委員会委員として、ご一緒してきた。突然の訃報に愕然《がくぜん》とさせられたのは、わずか一週間前の定例会議でお会いしたばかりだったからだけではない。小出さんの言葉には経験と思索の重みがあり、かつ、私ごときとも近い感覚をお持ちのように思われて、密かに私淑させていただいていたためだ。

二人でお酒を飲んだりする場面はないままだった。一二月の会議に向かう途中でばったり会って、数分間だけ並んで歩いたのが、個人的にお話しをした最初で最後の機会になってしまった。

東京大空襲の被災者だ。戦争でご母堂を亡くされ、大学の専攻は放射線生態学だったのに、社会派を貫いた。早くも一九七〇年代には、後に〝日本一危険な原発〟の異名を取ることになる中部電力浜岡原発の欠陥を暴く番組を制作。後難を恐れる上司らを説得してオンエアにこぎつけたエピソードは、今も心あるテレビマンたちの語り草だ。

常備軍を持たない中米コスタリカの取材の帰途、トランジットで一泊した米国テキサス州ダラスのホテルで、九・一一事件のテレビ報道を目の当たりに。全米の空港が閉鎖されて帰国もできず、「やられたらやり返せ」と報復心に凝り固まっていく米国の熱狂を全身で体感させられたという。延長線上にある安倍晋三政権の戦時体制構築への動きに、どんなにか心を痛めておられたことか。

倒れる頃には相当に疲れていたらしい。

〈浮世の義理的な雑用に追われてモノを書く集中力が奪われた〉〈今年はこうしたところを大いに反省し、三月末までにはかなり身辺整理を敢行するつもり〉と一月四日付のブログに書かれていた。

ＮＨＫがあんな状態だからこそ、小出さんにはＢＰＯの場のみならず、広く放送ジャーナリズムのご意見番で居続けてほしかった。

私ももっと教えてもらいたかった。今後はせめて、小出さんが残したご著書などからも学んで、ご遺志を継いでいきたい。

小出さん、さようなら。謹んでご冥福をお祈り申し上げます。▼

▼ＮＨＫをはじめとする放送メディア（活字メディアも同様だが）に対する権力の介入・統制への動きは周知の通りだ。ＢＰＯも頑張っているけれど、小出さんがいてくれたら、と今でも思う。

◉2014.03.12
司法人事介入がないとはいえない恐ろしさ

最高裁の第一八代長官に寺田逸郎《いつろう》最高裁判事が就任する人事が正式に決定した。任期途中の三月末で退官する竹崎博允長官の後任となる。かねて本命視されてきた人物への指名に、法曹関係者らは胸をなでおろしているという。

なにしろ安倍晋三政権だ。日本銀行総裁や日本郵政社長、さらには内閣法制局長官やNHK会長・経営委員らに至るまで、内閣が関与し得るトップ人事にはことごとく介入してきた首相が、最高裁を放置しておくはずがないと恐れられていた。

三権分立の建前はあっても、この国の司法が十分な独立性を有しているとは言い難い。ただでさえ憲法違反が問われる国家賠償請求訴訟や、公害、不当解雇など大企業の反社会的行為をめぐる訴訟で、行政や政治の、ほとんど追認機関に堕している実態に、首相の〝お友だち人事〟までが加わらなくて本当によかったとは思う。

もっとも、だからといって安心は禁物ではないか。伝えられる限りでは、寺田新長官自身が政治的な判決を下した前科は聞こえてこない。裁判の経験そのものが少なく、出向先の法務省で司法制度改革を推進するなど、むしろ法務官僚として活動してきた人なのである。

寺田氏の父親は、しかも第一〇代長官だった故・寺田治郎氏。親子二代の最高裁長官就任は史上初めてだ。故人も行政畑が長く、裁判官としては地味な存在だったというのだが、安倍首相（岸信介元首相の孫）

以下、麻生太郎副首相兼財務相（吉田茂元首相の孫）や古屋圭司国家公安委員長（古屋亨・元自治相の甥、養子）ら世襲権力者ばかりがひしめく時代に、司法までがこんなことでよいのだろうか。

寺田氏本人の意識は、この際、必ずしも重要でない。日本の何もかもが特定の支配階層に仕切られている構造を、日常的に見せつけられ続けていく状況がおぞましい。

もちろん安倍政権による最高裁支配が否定されたわけでもない。彼の自民党総裁任期は最長で一八年九月まで。

会員制情報誌『選択』（三月号）によれば、この間に一五人の最高裁判事のうち一〇人が定年等で入れ替わるそうだから、今後は露骨な介入がなされる可能性がある。官僚体質が強いとみられる新体制が、政治犯や思想犯を乱造し始めないかと心配だ。

推測でしかない懸念など公にはしたくない。だが相手は安倍政権だ。支配者意識の権化のような連中に対しては、ゆめゆめ警戒を怠るわけにはいかないのである。▼

▼司法が行政権力と一体になってしまうことの怖ろしさを思い知らせてくれる労作が刊行されているので紹介しておきたい。内田博文・九州大学名誉教授の『刑法と戦争――戦時治安体制のつくり方』（みすず書房、二〇一五年）が、大いに参考になると思われる。

◉2014.03.26 日経新聞の「消費税アンケート」のカラクリ

いくら何でも恥ずかし過ぎると思った。二三日、日曜日付「日本経済新聞」の一面トップ〈消費増税「影響軽微」七割〉のことである。報道ではなく同紙が国内主要企業一〇〇社のトップに実施したアンケート調査の発表だ。四月からの消費税率引き上げ直前の駆け込み需要や、増税後の反動減による年間売上高への影響は「発生しない」と「五%未満」の合計で、大見出しのような結果になったという。

国内景気の見通しも上々だそうで、税率一〇%への再増税も「計画通り（来年一〇月に）引き上げるべき」とする回答がほぼ半数の四九・五%。「時期を遅らせるべき」や「引き上げるべきでない」はそれぞれ〇・七%にとどまったのだとか。

いや、これはこれで本当の数字なのだろう。でっち上げを疑っているのではまったくない。ただ、初めから結果がわかりきった調査だとは言える。なぜなら対象の〝主要一〇〇社〟はどれも価格支配力の強い大企業だ。増税分を価格に転嫁できず、自腹を切って納税するしかない中小零細の声など聞く気はない。逆に増税を莫大な不労所得に結びつかせ得る、取引先に対する圧倒的なパワーを行使できる巨大資本ばかりなのである。

バーターとしての法人税率引き下げへの期待も、当然、小さくないはずだ。消費税の仕組みをよく知らない読者には、理解してもらいにくいかもしれない。その場合は申し訳ないけれども拙著『ちゃんとわかる消費税』『消費税のカラクリ』などを参照していただくとして、要は日経の記事が巧妙きわまる、あまりに薄汚い世論操作だということなのである。

就活中の学生や新入社員たちが必読だと思い込んでいる日経ブランドだけに、なおのこと始末が悪い。詳しく紹介する紙数はないが、最近の日経にはこの手のアンケートがやたらと目立つ。経済の専門紙なら専門紙らしく、どうして、この税制の悪魔のような実態、さらには本質をまともに取材しようともしないのだろう。

増税への賛否はその先の話でなければならない。現状では最低の御用新聞であって、「いいかげんにしろ！」と言いたくなる。

私とて内心はもう新聞批判などしたくない。自分自身が禄《ろく》を食《は》むマスコミ業界に敵を増やしては仕事を減らされていくだけの日々が、馬鹿馬鹿しくてたまらなくなった。だが他にはチェック機能がなきに等しいのだから仕方がない。マスコミとは権力のイヌだけの世界ではないことを、少しでも多くの人にわかってもらいたい一心で書き続ける。▼

▼この種の話題では、いつも大手鉄鋼メーカーの販売担当常務に聞いた話を思い出す。筆者が鉄鋼業界担当記者だった頃に感じていた「鉄鋼業界のトップはどうして、いつも年末年始の頃になると、不景気だ、不景気だと強調したがるのか？」という疑問をぶつけたら、彼曰く、「そりゃあ春闘を控えてるからですよ。日頃は株主や株式市場を意識してるけどね」。大手の中では比較的、政治的な影響に配慮しなくて済む立場の方だった。
大企業の経営者というのは、常に自分の発言のリアクションを計算しながら語るものである。いわんや記者の腕や信頼関係の入り込む余地のない「社長一〇〇人アンケート」においておや。

2014.04.23
◉反感を買った「北朝鮮の尻馬に乗った韓国叩き」

やや旧聞に属しつつある話だがご容赦を。それだけ重要な問題なのだ。

東京新聞の五味洋司編集委員がツイッターで、〈不快な思いをされた方にはお詫びいたします〉と謝っている。本業とは関係ない。彼が『週刊文春』（四月一七日号）の「This Week」欄に寄せた、署名入りのアルバイト原稿に絡んで、である。

ごく短い記事だった。南北朝鮮の緊張が高まって一触即発の中、朴槿恵《パククネ》大統領を連日非難している北朝鮮メディアは、〝（隣近所の悪口を言いふらす）おばさん外交〟と書いた昨年末の週刊文春まで引用したぞ、うんぬんという中身。

内容自体はどうということもない。問題は朴大統領の写真に添えられたキャプションだった。〈高齢処女だなんて、キムチ悪いわ〉

これだけでは意味不明だが、記事中、北朝鮮メディアは彼女のことを〝性格の悪い年をとった処女〟と嘲罵《ちょうば》しているというくだりが出てくる。それをもじったキャプションらしい。

これが読者の不興を買った。ネット上にも「最低」「北朝鮮の尻馬に乗って」「在特会の連中とレベルが変わらない」等々の書き込みがあふれた。

雑誌記事のタイトルやキャプションは編集部がつけるのが通例である。けれども矛先は東京新聞にも向いてしまって――。

五味氏は今どき珍しい、気骨のある新聞記者だ。こんなことが傷にならないよう祈りたい。

一方の文藝春秋。いくら何でも、もうそろそろ足元を見つめ直す時が来ているのではないか。もともと保守的な社風だ。一九六九年に創刊されたオピニオン誌『諸君！』は、左派全盛の時代には右派言論の砦。若い書き手の登竜門としても、大いに存在感を示したものである。

狂い始めたのは九・一一の前後からだ。『諸君！』は小泉政権のタイコモチと化し、権力に盲従しない者をあざけるだけの〝月刊2ちゃんねる〟に堕した。さすがに社内外で眉をひそめる人が続出して、二〇〇九年六月号を最後に休刊を余儀なくされた。

第二次安倍政権の下で、だが最近は『週刊文春』が、韓国人や中国人を差別しまくっている。ロクに取材もしない安易な言葉の暴力の中毒患者らは、もはや「韓国」と聞いただけで条件反射的に差別表現を書き飛ばす末期症状に陥ってしまっているのではないか。

文春の人々には、今回の醜態をせめて教訓とし、雑誌ジャーナリズムの王道に立ち返ってほしい。本気で怒ってくれる読者が大勢いたということは、まだ完全には見捨てられていない証しなのだから。▼

▼『週刊文春』はこの年の夏以降しばらくの間、ネット右翼もかくやの朝日新聞バッシング一色に染まってしまった。ややあって政治や思想とはあまり関係のないスクープを連発して面目躍如の体ではあるが、〝週刊諸君！〟か〝週刊2ちゃんねる〟に堕してしまっていた時期の罪は容易に払拭されるものではない。**2014.09.10**の項も参照されたい。

2014.05.21
◉見過ごせない経済同友会の安全保障提言

集団的自衛権の問題については、今さらあまり語ることもない。三月に朝日新聞出版から『戦争のできる国へ　安倍政権の正体』という新書を出したばかりで、書くべきことは書き尽くしたから。

ここでは一点だけ。安倍晋三首相が一五日の記者会見で強調した「限定的な行使容認」という表現に惑わされないことだ。「我が国の安全に重大な影響を及ぼす可能性がある時」というのは、日本の国土なり国民が危険にさらされた場合だけを指していない。

翌々日に読売テレビの番組で自民党の石破茂幹事長（元防衛相）が、武力行使を伴う多国籍軍への参加について、「安倍内閣の次の政権が何を訴えるかだ」と発言したのも当然。こちらの方が本命と見て間違いないはずだ。

財界三団体のひとつ「経済同友会」が昨年四月に発表した提言「『実行可能』な安全保障の再構築」を紹介しよう。首相の私的諮問機関「安全保障の法的基盤の再構築に関する懇談会」（安保法制懇）による今回の報告書の下敷きにもなったとおぼしき内容で、とりわけ以下の記述が興味深い。

〈日本の国益は、日本固有の領土・領海と国民の安全のみではなく、地域、世界の安定と分かちがたく結びついている〉として、従来の〝狭義の国益〟の定義の再検討を示唆しているのだ。②広義の国益（在外における資産、人の安全）、③日本の繁栄と安定の基盤を為《な》す地域と国際社会の秩序（民主主義、人権の尊重、法治、自由主義、ルールに則った自由貿易）――。

この発想に基づけば、自衛隊は地球上のどこにでも出向いては武力を行使しまくって構わない理屈になる。一般のマスコミはなぜか政権と財界の意向との関係に触りたがらないので、あえて書いた。

それにしても、と思う。集団的自衛権の行使容認がいかなる結果をもたらそうと、安倍首相に責任など取れるはずもない。例の『美味しんぼ』の騒動▼でも、原発事故の悲惨を描いた表現者は世間総出の攻撃に晒されたのに、東京電力の勝俣恒久会長（事故当時）の責任は、相変わらず不問のままである。

つくづく権力者の楽園だ。普通の国民はどこまでも単なる労働力か、息をするサイフでしかない社会。いつか人間になって、それから死にたい。

▼『ビッグコミック・スピリッツ』に連載されていた人気グルメ漫画『美味しんぼ』（原作・雁屋哲、漫画・花咲アキラ）の原作者や版元に電話などによる抗議が殺到した事件。同誌二〇一四年二二／二三合併号に掲載された「福島の真実編」に、主人公らが一四年三月に福島第一原発を見学した後で鼻血を出したり、強い疲労感を訴えるシーンが描かれたことが発端で、三〇年近くも続いていた連載は無期限の休載に追いこまれてしまった。雁屋氏の『美味しんぼ「鼻血問題」に答える』（遊幻社、二〇一五年）には、〈私はこの国の神聖なタブーを破った極悪人扱いを受けました〉とある。

2014.06.04
◉権力に従順な日本のメディア

自民・公明両党による国会法改正案が先週末、衆議院に提出された。特定秘密保護法（秘密法）の運用に関する「情報監視審査会」を衆参両院に常設する趣旨で、今週中にも審議入りするという[1]。

秘密法は年内に施行される。他にも複数の第三者機関が設けられる予定だが、安倍晋三政権の独裁に堕した体制にチェック機能など期待できない。今はただ、言論・表現の統制すなわち戦時体制が着々と構築されゆくことへの恐怖と屈辱、憎悪がたぎるばかりだ。

戦前戦中にあれほど弾圧された創価学会が母体の公明党の体たらくたるや笑止。権力の切れっ端にしがみつくためなら、悪魔に魂を売り渡して恥じもしないとは。

昨年末、秘密法案審議の、ギリギリ土壇場になって大騒ぎしたジャーナリズムも、はたして成立後は音無しの構え。元外交官で評論家の孫崎享氏が最近、こんな指摘をしていたが、まったく同感だ。

〈今日、日本の大手メディアの報道は「何が事実か」を報ずる意図はない。「何が安倍首相に好まれるか、好まれないか」が報道の基準になっている〉（「沖縄タイムス」五月二七日付）

実際、いくらなんでも酷すぎはしないか。かねて安倍首相との会食を重ねてきた新聞やテレビの論説委員らが先月一五日、集団的自衛権行使を容認する憲法解釈に向けた記者会見の日の夜にまで西新橋のすし店でまたぞろ総理を囲む会と相成った事実に至っては、もはや狂気の沙汰である。

タイコモチとしての日本ジャーナリズムは今に始まったことではない。戦前戦中の翼賛報道も、初めは派手な紙面で売る商売のために反戦姿勢を放棄して、しかるのち権力への忠誠競争に躍起となる過程をたどった。

戦後民主化への営みも、一九六〇年安保闘争における「七社共同宣言」で、命脈が絶たれた。[▼2]朝、毎、読三社の論説責任者による、〝議会主義を守りましょう〟のご託宣には、時の岸信介首相の実弟・佐藤栄作蔵相（当時＝後に首相）が、「これで新聞はこっちのもの」とほくそ笑んだ史実がある。この頃もマスコミの幹部は首相らとの会食を繰り返していたのだった——。

その後の揺り戻しがなくはなかった。安倍政権の下で、けれどもジャーナリズムは再々再度、権力に従順な臣民養成の教官役を買って出てしまっている。

今度こそ致命的だ。その存在意義が完全に失われるまで、少しでも残された時間があるものなのか、どうか。

▼1　改正国会法はこの月のうちに可決・成立。衆議院では額賀福四郎、参議院では金子原次郎の両氏（いずれも自民党）が、それぞれ会長となった。半年前の一四年一月には内閣に特定秘密法の運用に関わる有識者会議「情報保全諮問会議」が設置され、初代座長に渡邊恒雄・読売新聞グループ本社会長・主筆が就任している。何をか言わんや、だ。

▼2　デモ隊と機動隊の衝突で東大生の樺美智子さんが死亡する事件を受けて、東京に本社を置く主要紙七社が発表した。各紙は宣言後、政府への批判を手控えるようになっていった。

2014.06.18

◉傍若無人な、困った老人のような国

いつも使うバスルートに困ったご老人が出没する。手押し車で他人を押しのけては怒鳴りつけ、顰蹙《ひんしゅく》を買いまくっている。気の毒な人なのだ。だから誰も何も言わないが、ケガ人を出すわけにはいかない運転手さんだけは時折、「いいかげんにしなさい」と叱りつけている。

人は年を取ると自分のことしか見えなくなりがちだ。周囲の迷惑など顧みられない人が増えてきた。

そこで本題。今の日本社会の姿は、この手の老醜そのものではないか。

昔は簡単にできたことができなくなった。それで口だけ達者になる。人間なら恥じなければならない過去を、まるで武勇伝でもあるかのように自慢して威張り散らす。

――俺ァ強かったんだゾ。ヤンチャしてたんだゾ。遅れた国を支配して、何人もの女を犯したんだゾ。それがどうした？　みんな売春婦だったんだろ。お上がそう言ってるゼ……

こんな時代だから、私は街に出るのが嫌でたまらない。だが無理して参加した会合で、ＮＨＫの元ディレクター・池田恵理子[1]さんのお話を聞く機会に恵まれた。定年退職して現在は「女たちの戦争と平和資料館」（ｗａｍ）館長の彼女が、従軍慰安婦のテーマに本格的に取り組み始めたのは一九九五年だったという。

阪神・淡路大震災を受けてＥＴＶ特集「震災から戦後日本を問う」のシリーズを制作した。その最終回に持ってきた哲学者の久野収[2]氏と、作家で元べ平連（ベトナムに平和を！　市民連合）代表の小田実《まこと》[3]氏の対談は「この震災で戦後の日本が怠ってきたことがあらわになった。そのひとつが慰安婦問題。徴兵され、戦闘を強いられた兵士らは被害者でもあるが、彼女たちに対しては絶対的な加害者だ。にもかかわらず日本人は責任を曖昧にしたままでいる。これは思想の問題だ。突き詰めて考える必要がある」という議論で締めくくられた。大いに触発された池田さんは、テレビジャーナリズムの世界で、このテーマの追求を実践していったのだが――。

久野氏も小田氏ももはや亡い。老化の一途をたどった社会に湧いて出た安倍晋三政権は新たな戦時体制を構築し、弱い立場の人間に殺し合いをさせて儲け、楽しみ、英雄になりきって酔い痴《し》れたい劣情を隠そうともしない。

世界はいずれ、この国を単なる困ったチャンとは見てくれなくなる。米国の政府と巨大資本にシッポを振りまくる〝国家安全保障戦略〟だけを命綱に、それ以外のあらゆる人々の憎悪と軽蔑を浴びることになるだろう。

▼1　一九五〇年生まれ。籾井勝人・現ＮＨＫ会長の罷免を求めて約一五〇〇人のＯＢの署名を集めた「ＮＨＫ全国退職者有志」の記者会見でも発言している。

▼2　一九九九年没。「思想の科学」グループの主要メンバーで、いわゆる戦後民主主義の形成に大きく寄与したとされている。べ平連でも思想的な指導者として活躍した。

▼3　二〇〇七年没。ベストセラーになった世界放浪記『なんでも見てやろう』（一九六一年）で一躍有名に。後に「九条の会」の呼びかけ人にもなる。

◉2014.07.02 おふくろを救ってくれた創価学会の会員に問いたい

公明党の国会議員諸氏に問う。あなた方はいったい、なんのために存在しているのか。集団的自衛権における武力行使容認三要件の下書きは北側一雄副代表がまとめていたとまで暴露[1]され、それでもなお、のうのうとこの世の中にのさばり続けるおつもりなのか。

解釈改憲が閣議決定されれば、安倍政権による戦時体制の構築は一気に進む。山口那津男代表は和歌山市での講演で「専守防衛の維持」を叫んだと聞くが、嘘である。もはや日本には、いつでもどこでも米国の戦争に馳せ参じ、憎んでもいない人々を殺しまくるチンピラ列島に成り下がる以外の道が閉ざされた。

もちろん安倍政権と自民党が一番悪い。対米従属と帝国主義の両立を図り、下々に殺し合いをやらせて楽しみ、儲け、支配欲を満足させたくてたまらない変質者の集団。

彼らはしかし、初めからそのような人々だった。仮にも〝平和の党〟を標榜しながら、そんなものと同化した公明党の方が、より醜怪に見えてしまう。

今に始まった話ではない。一五年前の改正住民基本台帳法案、すなわち国民総背番号制の導入をめぐる国会審議でも、筆者の目には事の本質を最もよく理解していると思われた公明党は、当時の自自公連立の維持を優先し、今日に至る監視社会のレールを敷く側に回った。

以来、ずっと。

どこまでも　ついていきます　下駄の雪

と揶揄《やゆ》されて久しいが、筆者はあまり強く批判しようとは思わなかった。下駄に踏みにじられた雪ごとき、どうせじきに溶けて消える運命でしかないのと、もうひとつ。

亡き母が創価学会員だった時期がある。終戦から一九五六年暮れまでの一一年間、母はシベリアに抑留された父のいない家を守り続け、孤独に耐えかねて入信し、大いに救われたという。

帰還後の父も、それから生まれた私も妹も勧誘されたが、誰も応じなかった。三人とも「なんとなくイヤ」程度の理由でしかなかったが、そのせいかどうか、母もやがて脱会することになった。

――オフクロを救ってくれた宗教なのに。そんな記憶が、創価学会―公明党に対する筆を鈍らせた。母が受けた恩に遠慮した、と言い換えてもよいかもしれない。

だが、もう限界だ。筆者には公明党が許せない。

創価学会の会員諸氏にも問いたい。あなた方の信心は何のためか。権力の切れっ端を振りかざし、他人の生命をもてあそんで楽しむためか。それで、本当に、よいのですか。▼2

▼1 「西日本新聞」二〇一四年六月二〇日付朝刊のスクープ。「その原案は、公明党の北側一雄副代表が内閣法制局に作らせ、高村氏に渡したものだった」とある。
▼2 創価学会内部に抵抗の動きがないわけではなかった。創価大学と創価女子短期大学の関係者有志は、自公連立政権による安全保障法案に反対の声明を出して一九〇〇人以上の教職員らの賛同署名を集めている。愛知県在住の創価学会員・天野達志さん（五一歳）は、安保法制の白紙撤回を公明党の山口代表に請願する署名九一七七筆を届けようと党本部に出向いたが、門前払いに遭ったという。だが二〇一五年四月現在、公明党が割れたとか、党と学会の関係が決裂したとは伝えられていない。

2014.07.30
◉個人情報の〝悪用〟をなぜ、問題にしないのか？

通信教育大手のベネッセが保有する子どもたちの個人情報が大量に持ち出され、逮捕者まで出た事件[1]の騒がれ方が気に入らない。バカげている。

たとえばジャストシステム[2]に個人情報が流れて使われたのが悪いという。まずマスコミが騒ぎ出し、次に悪用を恐れる母親らの声を受けた形で、政府が個人情報保護法の改正を打ち出した。よくもまあ、いけしゃあしゃあと。

短いコラムゆえポイントのみを。そもそもなぜ、ベネッセは全国の子どもという子どもを丸裸にしてもOKで、ジャストだといけないのか？

まともに答えられる者などいやしない。今や個人情報は宝の山だとされている。ベネッセに限らず、およそ最終消費者を相手にする大手企業はどこでも、住民票やらスマホの検索履歴やらGPSの位置情報やらを片っ端からかき集めては名寄せして、マーケティングの材料にしまくっている。

アベノミクスが推進を謳《うた》ってやまないビッグデータとやらも、まさにその手法の限度レスな拡大を図るのが本当の目的のひとつ。一般には統計的な活用ばかりが強調されているようだが、マーケティングの世界の常識はまるで違うのである。

何よりも、他ならぬ政府と経済界の総体が、国民全員の個人情報――などと表現するから甘く見られる――一挙手一投足を監視し、データベース化しつつある現実が、どうして見向きもされないのだろう。二

○一六年一月に開始される「マイナンバー」制度のことだ。

一人一人に与えられる一二ケタの識別番号は、住民基本台帳ネットワークが基になる。警察や公安調査庁、国税庁などには特定の人物の捕捉データを通常のネットワークとも第三者委員会とも無関係に提供される仕組みなのはもちろん、近い将来の民間への開放も当然視されている。

すなわち官民一体の、いわばベネッセ&ジャストを足して二で割らず、逆に日本中の官公庁や企業と掛け合わせて産み出す完璧な国民総背番号体制。折しも集団的自衛権をめぐる解釈改憲が閣議決定されて、この国は米国の軍産複合体に丸ごとのみ込まれようとしている。私たちが自由な魂を湛《たた》えた人間でいられるのかどうかの瀬戸際は、すでに来てしまっている。

ためにする〝報道〟がキッカケだろうと構わない。この種の動きに関心を抱いた読者には、せめてお互い事態の本質を見据え、ただ飼われて操られるだけの生き物でいないための道を模索していこうと呼びかけたい。

▼1　二〇一四年七月に表面化した大規模な顧客情報流出事件。流出件数は二〇〇〇万件を超えたという。

▼2　徳島市に本社を置くソフトウェア開発会社。かつては日本語ワープロソフト「一太郎」で一世を風靡した。二〇〇一年からは教育産業にも参入し、近年は学習支援ソフトだけでなく、タブレットを使った通信教育を全国規模で展開している。

2014.08.13

◉コピペ挨拶は安倍首相の意思表明

広島でも長崎でも安倍晋三首相の挨拶はコピペで済まされた。六日と九日にそれぞれの被爆地で営まれた原爆犠牲者を慰霊し、平和を祈念する式典で、彼は昨年とほぼ同じ文面を読み上げてのけたのである。異なる部分と言えば、「六八年前」を「六九年前」に変更したとか、せいぜいがその程度。集団的自衛権行使容認への異議にも聞く耳を持たない首相に対しては、被爆者たちも怒り心頭だそうだが、当然だ。

〝おざなり〟だなどといった、それこそおざなりの批判で片づけてよい事態ではない。

もともと発言にはやたら強いメッセージを込めたがる人である。コピペした昨年の挨拶で、ということは今年も福島第一原発事故には一切触れず、何もなかったことにした。全国戦没者追悼式（昨年八月一五日）でも、歴代首相が表明し続けた「深い反省」や犠牲にされた諸国民への「哀悼の意」、さらには「不戦の誓い」を全面削除。代わりに繰り返されたのは、戦場で死んだ兵士たちの「御霊《みたま》」の貴さばかりだった。

あえて書く。一連のコピペ事件は、安倍首相の過去の言動に照らして、むしろ意図的かつ積極的に行われたとみてよいのではないか。他人の生命や尊厳をナメ切っていることを満天下に示したい。「被爆者なんか歯牙にもかけてないよ」という、あからさまな意思表明[1]――。

独善＝リーダーシップだと本気で思い込んでいる。ボンボンだから他人の痛みが理解できない幼児性、だけではない。戦争の犠牲者と見れば貶《おとし》めて、戦争を指導する立場にある己の優位を絶えず確認していなくては収まらないらしい異常な自己愛が、この男には付きまとっている。

「原爆しょうがない」発言を思い出す。▼2 原爆のおかげで戦争が早く終わった云々《うんぬん》と、ほとんど米軍の代弁を買って出た久間章生氏を初代防衛相に任命したのも、第一次安倍政権だった。

第二次安倍政権の神髄は、アメリカのインフォーマル帝国主義（経済権益の拡大・支配のためなら何でもアリの思想。必ずしも植民地の獲得を伴わない点が〝非公式〟たる所以《ゆえん》）の徹底的なコバンザメ。何でもアリであるからして当然、戦争も有効な手段になる理屈。

安倍首相は日本青年会議所が七月に横浜市で開いた講演会で、「たくましい日本を」と叫んでいた。来る八月一五日にはどんな妄言が飛び出すか。最悪のナルシシストを国のトップに据えてしまった報いを受ける日は、刻一刻と近づいている。

▼1　本稿の一年後に安倍首相が発表した「戦後七〇年談話」では、彼の嫌悪する「植民地支配」「侵略」「痛切な反省」「心からのお詫び」といった〝キーワード〟も盛り込まれはした。ただしいずれも他人の言葉の引用か一般論に終始。断じて責任は認めない首相の意志に変わりはなかった。

▼2　二〇〇七年六月、久間章生防衛相が麗澤大学での講演会で行った発言。日本はしぶといので戦争が長引くとソ連が参戦してくるに違いない、だから米軍は——という文脈で語られた。被爆者団体などからの猛反発で、久間大臣は辞任に追い込まれた。詳しくは**2007.07.10**の項を参照。

2014.08.27
●大切な言葉を取り戻そう

文部科学省はこのほど、小中学校における「道徳」の教科格上げに向けた議論の骨子をまとめ、中央教育審議会の道徳教育専門部会に示した。それによれば、道徳の時間を教育課程上の「特別な教科」と位置付け、従来は認められていなかった「評価」を、ただし国語や算数など一般の教科のような数値にはよらない記述式で行うことにするという▼。

また指導の際には項目ごとに内容を端的に表すキーワードを明示すべしと、具体的徳目、を例示した。〈正直、誠実〉と〈公正、公平、正義〉。さらには〈情報モラル〉〈生命倫理〉などの課題も充実させる必要を指摘している。

一見もっともらしい。だが額面通りに受け止めてよいものだろうか――と書いている筆者と読者の間だけでも、たとえば「正義」や「正直」、「公正」の解釈は少しずつ異なるはずだ。ましてや「特別な教科」としての道徳を司どろうとしているのは、あの安倍晋三政権なのである。

イラク戦争やアフガン戦争が、当時の子ブッシュ・米大統領が連発していた「正義」また「正義」の大絶叫で進められた記憶は生々しい。集団的自衛権の行使を容認し、そのアメリカの戦争になら、いつでもどこでも自衛隊を鉄砲玉に送り込める体制を整えつつある安倍政権の独善も、もはや繰り返すまでもない。

人間の価値観は人それぞれだ。わが子の生き方まで安倍政権に指図されなければならないいわれなどあってたまるものか。

安倍首相個人だけが問題なのではない。書店に行けば弱い者イジメが芸風の女流作家や大学教員らの「品格」や「成熟」をタイトルにした本があふれている。

人間にとって大切な言葉が、しかも一流とされる出版社の手で汚されていく時代。「頼むから、あんただけは言ってくれるなよ」と頭を抱える毎日にも嫌気がさして、大好きだった書店通いが、最近はまるで苦行のようになってきた。嫌韓・嫌中本の類いも合わせて、このままでは信じられるものが何もなくなってしまう。

三年前の今頃に書いた、拙著のあとがきを思い出す。

〈今度こそ私たちは、権力への服従が〝大人の態度〟であり、望ましい姿勢だとされている生活様式からの脱却を目指さなければならない。原発を推進した側の暴走を批判するのは当然だが、彼らの思惑だけでは何ひとつできるはずがないのも、また真実であるからだ〉（『民意のつくられかた』岩波書店、二〇一一年）

言葉を取り戻そう。何物にも操られない未来のために。

▼二〇一五年三月、文部科学省は「特別な教科」として格上げする小中学校の道徳について新たな学習指導要領を告示した。すでに新要領を反映した授業を開始している学校もあるとされ、小学校で一八年度以降、中学校で一九年度以降は、教科書に基づく授業が進められることになっている。

2014.09.10

◉報道の二極化は権力の思うつぼだ

朝日新聞に対する猛攻撃が止まらない。過去の従軍慰安婦報道の一部が誤りだったと「反省」を表明した先月五日付紙面が契機なのは周知の通りだが、週刊誌とネットを中心に、メディアというメディアがよってたかって袋叩きにしている。

朝日の失態は否定のしようもない。吉田清治氏による済州島での〝慰安婦狩り〟証言を裏付けのないまま報じ、虚偽だったと判明しても訂正せずに、二〇年以上も放置した。事の本質は変わらないとの信念ゆえだったと言うなら、今さら当該記事を取り消すこと自体がネトウヨ全盛の時代へのおもねりだ。「反省」を受けた池上彰氏の連載原稿を一度は没にしながら、騒動になるや掲載して紙面で謝罪の顚末に至っては、恥の上塗りも甚だしかった。

とはいえ目下の、とりわけ週刊誌による罵詈《ばり》雑言の集中砲火はいくらなんでも度を越している。「売国のDNA」（週刊文春）、「全国民をはずかしめた」（週刊新潮）などのタイトルで、「国賊」「国益を毀損」「中国共産党と同じ発想」――うんぬんの悪罵があふれる世の中は痛ましい。最初に吉田証言を取った朝日の元記者が、現在の勤務先やご近所で村八分になったぞと喜んでいる記事さえあった。

今回もまた引き合いに出された、沖縄・西表島のサンゴに朝日のカメラマンが「K・Y」のイニシャルを刻み付けて撮影し、環境保護を訴える記事に仕立てた一九八九年のヤラセ事件。実は『週刊文春』でこの問題の第一報を書いたのは私だ。当時の花田紀凱編集長はしばしば、「メディアの相互批判が必要」

だと語っていて、なるほどと感じ入った記憶があるが、時代は移ろう。現状は体制に同調しない言論・表現を罰する相互監視のシステムに、あらゆるメディアが喜々として動員されていくお笑い草と言うべきか。

指摘されて久しい報道の二極化は、すでに感情的な衝突の段階に突入しつつある。このまま分断され、相手の全人格を否定し合う事態に陥れば、権力の思うつぼだ。税金問題における申告納税者とサラリーマン、雇用問題における正社員と非正規労働者の対立の図式が、支配する側にどれほど都合がよいかを考えてみられたい。

サンゴ事件のもっと以前のような、業界ぐるみのナアナア時代が懐かしい、とは言わない。だが、ここらで少し落ち着こうよ。お互い大したことのない半端者同士。あなたも私も、みんな、いつだって、間違ってばかりいるではないか。

▼この年八月の紙面で、慰安婦報道に関する検証特集が大々的に展開された。本文に引いた「反省」云々というのは、五日付朝刊一面の左柱に特筆大書された、杉浦信行・編集担当取締役名による以下のような文章である。〈慰安婦問題に光が当たり始めた九〇年代初め、研究は進んでいませんでした。私たちは元慰安婦の証言や少ない資料をもとに記事を書きました。問題の全体像がわからない段階で起きた誤りですが、裏付け取材が十分でなかった点は反省します。似たような誤りは当時、国内の他のメディアや韓国メディアの記事にもありました。

こうした一部の不正確な報道が、慰安婦問題の理解を混乱させているとの指摘もあります。しかしそのことを理由とした「慰安婦問題は捏造」という主張や、「元慰安婦に謝る理由はない」といった議論には決して同意できません。〉

バッシングする側にとっては「きちんと謝罪していない」と激しい批判に晒されることになる筆致だったが、翌六日付朝刊でも繰り返された特集も含めて、筆者にはほとんど全面降伏しているように映った。はたして執拗な集中砲火を浴びていた同年一一月、朝日新聞社は木村伊量《ただかず》社長（当時六〇歳）の引責辞任と、後任に渡辺雅隆取締役（同五五歳）が就任する人事を発表。表向きは半年前の五月にスクープした福島第一原発事故当時の吉田昌郎所長（故人）が生前に政府の事故調査委員会に残していた非公開証言記録の報道に誇張した表現があると指摘されて取り消した問題などを受けてという形だったが、実質的には慰安婦問題の影響が大きかったであろうことは誰の目にも明らかだった。

トップの交替を含めた大規模な役員刷新人事は一二月に正式決定。クリスマス・イブの前日には社内に設置されていた第三者機関が再発防止のための提言をまとめたが、これを報じた紙面では国際大学学長の北岡伸一氏や外交評論家の岡本行夫氏ら安倍政権に近い委員の個別意見に他の委員より大きなスペースを割いて、名実ともに白旗を上げた印象を満天下に与えた。

誤報を改めること自体に異論はない。それにしても解せないのは、慰安婦問題の本質は変わらないと言うのであれば、記事を取り消すなら取り消すで、朝日新聞はどうして新しい、今度こそ確かな証言なり証拠なりを用意した上で、それらを進めなかったのか、ということだ。それまでの経緯からも十二分に予測できたバッシングを受け流し、あらかじめ隠し持っていた二の太刀、三の太刀を一気に抜いていけば、彼ら自身があれほどの屈辱を受けることも、政権の意志に従順でない報道がこれほど困難になることもあり得なかったのではなかろうか。

実は一連の動きの背景にも、例の軽減税率適用を求め新聞業界のオネダリがあったのではないかとする見方をしている関係者が少なくない。たとえば河内孝・元毎日新聞社常務は、こんな論考を発表している。それによれば――、プラス、秋山耿太郎前会長（朝日新聞社会長）が後任会長に読売新聞社の白石興二郎社長を指名した、二〇一三年の業界人事とも絡む。朝日―毎日―読売の持ち回り順の慣例が破られた裏には、ある特別の狙いも込められていると、業界内部で囁かれていたそうなのだ。

〈最大手である読売新聞が仮に消費増税時に増税分を価格に転嫁せず、事実上の値下げに踏み切ったら何が起きただろう。販売戦線に激震が走り、朝日新聞のみならず各紙も値下げに追随せざるを得なくなり〝大消耗戦〟が勃発しただろう。体力のない社は経営破綻に追い込まれたかも知れない。これを防ぐには、慣例を破ってでも読売新聞社長を業界のまとめ役である協会長に祭り上げる他はない、という深謀遠慮からだというのだ。結果的に業界は足並みを揃え、増税分の価格転嫁に踏み切り（地方紙に例外はある）大混乱は避けられた。

こうしたいきさつから、業界内には、こんな声が内在していた。

「従軍慰安婦問題、原発問題、集団的自衛権で朝日新聞のスタンスは安倍政権とは、全く相いれない。（中略）なんらかの〝けじめ〟をつけてもらわないことには政府・自民党に陳情にも行けない」〉（河内孝「これは朝日にとっての『西山事件』である」『新潮45』二〇一四年一〇月号）

事実であれば大変なことである。この国の新聞ジャーナリズムの自殺行為に他ならないということになりはしないか。

◉2014.10.15 軽減税率を求める大新聞社は恥を知れ

大衆心理なんてどうにでも操れるとでも言いたげな、思い上がりきった自己PR記事を見つけた。「読売新聞」の一二日付朝刊。新聞週間を控えた世論調査の結果と、「やはり軽減税率が不可欠だ」と題された社説との、〝絶妙〟なコンビネーションだ。

世論調査の中心テーマは新聞の存在意義。「必要だ」の回答が全体の八九％を占めたとか。新聞報道を「信頼できる」人は八〇％で前年比六ポイント減、従軍慰安婦問題などの〈朝日新聞の誤報が影響しているとみられる〉という。

一方の社説。消費税の再増税が決定されそうな折も折、〈食料品など必需品の税率を低く抑える軽減税率を導入し、家計の負担を和らげるべき〉だと主張している。

いつでも国家が最優先、の日頃の紙面と違うのはなぜ？　注目すべきは、この社説が〈海外の例にならい、日本も新聞や書籍について、軽減税率を適用すべきである〉と結ばれていることだ。ハハン、先の引用文が「必需品」と書き、一般的な「生活必需品」の用語を避けていたのはこのためか。〈新聞や書籍について〉のあとに並列や追加の意を表す系助詞「も」が省かれた点にも、己らの商品以外は眼中にない社説子様の本音がにじみ出ていた格好だ。

活字文化が大切な公共財であることに異論はない。これ以上の増税は致命傷になるから例外扱いを、という訴えも、それだけなら大いに共感する。

だが軽減税率の適用は、あくまでも読者の総意に導かれた未来でなくてはならない。読売の社長が会長職を務める日本新聞協会の動きは単なる業界エゴでしかないから、こういう話になる。元毎日新聞社常務（販売担当）の、朝日が慰安婦報道の一部を取り消した背景を指摘した論考から——。

〈業界内には、こんな声が内在していた。「従軍慰安婦問題、原発問題、集団的自衛権で朝日新聞のスタンスは安倍政権とは、全く相いれない。（中略）なんらかの〝けじめ〟をつけてもらわないことには政府・自民党に陳情にも行けない」

自民党税調メンバーの一人も言う。「国益を大きく損ねた朝日新聞がどのツラ下げて軽減税率ですか、と問わざるを得ない」〉（河内孝「これは朝日にとっての『西山事件』である」『新潮45』二〇一四年一〇月号）▼

事実だとすれば、これほど恐ろしい事態があるだろうか。新聞や雑誌が軽減税率を求め続ける限り、権力に迎合し、従順な臣民を養成する御用メディアだけが生き残っていくことになるのだから。

▼　前項の脚注で紹介した河内孝氏の論考には、本稿に引用したような記述もあった。

◉2014.11.12
デーブ大久保新監督起用の裏を読む

プロ野球・楽天ゴールデンイーグルスのデーブ大久保（博元）新監督▼1が、またぞろ注目の的だそうな。フィギュアスケートの羽生結弦選手が、練習中の激突事故で流血しながら本番を演じきった姿に感動。「見習わないと」と発言したため、ファンの間で選手たちを心配する声が高まっている、という。

彼が二軍監督だった今季も、ノックを受けていた若手が脱水症状で意識不明の重体に陥ったことがある。そこで私は、少し前に教育関係のシンポジウムで話した自分自身の言葉を思い出した。英語を小学校の必修科目にするという文部科学省の方針の背後には、産業競争力会議の民間委員でもある楽天の三木谷浩史会長がいるとして、こう言った。

「学校が英語学校などの利権となり、ビジネスの価値観に侵食される結果ばかりが招かれるでしょう。と同時に、教育関係の方々には、楽天球団の動きにも関心を持ってほしい。デーブ大久保には、選手への暴力やイジメで西武ライオンズのコーチを解雇された過去がある。そのことを知っている多くのファンが反対の署名運動までしたのに、三木谷氏は強引に、彼を新監督に起用したのです」

なぜか。タニマチにタイコモチが取り入って、などとされる風評の当否は知らない。むしろ三木谷氏は、デーブの選手管理論を評価しているように思えると、私は続けた。

「新監督は最近、写真週刊誌のインタビューで、『選手を活性化させるためには恐怖や不安、ストレスを与えることが重要』だと語っています。楽天の経営手法にも通じる考え方のようで、その結果、たとえば優勝でもしてくれたら、三木谷氏は同様の発想を学校に持ち込む腹なのかもしれません。実際、競争原理の徹底と愛国心の強制、精神的支配を基調とする安倍晋三政権の教育政策にピッタリ、ともいえます」

そもそも三木谷氏は教育問題のご意見番でも何でもない。なのに教育政策に口を出したがるのも、そんなものを尊重したがる安倍政権もどうかしているが、これまでの経緯を照らし合わせてみる限り、さほど不自然な見方でもないはずだ。

ベースボール・マガジン社から、『近鉄バファローズ猛牛伝説の深層』（梨田昌孝著、二〇一四年）という本が出て面白かった。豪快で奔放で、だから大好きだったバファローズの流れをくむイーグルスが、いかにもイマドキな球団になってしまったのが悲しい。▼2

▼1　一九六七年生まれ。茨城県の水戸商業から西武ライオンズに入団。移籍先の読売巨人軍で人気者になった。通算成績は打率二割四分九厘、四一本塁打、一〇〇打点。九五年限りで引退し、「デーブ大久保」の芸名でタレントとしても活躍した。

▼2　大久保博元監督は結局、このシーズン限りで退任。背景には **2015.08.12** の項で書いたような事情もあったとされている。後任の監督には、図らずもここで紹介した梨田昌孝氏が就任している。

◉2014.11.26 総選挙の見立て

年内総選挙の日程が決まった。いろいろ言われているが、私なりの見立てを書いておきたい。

消費税の再増税が先送りされると、どうして選挙なのか。この順番でいくら考えても無駄である。まず選挙ありき、なのだから。

来年になると集団的自衛権の行使を認めた解釈改憲に合わせた戦時法案が次々に提出される。米国の戦争にいつでも馳せ参じることのできる体制が整備されていく。

状況によっては、イスラム国への空爆に関与する展開にもなりかねない。独り善がりの憲法改正を米国に承認していただきたい一心の安倍晋三首相は、そのためにならひたすら、彼らへの忠誠心を示してみせたがるはずだ。

外国人労働者の受け入れ拡大も本格化して失業者の山。超エリート以外はハケンにしかなれない、事実上の奴隷制度を狙った改正労働者派遣法案の強行突破も図られる。

確定申告の季節には、消費税率八％の影響があらわになるだろう。廃業や倒産、自殺者たちの死屍累々《しし るいるい》。

つまり、権力やグローバル資本に近くない普通の人間にとって、二〇一五年にはよいことなどひとつもないと、わかりきっているのである。当然、安倍政権の支持率はガタ減りする。だから今のうち、ボロがまだ一般には見えにくい間に、むしろ再増税を延期する〝英断〟で、かえって議席を増やせるかも、なんて皮算用もコミの解散・総選挙、という次第。

さて、慌てないでもらいたい。この話には先がある。ミソは果たして消費税再増税の一七年度内の実施と、その際には軽減税率を導入するという自民・公明両党の公約だ。軽減税率については、かねて日本新聞協会が新聞への適用を求めて自民党税制調査会に陳情を重ねている。ということは、ニンジンを鼻先にぶら下げられている限り、安倍政権がもたらす地獄を、本気では追及できない立場にあるわけだ。

一カ月半前の本欄でも、朝日新聞の従軍慰安婦報道の一部取り消しの背景にこの関係がある可能性を指摘した。今後もオネダリをやめないのなら、読売か産経のような新聞ばかりが日本中を覆い尽くすことになる。権力に批判的な情報がなければ、国民はまともな判断ができなくされてしまう。すでにマスコミには、この一〇月だけで消費税再増税の広告約一億六〇〇〇万円が政府からつぎ込まれてもいる。イメージキャラクターは子役スターの芦田愛菜ちゃんだった。

——以上、ほぼ確かな見立てだと自負している。▼

▼実際にもこの見立ては的中してしまったように思う。読者の評価はいかがであろうか。

◉2014.12.10 仲井真沖縄県知事の〝最後っ屁〟

つくづく呆れた。ここまでやってしまったら、もはや人間としてオシマイではなかろうか。

仲井真弘多・沖縄県知事のことである。先の県知事選で三選を阻まれた彼は、九日の退任を控えていた五日、名護市辺野古の米海兵隊新基地建設に向けた埋め立て工事の変更申請のうち二件を承認した。四〇〇字詰め原稿用紙一枚にも満たない、誠実さのかけらもないコメントだけを残して▼――。

知事選で圧勝した翁長雄志・前那覇市長の公約は、新基地への断固反対。落選後に自らを「レームダック（死に体）状態」だと認め、実際、この間ほとんど登庁することもなかった仲井真氏が、イタチの最後っ屁よろしく、県民の総意を踏みにじってみせた暴挙だった。

もとより今回の翁長氏とよく似た公約で二選を果たしたくせに、たちまち転向。昨年の暮れには巨額の振興予算と引き換えに新基地計画のゴーサインを出して、「いい正月が迎えられる」と嘯《うそぶ》いた男だ。最後まで薄汚いのも仲井真氏らしいが、これほどの背信行為を図った、それでも記者会見さえ行わず、雲隠れを決め込んだのだから凄まじい。

〈これが、四日後に退任を控えた知事のやることか。（中略）その神経は尋常でない。〉

地元紙「沖縄タイムス」の社説（六日付）である。仲井真氏には今年一月、県議会に辞任を求める決議を突き付けられた経緯もあった。だから社説は、〈裸の王様になっているのも知らずに、逃げ隠れしながら駆け込みで変更申請を承認し、県庁を去る。その姿は哀れとしかいいようがない。〉

とまで書いていた。もっとも、仲井真氏など所詮《しょせん》は繰り人形でしかありはしない。彼をしてこう動いた方がトクだと思わせたのは安倍晋三政権だ。

今月一四日の総選挙について、「何を問うか、問わないかは政権が決める」とホザいたのは菅義偉官房長官だったが、ふざけるな。たとえば仲井真氏のやり口こそが争点だ。安倍政治の本質は、権力や巨大資本に近くない普通の人間の生命や尊厳を徹底的に軽んじる独裁以上でも以下でもないと、有権者は今度こそ思い知らなければならない。

仲井真氏の最後っ屁を、NHKのウェブサイトは五日当日の午後六時三〇分ごろに流している。けれども七時の定時ニュースでは報じなかった。翌日の全国紙各紙も極端に小さな扱いに終始した。

大手のマスコミもことごとく権力の手先に成り果てた。安倍政権を叩き潰さない限り、この国の社会は暗黒のままである。

▼この時の仲井真知事は記者会見さえ行わなかった。辺野古をめぐるその後の混乱は周知の通りである。

2015年1月～

第3次安倍晋三内閣
2014年12月24日～

◉2015.01.07 「普通の国」とは米国の相似形ということだ

安倍晋三首相は八月一五日の終戦記念日に、戦後七〇年目の「談話」を発表するという。早くもそのための世論誘導が始まったと思わせたのが、新年三日目の読売新聞だ。

「日本は『普通の国』になれるということだ。そして、抑制を利かせた外交政策を進めていくことができる」

一面トップはヘンリー・キッシンジャー元米国務長官のインタビュー▼。これを受けた社説が、〈平和国家としての信頼を基礎に、『未来志向』のメッセージを改めて国際社会に発信せねばならない〉としている。この新聞の性格を考えれば、「安倍談話」の路線は明白だ。

表現は美しく、もっともらしい。だが額面通りに受け止めるのは危険だ。

昨年六月の朝日新聞に載った、三谷太一郎・東大名誉教授（日本政治外交史）の言葉が忘れられない。例の「安全保障の法的基盤の再構築に関する懇談会」が、集団的自衛権の行使容認を求める報告書を首相に提出して間もない時期だった。要約すると、

「憲法九条の前提だった、敗戦直後の日本人の戦争観が変質してしまった」

——敗戦直後の戦争観とは。

「敗戦の翌年に当時の指導的な国際法学者が書いた論文がある。〈今度の戦争で戦争の性格は根本的に変更された。従来は適法だと信じられていたが、いまや一般に違法かつ犯罪だとされるに至った〉。国民に

も共有された見方だったが、近年は米国や中国と同様の『勝者の戦争観』に近づいている」とのことである。勝者には反省がない。敵国人の生命ばかりか自国民の犠牲さえ軽視する。だから侵略的な行動をためらわない。権力を絶対視して、他者を支配の対象としてのみ捉えたがる。キッシンジャーや読売の言う「普通の国」とか「未来志向」というのは、まさにそうした国家のあり方を指してはいないか。勝者の戦争観の化身としての米国と相似形をなすかのような――。

三谷名誉教授は、安保法制懇を取り仕切った北岡伸一・座長代理の師匠筋に当たる学究だ。愛弟子の暴走を戒める発言だったと思われるが、当の北岡氏はどこ吹く風。かつて米国の強さの源泉を論じて、「戦争の人件費。イラクで自衛隊員が亡くなると一億円の弔慰金が必要だが、米国では一〇〇万円以下だ」と、うらやましがって言ってのけた男である（『中央公論』二〇〇四年四月号から要約）。

選民意識の塊どもによって構想されていく日本の〝未来〟。人でなしの島にされたくなければ、ゆめゆめ警戒を怠るなかれ。

▼一九二三年生まれの国際政治学者。ニクソン、フォードの両政権で国家安全保障担当の大統領補佐官や国務長官などを歴任した。日本は安保条約や米軍の駐留で抑え込んでおかないと必ず軍国主義を復活させると断じた「瓶のフタ」論が有名で、だからこそ読売のインタビューは、とりわけ安倍政権にとって大きな意味を帯びた。つまり、〝もう軍事大国になっても許してやる。世界の脅威となって米国を煩わせることもないだろう〟と認めていただいたということだ。

◉2015.01.21 紅白歌合戦で感じた胸騒ぎ

♪あっぱれ　あっぱれ　あっぱれ　幸《さき》はふ国よ～

と、大晦日の紅白歌合戦で坂本冬美が歌った時から[1]、胸騒ぎはしていた。新年は旧年にもまして自己礼賛に明け暮れる日本になるのだろうな、と。

「日本が戦ってくれて感謝しています」とか「世界から嫌われる中国と韓国　感謝される日本」といった、いわゆる〝愛国ポルノ〟[2]が氾濫するようになってかなり経つ。おかげですっかり書店から足が遠のいていたのだが、二〇一五年は新たなフェーズに突入したらしい。

『文藝春秋』二月新春号の特集「素晴らしき高度成長時代」には、深いため息を余儀なくされた。気持ちはわかる。展望のない時代に、せめて自国の歴史を誇りたい、未来に夢を紡げた頃に思いを馳せたいというのは、それはそれで人間の自然な感情だ。

だが、かつての〝国民雑誌〟が高度成長を論じて、公害も乱開発もベトナム戦争も度外視のノーテンキでは低次元に過ぎないか。誌面に漂う空気感は二〇〇〇年代半ばにヒットしたNHK「プロジェクトX」や、映画「ALWAYS　三丁目の夕日」風のノスタルジーとも微妙に違っていた。

はたして文春の同じ号には、財界三団体のトップらが言いたい放題の大特集も。さすがに全国の中小企業経営者との直接対話を旨とする日本商工会議所の三村明夫会頭だけは、他の二人のような身勝手な主張だけに終始はしていないものの、中小零細の事業者には致命傷になる消費税再増税やTPPについては、ほんの数行で済ませていた。

それはもちろん、筆者のように何事も悲観的な態度ばかりが主流でも困るけれど、だからといってポジティブ・シンキング一色というのはいかがなものか。

少子化の下で次の高度成長を目指せば、軍事力の後ろ盾と外需の獲得を一体化させた帝国主義的な国家運営が必定だ。とすれば侵略戦争も原発事故も、権力や巨大資本に都合の悪いことは何もなかったことにしてしまう安倍晋三政治の神髄と、草の根に広がる「素晴らしき日本」という自己礼賛ムーブメントは表裏一体だと言って過言でない。

「週刊ポスト」の一月一六・二三日合併号にも、作家の曽野綾子氏による、凄まじいご託宣が載っていた。

〈あの戦争は私の人生にとってかけがえのない「おもしろい経験」でした〉というのである。[3]

マスターベーションは公衆の面前でするものではない。いい年をして言ってよいことと悪いことの区別もできない個性を「恥知らず」という。二〇一五年など今月限りで終わってほしい。

▼1　たかたかし作詞・杉本眞人作曲『男の火祭り』。歌詞の冒頭はこうである。

♪日本の男は　身を粉にして働いて
山に海に生きてきた
女は嫁いで　男に寄り添って
留守を守って　暮らしてた

▼2　だって恥ずかしいし、みっともないし、いたたまれなくなるではないですか。

▼3　曽野氏は本稿で引用した文章の後に、〈そう言うと不謹慎だと言う人もいるのでしょうが、私は実に多くのことを戦争から学びましたから〉と続けていた。彼女の趣旨全体は原文を読んでもらうしかないとして、ここではもう少し、エッセンスを紹介したい。勤労動員について、
〈今のご時世なら、「子供を軍需工場で働かせるなんてとんでもない」となるのかもしれませんが、そこで私が思ったのは、「私にも女工さんが務まるんだ」という一種の満足感でした。〉
　何度もアウシュビッツを見学したとかで、
〈あそこが幸せな場所だったとは誰も思いません。それでも収容所の中では、瞬間的にユダヤ人たちが笑ったり、歌を歌ったりしたこともあったと記録されています。〉
　などとも書かれていた。そうお思いになるならご自分がガス室に入れられてみれば？　などという短絡的な反応を、どうしてもしたくなってしまう。どうした加減が、なるほど世の中にはこういう人も間違いなく存在する、しかも指導的な立場だったり、大衆の人気を集める立場にいたりする場合が少なくない――と考えると、時に絶望的な気持ちになることがある。あまり語りたくもない話だが。

◉2015.02.04 テロリストに口実を与えた安倍政権

何よりも後藤健二さんと湯川遥菜さんのご冥福をお祈り申し上げたい。その上での話だが――。

日本の政府の何もかもを責める気はない。アンマンからの中継で見た中山泰秀・外務副大臣の憔悴《しょうすい》した表情も本物だったと信じたい。

だが、たとえば現時点で、米軍が「イスラム国」支配地域の急襲を決めたらどうなるか。捕らわれの米国人女性救出にとどまらず、二人の日本人の弔い合戦じみた演出がなされた場合、それでも安倍首相は「後方支援はない」と言い続けるだろうか。

許せぬのはあの男の中東歴訪だ。湯川さんは昨年八月、後藤さんも連絡が途絶えた一一月には、拘束の事実が政府にも分かっていた。にもかかわらず、交渉の糸口もつかめていない状態で、首相はあえて現地に飛び、「イスラム国」の脅威を食い止めると強調して二億ドルの拠出を表明。後藤さん拘束が明らかになるや、わざわざイスラエル国旗の前で「テロとの戦い」を宣言してみせた。

そこまでの経緯もある。この一月だけでも安倍政権は、武器輸出相手国への資金援助方針をはじめ、攻撃型兵器の充実、沖縄・辺野古の米軍新基地建設作業の再開、アフリカ・ジブチの自衛隊拠点拡大検討などを次々に打ち出していた。

もちろん集団的自衛権の行使容認も、憲法改正への妄執も、米国とともにある戦時体制構築以外の何物でもない。テロリストたちにとっては格好の「口実」になる材料の、まるっきり大安売りだった。

今国会には国家安全保障に関わる法案が目白押しだ。二日の参院予算委員会で首相はまたしても「積極的平和主義」を絶叫し、今回のような事態に自衛隊を派兵できる法整備を掲げた。「テロ対策」の大義名分は、これまで以上の言論統制と監視社会化を進めていく。火事場泥棒もきわまれり、だ。

「テロに屈しない」のは当然。だけれども日本と中東のイスラムの間には、欧米とは異なる関係史が存在し、少し前までは、かなりうまくやっていた。なのに白人さまの家来然とノコノコ出張っていくから、よけいに憎まれる。日本人を殺す分には、白人を殺すほどには反撃されまい、などというソロバン勘定も働かされる。

この期に及んで巷には、後藤さんの母親が記者会見で原発の九条のと言い出したぜ、と嘲笑したがる人でなしがあふれている。もはや手遅れかもしれないが、ともかくも軽佻《けいちょう》浮薄を絵に描いたようなボンボン総理を辞めさせなければ、今度こそ戦争になだれ込まされてしまう。

▼後藤、湯川の両氏はシリアのアレッポでイスラム過激派組織「ＩＳ」（イスラム国）と見られる武装集団に拘束され、殺害された模様である。遺体が発見されたわけではないが、この年の一月に湯川氏を殺したというメッセージが後藤氏の朗読でネット上に流され、二月には後藤氏への凶行と見られる映像が、これもネット上に投稿された。いずれも信憑性を疑う理由はないとされている。

◉2015.02.18
「戦後以来の大改革」で語られなかったホンネ

「戦後以来の大改革」を、と安倍晋三首相は力説した。二月一二日の施政方針演説▼。だから、「ひるむことなく、改革を進めなければならない」と。

――その割には具体的な政策の新味がないよね。

政治ジャーナリストの鈴木哲夫さんに言われてハッとした。なるほど、とすれば〝戦後以来の大改革〟とは、演説での言及をあえて避けたか流したかした部分を指しているのではないか。すなわち集団的自衛権の行使容認だ。戦後七〇年目の首相談話であり、憲法改正である――というのも確かだけれど、筆者の目には、〝大改革〟とやらの射程が、さらにその先の彼方に向かっているようにみえてしまう。

一月の本欄で、日本の戦争観が戦勝国のそれに近づいていると指摘した。だが国連憲章には今なお敵国条項が残る。敗戦国はどこまでも敗戦国として扱われるのが現実だ。

ところが施政方針演説の数日前には、自衛隊に米軍以外の他国軍隊も後方支援させられるよう、政府が周辺事態法・改正案を検討中、との報道があった。いわゆる「積極的平和主義」の真意も含め、安倍首相は単に米国に従属した〝衛星プチ（ポチ？）帝国〟を目指しているだけではない。〝対テロ戦争〟の〝有志連合〟に深く組み込まれ、国連を支配する旧連合国群のパシリ帝国になりおおせて、日本国民の内面まで戦勝国の価値観に染め上げていくハラなのではあるまいか。

ああ、私たちはいつまで、こんなことを繰り返させられなければならないのだろう。まるでゴールのないマラソンだ。

衛星プチ帝国でもパシリ帝国でも、彼らの価値観の中に身を置く限り、私たちの心は絶えず屈辱とうしろめたさに引き裂かれ続ける。屈辱にまみれたコンプレックスから抜け出そうとすれば、またぞろ世界一の軍事大国への妄想に取りつかれよう。

もう、よさないか。日本は狭い。地震ばかり起こるくせに地下資源もない。おまけに少子高齢化だ。大国ぶりっ子でいられる要素など、これっぽっちもありはしないのだ。

保守的な伝統論者は、すぐに悠久の歴史を持ちだして自国を称えたがる。だったらもう少し賢く、いつまでもチンピラ然と乱暴な欧米列強のサル真似などしていないで、日本独自の、「和尚《おしょう》様」のような国づくりに歩み始めるという道は考えられないか。

世界中のつらくて苦しい人々が、救いを求めて集まってくるような。それでこそ本物の「積極的平和主義」だと思うものである。

▼この時の施政方針演説で、安倍首相はこうも語っていた。

「明治国家の礎を築いた岩倉具視は、近代化が進んだ欧米列強の姿を目の当たりにした後、このように述べています。『日本は小さい国かもしれないが、国民みんなが心を一つにして、国力を盛んにするならば、世界で活躍する国になることも決して困難ではない』。

明治の日本人に出来て、今の日本人に出来ない訳はありません。今こそ、国民と共に、この道を、前に向かって、再び歩み出す時です」

安倍政権の目指すものは明治の再現。すなわち大日本帝国の〝夢〟よもう一度、なのである。

◉2015.03.04 人間には言ってよいこととといけないことがある

〝アパルトヘイト擁護発言〟▼の作家・曽野綾子さんが、激しい攻撃にさらされ続けている。「差別ではなく区別だ」との弁明はいかにも苦しい。かねて他人を見下しきった彼女の言辞を批判してきた筆者には「わが意を得たり」の感もなくはないものの、駐日南アフリカ共和国大使からの抗議がなければ、例によって何の問題にもされなかったに違いないと思うと複雑だ。

曽野氏は正月明けの『週刊ポスト』でも、〈あの戦争は私の人生にとってかけがえのない「おもしろい経験」でした〉と書いていた。理由は大きく二つ。疎開先の軍需工場で働いて満足感を得られたことと、あのアウシュビッツに収容されたユダヤ人たちだって、〈笑ったり、歌を歌ったりしたこともあったと記録されています〉からだそう。

人間には言ってよいことといけないことがある。思想信条のはるか以前の約束事が、曽野氏にはわからない。それゆえに日下の日本では彼女の本が飛ぶように売れ、名の知れた大出版社が垂れ流して恥じもしない地獄絵図。

一〇年近く前の渡部昇一氏と日下公人氏の対談記事を思い出す(『Voice』二〇〇六年三月号)。曽野氏と同様、〝保守の論客〟などともてはやされることの多い彼らの言葉には、吐き気さえ催した。

渡部「左翼は完全に負けたにもかかわらず社会のあら探しをして、アメリカのブッシュ政権に文句をつけたり、金持ちと貧乏人が増えて中流が減っている、二極化しているなどと不安を煽《あお》っている。まことに盗っ人猛々しい」

日下「下流は基本的にその日暮らしです。中流から見ると、モラルがないとなる。ただし上流から見ると、彼らは忠誠を尽くす人々です。天皇や国王が大好きで、声を掛けてくれたら喜んで死ぬ。そういう動物的なところがあります」

知性と嗜《たしな》みの欠落した〝神様の視座〟とでも言うべきか。こんなものを面白がった編集者や読者、特に問題視もせずに済ませた日本社会の全体が、彼ら支配層をとことんつけ上がらせてきた。

はたして独裁者然と戦時体制の構築に突っ走る安倍晋三首相は、その一方で、質問に立った野党議員に「日教組！」うんぬんの幼稚きわまる野次を飛ばしてみせた。つくづく呆れる。撤回しようがすまいが同じことだ。

曽野綾子さんをめぐる騒動を、せめてキッカケにしよう。あの連中に破壊されてしまった人間らしい営みを、少しずつでも取り戻していくための。

▼曽野氏はこの年二月一一日付の「産経新聞」で、少子化が進んで労働移民を認める場合は、として唐突に南アの話題を持ちだした。白人だけが暮らしていたヨハネスブルクのマンションに、〈人種差別の廃止以来、黒人も住むようになった。ところがこの共同生活は間もなく破綻した〉。黒人は大家族が多くて水不足に陥り、いつでも水栓から水が出ない建物になってしまって、白人たちは逃げ出していった、だから外国人とは居住区を分けた方がいいという。

たとえ話にしても無理がある。南アの悲惨な歴史を嘲笑したような表現に、駐日南ア大使は、「アパルトヘイトを許容し、美化した。行き過ぎた、恥ずべき提案だ」と抗議した。

◉ 2015.03.18 〝選ばれし者〟の勘違い

現代の日本社会における〝曽野綾子〟的なるものを、もう少し考えたい。[1]

かの〝アパルトヘイト擁護発言〟でにわかに注目された彼女が、あの戦争を〈「おもしろい経験」でした〉とも回顧している事実がある。やはり〝保守の論客〟といわれる日下公人氏の〈(下流の人間は) 天皇や国王が大好きで、声を掛けてくれたら喜んで死ぬ。そういう動物的なところがあります〉という九年前の発言も、前回で紹介した。

ちなみに日下氏は、曽野氏を一九九五年に日本船舶振興会 (現・白本財団) の会長に就任させた仕掛け人だ。他人の人生をとことん軽んじる彼らのような心性は、生まれ育ちだけでは説明できない。

かつて石原慎太郎氏について書いた際、筆者はつくづく思い知った。王侯貴族の末裔が世界一ワガママな幼少期を過ごしても、逆に、この世の辛酸をなめつくしたとしても、ああまで思い上がった人物はそれだけでは生まれない。石原は石原だから石原なのだった。

わかりきっていながら、曽野氏の自伝に手を伸ばしてしまう自分が恨めしい。『この世に恋して』(ワック、二〇一二年)。八〇いくつにもなって、いったいどういう生き方をしてきたらこんな人間になるのだろうという関心に抗えなかった。

それによれば、はたして彼女はデビュー当時から、〝お嬢さま作家〟と呼ばれていたという。けれども父親の母親に対する暴力もすさまじかったらしい。長じて曽野氏は両親を離婚させ、いずれ相続できる田園調布の邸宅を、父親からわざわざ時価で買い取ったのだという。

四〇歳代で全連載の中止に追い込まれた眼病。取材や日本人宣教師の支援で通ったアフリカでは、貧困の窮みを見聞した。

代々の大金持ち。主要都市の中で唯一、米軍の空襲を受けなかった金沢市に疎開していた〝偶然〟。戦前の大作家・中河与一氏（左翼的な作家のリストを特高警察に渡した疑惑でも知られる）[2]の同人に高校二年生で参加させてもらえた親のコネ……等々はあっても、曽野氏は曽野氏なりの苦労を重ねていたのである。

問題は、彼女がそれで、この世の何もかもを知ったつもりになっていることではないか。単なる世間知らずの方がはるかにマシで、あろうことか昨今の日本のいわゆる指導者層には、この手の勘違い人間が多すぎる。

典型が安倍晋三氏だ。〝偉大な祖父〟を乗り越えよウンヌンの妄想をガキの頃から有象無象に吹き込まれ、大日本帝国の〝再興〟を夢見るに至った狂気を、本人はおそらく〝選ばれた男の宿命〟とでも思い込んでいるに相違ない。こんな手合いの道連れにされてたまるものか。

▼1　己を神様の高みに置いては他者をあげつらう曽野氏の毒はとどまるところを知らない。二〇一六年に入っても、近頃の高齢者は生きることに固執してドクターヘリまで使う、利己的で若い世代に迷惑をかけているとして、「人間には適当な時に死ぬ義務がある」とも語った。例によって八四歳の彼女自身は例外扱いである（『週刊ポスト』二〇一六年二月一二日号など）。
▼2　ブラック・リスト事件という。戦後になって流布された噂で、中河本人は否定しているが、彼には疑われるだけの背景もあった。戦時中は内務省警保局の主導で発行されていた『文芸世紀』の主筆を務めていたのである。

◉2015.04.01
消費税批判は人間の魂の叫びだ

「民間税制調査会」の二回目の研究会が先週二二日、青山学院大学で開かれた。

〈主権者としての国民の立場から〉の情報提供と提言で、〈公平・公正な税制の実現を目指したい〉（設立宣言から）とうたう試みだが、二月の設立集会とは一転して、今回はマスコミに黙殺された。

案の定と言うべきか、テーマは「消費税」だった。アイマイに済まされては困るので報告しよう。

基調報告は財務省出身の志賀櫻弁護士。消費税率一〇％への再引き上げ、インボイス方式の導入、マイナンバー制との連動など六つの論点が語られた。「逆進性対策としての社会保障給付」を重視するという以外は、声高な財政危機論をはじめ、財務省の主張をより強硬にした印象ばかりが残った。

座長の三木義一・青学大教授（租税法）は、もともと消費税に懐疑的だったが、近頃は「悩んでいる」と言う。弱者がより多くを負担する特性は遺憾でも、「危機的な財政状況ではやむを得ない」と考え始めたそうだ。

峰崎直樹・元財務副大臣や田中秀明・明治大教授（公共政策）らの発言の後は質疑応答に。民間企業の経理畑ＯＢが、「財政危機を論じるのに、なぜ一般会計のデータだけで、特別会計や独立行政法人の財務状況は示されないのか」と尋ねた。それらを含めた全体では必ずしも財政危機とは言えなくなるからだが、志賀氏の回答は「（一般会計だけの方が）理解しやすい」。

筆者はかねて本欄で述べてきたような、転嫁の問題をただした。「取引先との関係で弱い事業者は、帳簿上は転嫁できた形でも、その分の値引きを強いられる。市場競争の下ではそうなるしかないのだが、どう考えるか」と。

これには皆さん、「実態がよくわからない」のだとか。わからない税制が基幹税？　増税バンザイ一色のマスコミが報じなかったのは、この発言と、パネリストたちが軒並み軽減税率の導入に否定的だったためだろう。中小零細の事業者は破滅に追い込んでも、ウチだけは勘弁してネ、と安倍政権にスリ寄りまくる新聞業界らしい行動原理だ。

会場からは仙谷由人・元官房長官の発言もあったが負担増で潰される中小零細事業者をあからさまに軽んじていた。

気になったのは、彼と同様の意識を主催者側も共有しているように見受けられたことだ。民間税調は、「民主党の別動隊」「財務省のサポーター」などとする悪評の適否を、筆者も見極めていきたい。消費税批判はイデオロギーなどでは断じてない。人間の魂の叫びである。▼

▼ **2012.05.30** の項も参照されたい。

◉2015.04.15 プラス思考の恐ろしさ

政策の欠陥をあげつらうだけでは何も始まらない。批判したければ対案を出せ、対案を――。

近年とみに目立ってきた論法に一理もないとは思わない。けれども、たとえば「読売新聞」（七日付朝刊）社説のような主張には、どうしても引っかかる。沖縄・辺野古での米海兵隊新基地建設をめぐり菅義偉官房長官と会談し、政府を批判した翁長雄志県知事を難じて、〈（海兵隊の）移設が実現しない限り、普天間飛行場の危険な現状が継続する。沖縄県内にも一定の容認論がある辺野古移設を追求することこそが「政治」の役割ではないか〉と。

普天間も他の米軍基地も、元はといえば「銃剣とブルドーザー」による強制接収で奪われた土地だと訴えた知事をとことん軽んじた。これでは「過去の経緯など何もなかったことにしろ」と吐き捨てたのにも等しい。

対案もいい。前向きの姿勢も結構だが、それらは実際に被害を受けた側の自主性に委ねられるべき発想であるはずだ。新聞ごときが説教できる筋合いではないのである。

議論の大前提は理不尽さに対する共通認識だ。加害者側に過去を直視する覚悟が伴わなければ、前進は永久にあり得ない。読売の社説は、国家権力は万能、地方は絶対服従だという驕慢《きょうまん》以外の何物でもありはしない。

こだわるようだが、前回で取り上げた「民間税制調査会」にも、よく似たにおいを感じた。座長の三木義一・青山学院大教授（租税法）は、消費税増税に反対する筆者のような立場を、「被害者意識にとらわれ過ぎ」だと指摘する。そういう側面がゼロではないとも我ながら思う。とはいえ、では政権の、あるいは民間税調の誰が、市場競争の下では取引先との関係で弱い事業者は販売価格に消費税分の実質的な転嫁などできっこなく、ということはより多くの負担を強いられる実態と向き合ってくれるというのか。

誰もが見て見ぬふりだ。中央政府の沖縄観と同質の、中小零細の事業者や自営業に対する蔑視ばかりがあふれる中で、せめて当事者自身やジャーナリズムが声を上げ続けなければ、またしても何もなかったことにされ、物言わぬ犠牲者にされるのが明々白々ではないか。

中小零細や自営業は自然に淘汰されるのではない。消費税増税によって意識的に潰されていくのだ。マイナス思考はカッコ悪いことにされがちだ。だが逆に、プラス思考ほど恐ろしいものはないのだと、私たちはよくよく承知しておくべきである。

▼サンフランシスコ講和条約発効後、沖縄を統治していたＵＳＣＡＲ（琉球列島米国民政府）は当初、賃貸借契約によって軍用地を継続使用しようとしたが失敗。そこで一九五三年に「土地収用令」を公布し、真和志村（現那覇市）銘刈・具志、宜野湾村（現宜野湾市）伊佐浜、伊江村真謝などの各地で強制的な土地接収を強行した。武器を持たずに抵抗する住民に対し、米軍兵士は銃剣を突き付け、ブルドーザーで家屋を押しつぶし、耕作地を敷きならしていった。

2015.04.29
◉私は安倍首相よりは愛国者の部類に入る

いわゆる憂国の士を気取ったり、他人に愛国心を強要する人間が嫌いだ。けれども、少なくとも自分は、この男よりは愛国者の部類に属することになるのかなあと思った。

言うまでもない。安倍晋三首相のことである。

なにしろ酷い。四月二〇日付の本紙が「何でもカンでも売り渡す」と書いていたが、その通りだ。訪米を前に、米国の求める以上に媚《こ》びへつらい、シッポを振りまくった。

沖縄県の翁長雄志知事との会談で、とことん地元を踏みつける姿勢をアピールした。オバマ大統領に「県民が（辺野古新基地計画に）明確に反対していると伝えてほしい」、との要請に返事もしない。冒頭発言の順番を勝手に入れ替え、後回しにされた知事が話している途中で報道陣を退室させた。全国紙やテレビはまったく伝えていない内幕だから、ご存じない読者が多かったのではないか。

難航と報じられているTPP交渉も、その実、コメだけの問題であるかのように矮小《わいしょう》化された。これは労働や医療、その他のあらゆる分野で、グローバル資本が〝非関税障壁〟と受け止める社会制度は許されない、とされかねない協定なのに。

拙著『子宮頸がんワクチン事件』でも触れたのだが、TPPが締結されれば、たとえば、ああした輸入ワクチンによる副作用問題で、被害者に配慮した政策を採ろうものなら、世界銀行（もちろん米国主導）の下にある国際投資紛争解決センターに提訴される可能性がある。被害者団体の結成や、彼女たちの苦悩や憤りに共感する報道さえも、無事でいられるかどうか。

何から何まで売り飛ばす安倍首相が目指しているのは、ただひとつ。先のバンドン会議で演説した、過去の侵略の事実を曖昧に、断じて「お詫び」を口にしない国家運営のあり方を、米国に認めていただくことだ。

要は「お爺ちゃんたちは悪くないもん！」という、支配者一族の自己陶酔。ということは大日本帝国も再現したい、ただしそのためには米国のお許しがないと、そもそも自分の地位が危ういのはわかりきっている。ですから大日本帝国復活の暁には第一に米国のお役に立ちますぜ、白人さまの侵略にはどこまでもついていきます下駄の雪、とこうなるわけだ。

その安倍首相がボストン入りした。あとはオバマとの会談、米日共同声明までの間に、先様の中に「あんたの思い通りにしてたら世界中の笑いものだ」と叱りつけてくれる神様が現れる奇跡を祈るしかないのだろうか。

▼ＴＰＰが締結されれば、ＩＳＤ条項（Investor State Dispute Settlement＝投資家対国家間の紛争解決条項」もついてくる。これは多国間における企業と政府との賠償を求める紛争の方法を定めた条項で、企業や投資家が進出先の規制等で損害を被った場合に、本文中にもある「国際投資紛争解決センター」に提訴できるというもの。米国企業はこれまでも、自由貿易協定（ＦＴＡ）を結んだ相手国に巨額の賠償金を求める事例を多発させてきた。
つまり多国籍企業のビジネスを容易にしない国民保護はご法度になる。医療の分野だけでなく、たとえば遺伝子組み換え食品に表示義務を課すことも許されなくなりかねない。

2015.05.20

◉許せない安倍首相の〝レッテル貼り〟

首相＝与党の言動には許せぬ思いばかりを強いられているが、このところのひとつ覚えには、特に腸《はらわた》が煮えくり返っている。例の「レッテル貼り」という常套句だ。

集団的自衛権の行使容認から導かれた一連の法案を「戦争法案」と呼んだ福島瑞穂議員の国会発言には、それを理由に議事録からの削除を要求した。オバマ大統領との共同会見でも、米国の軍事行動への積極的協力に対する批判を〝レッテル〟うんぬんで一括り。「日本が戦争に巻き込まれるなどあり得ない」と吹きまくってくれた。

ふざけるのもいいかげんにしてもらおう。一般論としてはもちろん、多面的で深遠な人格なり思想なりを、単純なステレオタイプに押し込める決めつけは慎むべきである。だが安倍氏は、認めたくもないが、少なくとも形の上ではこの国の最高権力者だ。そのような人物が、まだ国会に提出されてもいないうちから、それこそ一方的に外国の議会で「夏までに成立させる」と〝国際公約〟してしまった法案の数々を、それで動かされる国民の側や野党が論評することの、何が〝レッテル貼り〟であるものか。

安倍首相は後藤健二さんと湯川遥菜さんが拘束された事実が把握されていた段階でわざわざ中東に飛び、いわゆるイスラム国の脅威を食い止めると叫んで巨額資金の拠出を表明。あまつさえイスラエル国旗の前で「テロとの戦い」を宣言し、あえて二人を〝殺させた〟。

反帝国主義・反植民地主義を掲げるバンドン会議の場でさえも、断じて侵略の責任やお詫びを口にしない。そんな詭弁《きべん》野郎を信用できる方がどうかしている。

〝レッテル貼り〟を繰り返しているのは、むしろ安倍氏本人や取り巻き連ではないか。閣僚の不正献金疑惑に対する野党の追及に、「日教組」の野次。アンチ安倍と見れば〝サヨク〟の大合唱で襲いかかるシンパたち。「積極的平和主義」だの「国際平和支援法案」だののイカサマコピーに至っては、「平和」の意味をねじ曲げた日本語の冒瀆《ぼうとく》以外の何物でもない。

なまじ知性的な人、深く物事を考える人ほど、批判する相手に〝レッテル貼り〟などと返されると、ついつい躊躇《ちゅうちょ》してしまいがち。だが、こと安倍首相に対する限り、遠慮する必要などゼロである。こんなものに人生を左右させられてしまうことだけはないよう、また日本語を破壊されてしまわないように、できることは何でもやっておかないと、殺させられ、殺されてからでは、後悔もできなくなる。

2015.06.03
◉安倍首相への引退勧告

安倍晋三首相が安全保障関連法案に関する衆院特別委員会で、民主党の辻元清美議員に「早く質問しろよ」とヤジを飛ばした顚末は周知の通り。首相は先月二八日の当日に続いて、一日の特別委でも謝罪を余儀なくされていた。

彼は二月の衆院予算委でも、閣僚の不正献金をただした議員に無意味なちゃちゃを入れて批判され、陳謝している。およそ低次元な振る舞いに、「政治家、総理大臣以前に人としていかがなものか」と呆れてみせたのは、民主党の枝野幸男幹事長だ。

まったく同感だが、ちょっと待った。首相に繰り返し頭を下げさせたのは結構でも、それだけで済ませてよい問題か。

これほど幼稚で浅薄な総理大臣は、古今東西、世界史上でも前例を見つけるのは難しい。人間の資格まで疑われる人物に国の将来が委ねられ、戦争のフリーハンドまで与えられるなんてことがあってたまるか。枝野氏にもまた、ああまで言ったからには、あの男を不似合いな地位から引きずりおろす義務がある。

安倍首相はあまりに軽々しい。不誠実で傲慢《ごうまん》で、無知蒙昧《もうまい》のチンピラだ。ポツダム宣言の中身も知らずに戦後レジームの憲法改正のと、よくぞぬかしてくれた。

政治学者の山口二郎氏が東京新聞のコラムで書いていた。シベリア抑留から帰還した詩人の、〝実戦経験がないことに劣等感を抱いている少年兵ほど嫌なものはない、彼らは犬を撃つ程度の衝動で発砲する〟

と述べたエッセーを引き、〈安倍晋三を評するに、これ以上の言葉はないと思う。（中略）劣等感を持つのは安倍首相の勝手だが、国民を道連れにするなと言いたい〉と。

これまた同感。実際、カラッポ頭には他人の尊厳に対してカケラほどの敬意も払うことができない。先月末の産業競争力会議課題別会合でも、「ＩＴの利活用を阻害してきた規制を徹底的に見直す」「一〇月から始まる〝マイナンバー〟の利用範囲を税や社会保障から、戸籍、パスポート、証券分野まで拡大する」と発言。国民総背番号体制で人間を骨の髄まで監視し、家畜化したい支配欲をあからさまにしてみせた。安倍首相は単なる大金持ちのボンボンだ。もちろん総理の器などでは絶対にない。いずれ確実に国を滅ぼす。

ご本人に伝えたい。他人に愛国心を強要する前に、ご自身の愛国心を示すのが先ではないか。「人としてどうか」とまで言われたのだ。国民のため、日本のために、潔く表舞台から姿を消しなさい。

▼この年の五月に行われた党首討論の、志位和夫・日本共産党委員長とのやり取りで——。

——ポツダム宣言は日本の戦争について第六項と第八項で、間違った戦争だったという認識を明確にしております。総理はポツダム宣言の認識をお認めにならないのですか？

「私はまだその部分をつまびらかに読んでおりませんので、承知はしておりませんから今ここでただちにそれに対して論評することは差し控えたいと思いますが、いずれにせよですね、まさに先の大戦の痛切な反省によって今日の歩みがあるわけでありまして、我々はそのことは忘れてはならないと思います」

改めて指摘するまでもなく、ポツダム宣言とは一九四五年七月に米英中三カ国によって大日本帝国が突き付けられた無条件降伏を求める文書のことである。日本はこれを受諾して太平洋戦争は終結した。全文は一三項から成っているが、ここでは志位氏が持ちだした二つの条文を示しておく。

六、吾等ハ無責任ナル軍国主義カ世界ヨリ駆逐セラルルニ至ル迄ハ平和、安全及正義ノ新秩序カ生シ得サルコトヲ主張スルモノナルヲ以テ日本国国民ヲ欺瞞シ之ヲシテ世界征服ノ挙ニ出ツルノ過誤ヲ犯サシメタル者ノ権力及勢力ハ永久ニ除去セラレサルヘカラス

八、「カイロ」宣言ノ条項ハ履行セラルヘク又日本国ノ主権ハ本州、北海道、九州及四国並ニ吾等ノ決定スル諸小島ニ局限セラルヘシ（出典：外務省編『日本外交年表並主要文書』下巻、一九六六年刊）

カイロ宣言は前々年の一九四三年に米英中の間で合意された連合国による対日方針の共同声明だ。その内容はポツダム宣言に引き継がれている。

◉2015.06.17 政治利用された大河ドラマに思う

NHKの「土曜スタジオパーク」に、大河ドラマ「花燃ゆ」のヒロイン役を演じる井上真央さんが出演していた。作品の舞台のひとつである山口県下関市からの公開生放送（五月三〇日放映）だった。「花燃ゆ」の低視聴率ぶりは周知の通り。責任を感じた真央ちゃんは、どこへ行っても謝りまくっているという。かわいそうだし、彼女には申し訳ないけれど、これは仕方のない結果かもしれない。

この大河ドラマは政治的に過ぎた。内容の以前に、そもそも吉田松陰の妹・文《ふみ》を主人公に仕立てる発想自体に無理がある。

なぜなら文自身は歴史上に名を残していない。松陰自身が主人公ならまだしもだったろうが、享年二九歳では大河らしい深みに欠ける。ましてや妹では。

ではなぜ、松陰の妹だったのか。この間の報道や関係者の話などを総合すると、初めに安倍晋三首相の地元・山口があり、それを前提にリサーチが始まったというのが定説だ。

しかも松陰は、単に明治維新の精神的・理論的支柱だっただけでもない。あえて単純に評すれば、大日本帝国という思想の源流となる人物だった。作家・井出孫六の松陰論▼が興味深い。

〈松陰の思い描いた誇大妄想ともいえるこの国の未来像が、維新以後、彼に畏服する後進たちによって輿《よ》論《ろん》化され、青写真が徐々に現実のものになっていく〉〈北海道開拓使の設置、台湾征討、琉球処分と、ことは頓々拍子に進展する。征韓論は意外な混乱をまねきはしたものの、「艦略ぼ具はり礟《ほう》略ぼ足」りるのを待って日清戦争が始まり、日韓併合へ青写真ができる。〈中略〉三国干渉を挺子《てこ》として日露戦争を始めてみれば、南樺太はかんたんに領有でき、満州に利権が生まれる〉（『石橋湛山と小国主義』岩波ブックレット、二〇〇〇年）。

松陰が主宰した松下村塾が、今月末にもユネスコの世界文化遺産に登録されるという「明治日本の産業革命遺産」二三カ所のひとつに、なぜか名を連ねている事実を想起されたい。富国強兵・殖産興業といえば聞こえはよいが、要は大日本帝国の過去を安倍政権が正当化するために仕組んだ劇場政治における、「花燃ゆ」もまた、サブリミナル戦略の一環ではなかったか。

大河ドラマも半世紀以上の歴史を歩んできた。〝歴女〟ブームを意識して、女性を主人公に据えるのが近年のパターンだ。歴史の物語化にはさまざまな弊害がつきまとうのが常だけれども、こうまで歴史修正主義者に利用されるようになってしまえば、もういけない。継続の是非が論じられるべき時期のようである。

▼井出氏の言う松陰の〝誇大妄想〟とは、彼のたとえば次のような主張のことである。
〈今、急に武備を修め、艦略《ほ》ぼ具《そな》はり礟略《ほうほ》ぼ足らば、則ち宣しく蝦夷を開墾して諸侯を封建し、間《すき》に乗じて加模察加《カムサッカ》、隩都加《オロッコ》を奪ひ、琉球に諭し、朝覲会同《ちょうきんかいどう》すること内諸侯と比しからしめ、朝鮮を責めて質を納《い》れ貢を奉ること古の盛時（引用者注：三韓征伐）の如くならしめ、北は満州の地を割き、南は台湾、呂栄《ルソン》の諸島を収め、漸《ぜん》に進取の勢を示すべし。〉（『幽囚録』）

◉2015.07.01
知性が根絶やしにされる

自民党言論封殺会議の騒動には開いた口がふさがらない。こうまで低次元で頭の悪いゲス野郎どもが、よくもまあ偉そうに、国が国民がとほざいてくれるものだ。

――という話はあちこちで書かれているので省略。本稿では安倍晋三政権が、報道の自由どころか日本国民の知性そのものを根絶やしにしようとしている実態を伝えたい。

文部科学省はさる八日、全国八六の国立大学法人に、教員養成系と人文社会学系の学部・大学院の廃止か〝社会的要請の高い分野〟への転換を求める通知を出した。一八歳人口の減少や人材需要、国立大学の役割等を踏まえた組織再編を急げという。

具体的には文学や哲学、論理学、史学、教育社会学といった領域への風当たりが強い。国の経済成長に寄与しないと判断されただけでなく、現実世界を深く多面的に考察する結果、権力に批判的な思考や精神の源になる点が憎まれている。

一方でカネの匂いのする領域は拡充強化の一途。予算や人事のアメとムチによる誘導も露骨だ。大学側はどう対峙《たいじ》するか。知の森としての大学の意義を殺され、どこまでも企業の下請けに堕させられる愚挙に抗えもしないなら、そんなものはすでに大学ではないと筆者は考えるが、今のところは京都大学の総長が通知に否定的な見解を示した程度である。▼

安倍政権の人間支配への欲望は尋常でない。内閣府に設置されている「日本学術会議」の経済学分野における「参照基準」（体系のスタンダード）の作成過程で、学際的な政治経済学やフェミニスト経済学、マルクス経済学、経済学史等のいわゆる非主流派経済学が排除されかけた事実がある。

当初案では経済学を「合理的選択の科学」とのみ定義して、マクロ経済学とミクロ経済学だけを基礎理論に認定する方向性が打ち出されていたのだ。多くの反対の前に、昨年八月の最終決定までには大幅な修正がなされたものの、グローバル資本主義の立場に沿わない学問の存在など許さないとでも言いたげな政治的思惑は恐ろしすぎる。

なお、この顚末はほとんど報道されていない。関心のある読者には、八木紀一郎ほか編著『経済学と経済教育の未来』（桜井書店、二〇一五年）を薦めよう。

このままでは近い将来、超エリートでない日本人はみんな自民党議員並みのタリラリラ～ンにされてしまう。下村博文文科相がこれも全国立大学に、卒入学式での日の丸と君が代を〝要請〟したのも知性剝奪作戦の一環だ。

▼理系シフト政策の背後にいると言われた日本経団連は、この年の九月に奇妙な声明を発表した。経済界の考え方は文科省の通知とは対極にあり、理系の学生にも人文社会系の教養を、人文社会系の学生には理科系の基礎知識をそれぞれ持ち合わせてほしいと強調したもの。梯子を外された格好の文科省は、人文社会系を軽視してはいないが、通知は「誤解を与える内容だった」とは認めた。ただし肝心の大学側は、岩手、高知、鹿児島など一七大学の学長が抗議声明を出すなどしているものの、総じて弱腰で、同年一〇月に国に提出した「中期目標・中期計画」には、全八六大学のうち、二六の大学・大学院が、人文社会系の見直しを盛り込んだ。

◉2015.07.15 財界は東芝と同じ穴のムジナか

東芝の粉飾決算疑惑（マスコミは〝不適切な会計処理〟で通しているが）は、あまりにも根深いようだ。第三者委員会の調査などで、西田厚聰社長（現相談役）時代の二〇〇九年三月期の段階から営業利益の操作が行われていた可能性があることがわかったという▼（「毎日新聞」一二日付朝刊など）。

すでに田中久雄社長と佐々木則夫副会長（前社長）の引責辞任が確実とみられている。西田時代までさかのぼれば、不正は三代のトップの下で続けられていたことになるわけだ。

彼らはかつて、〝大物〟財界人の誉れも高い人々だった。西田、佐々木の両氏はいずれも経団連の会長候補だったし、疑惑の火の手が上がったインフラ部門を佐々木氏の前に管掌していた岡村正元社長（現相談役）は日本商工会議所の前会頭。なぜかあまり報じられないが、これも重要なポイントではあるまいか。

つまり、同じ穴のムジナはいないのか。東芝だけが問題なのか――。

考えてもみよう。いわゆる小泉純一郎改革が日本中を席巻して以来、巨大企業の専横は目に余る。東芝もまた、金儲けこそ絶対無二の真実であり、手段など選ぶ必要はないとする新自由主義の教義に忠実だったに過ぎない。

巨大企業の利益を公益と混同させる構造改革は、しかも必然的にワイロ政治に直結する。昨年来から今春にかけて、小渕優子経産相（当時）らが次々に閣僚の座を追われた腐敗ぶりを思い出されたい。

二〇一一年度には、安倍晋三首相の海外トップセールスに同行した巨大企業群が、この一年間だけで自民党に合計二億三〇〇〇万円を献金していた。インフラシステム輸出の国策の中心にいる東芝は日立製作所と同額の一四〇〇万円を拠出。それでも五一四〇万円のトヨタ自動車や二〇〇〇万円の住友化学に及ばない。公表された政治資金報告書をもとに、「しんぶん赤旗」が報じていた（一三年五月一七日付）が、特に問題視もされなかった。

新国立競技場の総工費案二五二〇億円も、もちろん利権政治の産物である。ド派手を極めた北京五輪の競技場工費五〇〇億円の五倍以上だ。

巨大企業と安倍政治は今後、ますます社会を汚濁させていくだろう。マイナンバーはIT利権、消費税の軽減税率はマスコミ利権の温床だ。そして安倍政権の悲願としての戦時体制が実現した暁に、〝死の商人〟による日本支配は完成する。

安倍首相のバカの一つ覚え「米国と価値観を共有する国」とは、つまり、そういうことなのだ。

▼東芝は二〇〇九年三月期から一四年四〜一二月期にかけて、税引き前の段階で累計約二二四八億円もの利益を水増ししていた。西田、佐々木、田中の歴代社長だけでなく、取締役の半数が辞任。本稿から四カ月後の一一月には、会社側が三人の元首脳に財務担当だった村岡富美雄元副社長と久保誠元副社長を加えた五人に対して合計三億円の損害賠償を求める訴訟を東京地裁に起こしたが、彼らはその後も社内に居座り続けているという。

損害賠償額も巨額に見えるが、彼らは粉飾で嵩上げした業績をもとに過大な報酬を得ていたので、痛くも痒くもない。要するに誰もまともには責任を取っていないのだ。

2015.07.27

◉卑しく、みっともなく、恥ずかしい国を目指すのか

少し前の朝日新聞に、どの大学も「二〇一八年問題」を控えてブランド戦略に躍起とあった（七月五日付夕刊）。しばらく下げ止まっていた一八歳人口が再び減少に転じるので志願者の確保が至上命令だという。

紹介されたのは、「願書請求しないで」という広告でネット出願を促し、志願者数日本一を勝ち取った近畿大学などの実例だ。仮にも大学を名乗る集団がマーケティングに血道を上げる光景には、うそ寒さばかりを感じる。

イチョウの精の「ヨッチー」（横浜市立大）だの、紫紺のフクロウ「めいじろう」（明治大）だの、幼稚な〝大学ゆるキャラ〟も乱立。まるで保育園だ。

一方では、たとえば防衛省が「レーザーシステムの高性能化」など軍事に活用できる二八分野で大学の研究者に一件当たり最大で年間三〇〇〇万円の助成制度を始めた。かねて抑制されてきた軍学共同体制の解禁である。▼

国立大学の学長は二〇〇四年の独立行政法人化以来、財界人らが関与する「選考会議」文科省に候補者を推挙して決まるのが通例だ。東京大学には三菱グループが一三年度だけで約三億六七〇〇万円を寄付していたとか（『週刊金曜日』五月二九日号）。なるほど三菱総研の理事長に転じた小宮山宏元総長は現在も総長室顧問だし、総長選考会議には佃和夫・三菱重工業元会長の名もあった。

知性の森たるべき領域さえも、政府と財界の言いなりになっていく。このままでは米国に隷属した〝衛星プチ（ポチ？）帝国〟だと筆者は幾度も指摘してきたが、戦争法制をめぐる一連のやり口で、多くの読者にもご理解いただけたのではないか。

この五月には横浜で国内初の海軍兵器の国際展示会が開かれた。昨年四月に従来の三原則が撤廃された大幅な規制緩和の結果だ。武器輸出こそ国是の時代がやってきた。

二月には「開発協力大綱」が閣議決定されている。かつては戦後賠償の意義を強調した「ODA（政府開発援助）大綱」が全面的に変更され、「国益の確保に貢献」と明記され、対象も途上国以外の国や他国軍への活動援助に拡大された。非軍事目的なら、とはしているが、軍事転用される可能性は決して小さくない。

繰り返す。安倍政権が夢見るのは〝衛星プチ（ポチ？）帝国〟だ。世界一卑しく、みっともなく、恥ずかしい国である。〝普通の国〟だって？　米国の何が普通か。そんなものに日本を売り飛ばす政権に〝愛国心〟を説かれる狂気から、一刻も早く抜けだそう。

▼日本の大学は戦時中の反省から、戦後、平和目的の研究のみに従事する姿勢を貫いてきた。ところが近年は軍学共同の動きが加速。二〇一三年末に発表された「防衛計画大綱」で「大学や研究機関との連携の充実により、防衛にも応用可能な民生技術（デュアルユース技術）の積極的な活用に努める」との方針が打ち出され、翌一四年四月には防衛省に大学との共同軍事研究を本格化させる目的で「技術管理班」が新設されている。

◉2015.08.12 屈辱と憤怒だけは忘れてはならない

プロ野球・楽天ゴールデンイーグルスの田代富雄打撃コーチ[1]が七月末に突然、退団した。表向きの理由はどうあれ、真相は三木谷浩史オーナーの現場介入に我慢できなくなったためだそうだ。

『週刊ベースボール』（八月一七日号）によると、たとえば、〈現場とフロントが協議の上、数パターンの打順をオーナーに提出。これにオーナーが手を入れて決めるのだという。さらに試合中にも選手起用に注文を出すらしい〉。

専門誌がここまで書くのは異例だ。一球団のゴシップにとどまらず、今後の球界にマイナスをもたらしかねない事態だと判断したのだろう。

プロたちの誇りをせせら笑う三木谷氏は、一方で、「マイナンバー」制度の狂信的な伝道師でもある。彼が率いる経済団体「新経済連盟」はさる四月、「マイナンバー制度を活用した世界最高水準のＩＴ国家の実現に向けて」なる提言を安倍政権に提出。五月には三木谷氏自身が自民党経済好循環実現委員会のヒアリングで、総額一五〇兆円の経済効果をうたうマイナンバー活用策まで披露している。

人間を番号で一元管理するなどとは本来、神様にだって許されてはならない所業だ。それを、いとも簡単にカネの話に持っていく。彼らのような人々がつかさどる近未来のマイナンバー社会で、下々の人間は大きく二通りのタイプに分かれるのではないか。

〈筋金入りのイエスマン〉〈サラリーマンの鑑〉（『フライデー』八月二一・二八日合併号）

〈権限放棄か〉〈フテ腐れた印象〉〈「どうせオレがやってるんじゃないんだから」という〉（前出『週刊ベースボール』）。

どちらも大久保博元・イーグルス監督に与えられた形容だ。[2] 何者かに支配された人間は通常、いずれかの反応をとる。気の毒にデーブ監督は一個の人格の中で、行きつ戻りつしているかのようだ。腐って自暴自棄に陥った人間は暴れ出し、それがまた口実にされて強権的な警察国家が招かれる。悪循環の予定調和。逃亡できた田代コーチはまだしも幸福だった。イーグルスの試合を見ていればよい観衆と違って、私たちは国民総背番号体制が動かす国に参加していかざるを得ないのだから。

一〇月には政府が私たちに割り振った番号を勝手に通知してくる。もはやどうしようもないのかもしれないが、屈辱と憤怒だけは忘れてはならない。私たちは数字で支配されるために生まれてきたのではないのである。

▼1　一九五四年生まれ。大洋ホエールズ一筋で一六年間プレーした元内野手。通算成績は打率二割六分六厘、一七八本塁打、八六七打点。九一年に引退して以降は、横浜ベイスターズ二軍監督、同一軍監督代行、韓国ＳＫワイバーンズ打撃コーチなどを歴任。一六年からは読売巨人軍の三軍打撃コーチに就任した。

▼2　**2014.11.12**の項の脚注を参照。

◉2015.08.26 監視カメラをつかさどる権力に知性と見識はない

連日連夜、「防犯カメラ」の威力が称えられている。確かに報道による限り、大阪府寝屋川市の二人の中学生が遺体で見つかった事件▼では、容疑者逮捕の決め手になったらしい。

たまたま目にしたＴＢＳのニュース番組でも、気になるやりとりを聞いた。口火を切ったのはタレント教授の齋藤孝氏だ。

「今回は商店街などが設置している防犯カメラの映像を、警察が提供してもらっていた形です。今後は民間の手が届かない場所にも、警察がカメラを取り付けていくべきでは」

安住紳一郎アナ「プライバシーの問題とか、いろいろあっても、ですね」

ビートたけし「うるせえ親父が必要なんです」

記憶に頼った紹介なので、必ずしも正確な引用ではない。「防犯カメラ」が「親父」の代わりになるとも思えないが、ともあれ人々が「防犯カメラ」を頼りたくなるのも、自然の成り行きではある。

だが、ちょっと待った。「防犯カメラ」は犯罪を未然には防止してくれない。どこまでも監視カメラとして片っ端から記録した映像が、寝屋川の事件では、結果的に捜査の役に立ったというだけの話だ。

犯罪の抑止を目指すなら、たとえば交番のお巡りさんの増員によるパトロール強化の方が、ずっと効果的である。まして山田浩二容疑者（当時四五歳）には少年を監禁した前科があり、ストーカー行為の常習者だったともいう。警察がマークしていなかったとしたらどうかしている。

一〇月からは「マイナンバー」という名の国民総背番号制度も始まる。GPSや顔認識システムなどとも連動させれば、監視カメラを運用する側が〝神の目〟を手に入れることとさえ容易な時代。そもそも、何をもって犯罪とするかの判断が私たちに委ねられることはない。決めるのは警察の上層部や、そのまた上の政治権力なのである。

では目下の権力は「神の目」にふさわしい知性と見識の持ち主たちか。否である。彼らのつかさどる監視社会は、あたかも東に昇った太陽が西に沈んでいくかのように、ごく当たり前の展開として、言論や思想の統制に活用されることとなるだろう。

権力は絶対悪だと決めつけたいのではない。一般国民に対しては性悪説で臨みながら、政治や行政には無条件で性善説が適用されかねない状況に我慢がならないのだ。少なくとも今の段階では、監視カメラよりも何よりも、弱い者イジメをグローバルスタンダードと言い換えて恥じない社会のありようを、根底から改めることから始めるしかないのではないか。

▼この年の八月、大阪府高槻市にある物流センターの駐車場で、中学一年生だった平田奈津美さん（当時一三歳）の惨殺死体が見つかり、やがて同級生の星野凌斗くん（同一二歳）の暴行を受けた形跡のある遺体も同府柏原市の竹林で発見された。二人は行動を共にしており、深夜に京阪電気鉄道京阪本線寝屋川市駅周辺を徘徊しているところを連れ去られたと見られる。

2015.09.09
◉心の底から軽蔑するしかない首相

「一国の首相としてどういったものか」と参院特別委の鴻池祥肇《よしただ》委員長は言った。本来は前原誠司元外相らのグループで、集団的自衛権の行使に肯定的だった民主党の大野元裕議員も、「国会軽視だ。真摯な態度に見えない」。

安倍晋三首相が四日、安全保障法案審議の真っ最中に、在阪テレビ局が全国放送しているワイドショーに生出演した問題だ。要は肝心の国会をすっぽかして大阪まで出向き、主婦向けの御用番組で手前勝手な思い込みを吐き散らかしていた。

しかも語るに事欠いて、まさにその安保法案の強行突破宣言までやらかす始末。「会期もあとわずか。決める時には決める。それが民主主義のルールだ」と、この期に及んで英雄気取りなのだから、開いた口がふさがらない。

安倍流〝民主主義〟の根拠は、「選挙で公約として掲げ、国民の支持を頂いた」という、これも独り善がりの〝記憶〟らしい。だが昨年の衆院選で、安保法案は自民党の全公約二九六項目中の二七一番目。根幹たるべき「集団的自衛権の行使容認」に至っては、その用語さえ記載されていなかった。

一から一〇までウソばかり。国民をだますことしか考えていない。こうまで卑劣な〝政治家〟がこの世に存在してよいものなのか。否である。

『サンデー毎日』の八月二三日号で、昭和史研究家の保阪正康氏が述べていた。

「僕が不愉快なのは、『本を読まない人、理詰めに考えない人』の特徴が、安倍首相の言説によく表れていることです」。

決して反体制ではない立場の方が、なんとも凄まじい言い方をしたものだが、そんなものに社会をつくり替えられてしまいつつあるのは、私たち自身以外の何者でもないことを忘れてはならない。

ガキの頃から「あなたは人の上に立つ人になるのよ」かなんか言われて育ったカラッポ頭に、支配者然と振る舞われる地獄絵図。しかして実態はアメリカ様にこびまくる勘違い酋長が、ただ単に国を売り飛ばしていく、やっぱり地獄絵図か。それでも支持してやまない連中も同罪だ。

——だが待てよ、とも思う。もしかしたら安倍氏は、己がやらされていることの罪深さにどこかで気が付いていて、必死で「みんな、俺を止めてくれよ」と、メッセージを送ってくれているのではないか。でなければ、悪夢のような毎日が現実であることの説明がつかない。

これは個人攻撃だ。嫌でたまらない。誰かが書き残しておかなければならないから書いている。

▼本稿で念頭に置いたのは、読売テレビの「情報ライブ　ミヤネ屋」だったが、安倍首相はこれも読売テレビが日曜日に放映している「そこまで言って委員会ＮＰ」にも生出演していた。在阪局とは言っても、前者は全国ネットであり、後者は東北の一部と関東地方を除く全域で視聴できる。

2015.09.30
◉一八歳選挙権で起こりかねないこと

自民党は先週、民法上の成人年齢を一八歳に引き下げるよう求める提案をまとめ、安倍晋三首相に提出した。六月に成立した改正公職選挙法▼1で、選挙権年齢が一八歳以上に引き下げられるのを受けたものである。

提言は少年法の適用年齢も一八歳未満に、とする一方で、意見が分かれた飲酒・喫煙については結論を先送り、選挙権だけ大人扱いにしておいて、他の領域は別の話だとは、いかにも身勝手なデタラメ政党らしい。

一八歳選挙法をめぐっては、文部科学省が高校生の校内での政治活動を認めない方針を打ち出している。各高校にも教師に自らの政治信条を話させてはならない旨の通知を出すそうだが、学校中心の人間関係しかない高校生に、校内と校外の区別があり得るのだろうか。それでいて政権与党自身はといえば、全国の大学で「自民党サークル」を展開させたい意向だ。

もはやこの国は法治国家の影も形もない。カネと血に飢えた餓鬼どもに支配されるジャングルに戻ってしまった。

これにネットの恐怖が加わる。一八歳は単に従来の選挙権年齢より二歳子どもであるだけではない。その多くは高校三年生で、ということは進学か就職かを控えて悩み抜く年頃だ。そんな時に選挙があって、ラインだのツイッターだのに、「与党に投票しない反体制分子は不利になる」といった〝情報〟が投げ込まれたら、どうなるか。

あの自民党なら、若者の弱みにつけ込む卑劣にも躊躇《ちゅうちょ》するまい、などと決めつけるつもりはない。ただ、ネット右翼がわが世の春を謳歌《おうか》している社会には、放っておいてもその種の行為に手を染めたがるバカがいくらでも湧いてくる。

「シールズ」の戦争法制反対デモでも、同様の現象が起こっていた。そして最近の企業や大学には、権力に従順であること以外の行動原理を持ち合わせていないトップが決して少なくないのも、忌まわしい現実なのである。

以上のような危惧を、筆者はあまり公言してこなかった。かえってネットによる政権政党への誘導を助長しかねない危険があったためだが、もはや一刻の猶予もない。一〇月からは〝マイナンバー〟なる国民監視システムも本格的に動きだす。くれぐれも警戒を怠ってはならない。

▼一八歳選挙権は二〇一六年夏の参院選から実施される。政府もマスコミも「若い世代の声を政治に反映させよう」などとする呼びかけに躍起だが、なんとも虫のいい話だ。というのは、そもそも高校生に一切の政治活動を禁じたのは、他ならぬ文部省（現、文部科学省）だったからである。一九六九年に全国の高校に通達された「高等学校における政治的教養と政治的活動」という文書（六九通達）による措置だった。
七〇年安保闘争が大学から高校にも広がりを見せていた時期である。ところが半世紀近くを経て、社会全体が保守化――というよりネット右翼化してくると、妙な形で掌が返された。

不安の種を挙げればキリがない。文科省は今回、高校生に校内での政治活動を認めた理由を選挙権年齢の引き下げに求めているが、当然のことながら、高校生の全員が一八歳になっているわけではないのだ。高一、高二と高三生で扱いを変えるだけで済むならまだしも、同じ高三であっても誕生日の違いで選挙権があったり、なかったりする。とすれば候補者がツイッターに書き込んだメッセージをリツイートして応援する場合など、同級生同士でやり取りしたら、相手がまだ一七歳だったので公職選挙法違反、などという事態にもなりかねないわけである。

文科省や総務省は高校生向けの教材に具体的な事例を紹介するなどして予防に努めるというのだが、気は確かだろうか。同級生の誕生日をいちいち意識しながらの運動など現実には不可能だし、選挙違反がそれほど重大な犯罪であるなどと理解できる高校生がどれほどいるものか。世の中の一八歳のすべてが、高級官僚たちの若者時代のような秀才ばかりではないことなど、誰もがわかっているはずだ。

にもかかわらず一八歳選挙権、ということは、それだけで安倍政権が選挙違反を重大視していない証拠である。何よりも、自分自身の将来を落ち着いて考え、備えていくべき時期に外部要因によって混乱し、時には思想的対立による不穏な空気に包まれてしまう危険さえ想定される学園生活を強いられる高三生たちが心配だ。

政権にとっての都合だけで動かされる制度にも、そんなものを讃えたがるマスコミにも疑問を感じざるを得ない。

2015.10.14
◉説教強盗型オレオレ詐欺内閣

♪安いよ安いよ　なぜ安い～　安さ爆発カメラのさくらや～

という、今はなき家電量販店のテレビCMを思い出す。第三次安倍改造内閣のあまりに安っぽい顔ぶれに、筆者は「説教強盗型オレオレ詐欺内閣」の異名を進呈しよう。

安倍内閣は日本を私物と思い込んだ外道どもの集団だ。首相に安倍晋三、副首相兼財務相に麻生太郎と、家柄だけで地位を得た安物が並ぶだけで、「支配者は俺たちだ」のメッセージ。彼らの下には似たような世襲議員か、強権にへつらうお小姓ばかりが群れてくる。その連中が自分の醜聞や不祥事を棚に上げ、オレがオレがと威張り散らして国民に道徳を説きたがる光景は、おぞまし過ぎはしないか。

新任の馳浩文文科相の親分は、あろうことか森喜朗元首相だ。スキャンダルまみれの二〇二〇年東京五輪の大会組織委員会会長なのに、何らの責任も取ろうとしない最低男の子分に他人様の教育を差配させるとは、もはや正気の沙汰ではない。

第二次改造内閣で暴言・妄言・珍言の限りを尽くした安物組が軒並み留任したのも、国民をなめ切っている証拠だ。いちいち引用する紙数はないが、消費税再増税における〝負担軽減〟策についての麻生副首相[1]、福山雅治と吹石一恵の結婚に関する菅義偉官房長官[2]、安保法制をめぐる中谷元・防衛相[3]の発言はどれも、それだけで解任されて当然の、許しがたいものだった。

詐欺と言うほかないのは、見せかけと正体がまったく違うペテン師らの入閣だ。島尻安伊子沖縄・北方担当相はなるほど沖縄選出だが、もともと米軍普天間基地の県外移設を公約に掲げていたくせに、再選されるやあっさり転向。辺野古への移設阻止を主張した名護市長を「職権の乱用」だと罵倒した。

いまや財界と寸分違わぬ発想の持ち主に転向した森山裕農水相は、少し前まで「TPP参加の即時撤回を求める会」の中心人物だった。石井啓一国交相もまた、前回の衆議院選挙までは、集団的自衛権の行使容認に反対の立場を表明していた。

河野太郎国家公安委員長には言葉もない。脱原発から脱原発を取り締まる側に回った安物は、政治家の以前に、人間としての資質を問われよう。

この国はもうダメなのかもしれない。野球賭博にまみれる読売ジャイアンツが平然とCSに出場した。強い立場の者は何をしても構わない時代の現実が、こんなところまで現れてしまっているというのだろうか。

▼1　二〇一五年九月に「マイナンバーカードを持ちたくなければ持って行かないでいい。その分の減税がないだけだ」と語った。軽減税率の導入に還付方式が検討されていた時期である。

▼2　やはり一五年九月にテレビ番組で、「この結婚を機に、ママさんたちがいっしょに子どもを産みたいという形で国家に貢献してくれればいいなと思っている」と述べた。

▼3　一五年六月の衆院平和安全特別委員会で、集団的自衛権の行使を認める安全保障関連法案について、「現在の憲法をいかにこの法案に適用させていけばよいのかという議論を踏まえて、閣議決定を行った」と、憲法を軍事の下に置く答弁をした。憲法審査会に呼ばれた三人の憲法学者全員が安保法案を「違憲」だと指摘したことを受けて。

◉2015.10.28
「ヒモザイル」休載で考えさせられたこと

講談社の月刊漫画誌『モーニング　ｔｗｏ』に連載されていた「ヒモザイル」が休載に追い込まれた。批判でネットが炎上し、作者の人気漫画家・東村アキコさんが正式に謝罪。「皆様からの反響に向き合わずに創作を続けることはできないと判断しました」という。

連載時のアオリ文句は「実録！　ヒモ男養成」。金はないが夢だけはある男に家事や育児を訓練させ、経済力はあっても彼氏のいない女性にくっつけるというプロジェクトを、作者自身やアシスタントたちをモデルに描いた、セミドキュメンタリーギャグ漫画だった。

で、ネット上には、「アシスタントに対するパワハラだ」から始まって、「家事を担う主夫をヒモ呼ばわりでは専業主婦を寄生虫扱いするのと同じ」「全体が〝勝者〟目線」等々の集中砲火。「人並みの知性と感性を備えていれば怒りを感じてしかるべき」と憤るブログも現れた。

表現者には難儀な時代だなあと思いながら、作品を読んでみた。定職のある年長者としては面白い。だが確かに、目下の閉塞状況を生きる若い読者が不快感を抱くのも当然か、とも感じた。

実際、作者の謝罪は「嫌な気持ちになった方には本当に申し訳ないと思ってます」とある。率直な反省の弁なのだろう。

一昔前なら考えられなかった現象だ。読者の声が力を持ったのはネットあればこそ、それ以前に、雇用情勢はもちろん、社会通念の上でも、「ヒモザイル」がこうまで多くの人々を傷つけること自体がなかっ▼

たはずである。

誰もが見つめ直す必要がある問題なのかもしれない。筆者の場合、非正規雇用の実態を論証するのに、金銭面の不利だけでなく、理不尽な処遇の実例を挙げていた二〇〇〇年代前半までのやり方は、近年でははばかれるようになった。

こちらは非人間的な労働を強いる財界や政府を批判しているつもりでも、当の非正規労働者個々人の生き方を否定したと受け取られかねない危険を感じたためだ。それだけ、非正規が当たり前にされた。先の労働者派遣法改正で「生涯ハケン」うんぬんの表現も、今後はやりにくくなるだろう。

東村氏の件といい、当事者達の苛立ちが手近な表現者ばかりに集中し、肝心の巨悪には向かないのが腹立たしい。差別むき出しの運動や大メディアはなぜか炎上しない不可思議もあわせて、このままでは権力の思うつぼである。

従来の表現が許されない時代なら、有効で新しい表現を模索していく。それ以外の道はない。

▼二〇一三年度の推定で約一一万人。国民年金の第三号被保険者として妻の扶養に入っている男性の数で、〇三年には約八万人だったから、年々増え続けていることは間違いない。ただしその男性がどれだけ家事を担っているのかは不明である(白河桃子「ぼくらが『専業主夫』を決断した瞬間」『週刊文春』二〇一六年三月一七日号など)。

2015.11.18

◉世界戦争に突入してしまった

パリの同時テロについては、筆者の出る幕でもない。昨日の本紙も、〈勇ましい連帯はおそらく事態を長期化泥沼化させるだけだろう〉と、鋭い分析を載せていた。

ともあれフランスは、米英露に続いてシリア大爆撃の報復に踏み切った[1]。本格的な世界戦争に突入してしまった。

はたして安倍晋三首相も滞在先のトルコで、「できることは何でもする」の安請け合い。実際、集団的自衛権の行使を認めた日本は今後、いつでも簡単に戦争に参加できる。何度も指摘した通りだ。

安保法制の審議で繰り返された〝中国の脅威〟論など動機のごく一部でしかありはしない。主目的は中東やアフリカでの米欧の戦争利権に連なることで、中国うんぬんは国内にはびこる愚劣な差別意識を操り、好戦的な世論を演出する狙いに他ならなかった。

多くの日本国民がなお、騙され続けている。事態の本質を絶えず偽装しては、人々を権力の思惑に従わせてきた大手マスコミの罪はあまりに重い。

たとえば共産党の赤嶺政賢議員が一〇日の衆院予算委員会で、沖縄県名護市辺野古への米軍新基地建設計画について質問している。現在の県知事が前知事の埋め立て承認を取り消したのに、沖縄防衛局が〝私人〟の体裁で行政不服審判所に申し立て、取り消しの効力を停止させた件[2]。安倍首相の答弁は、あろうことか「一日も早い作業が必要だから」なのだと。

目的のためなら手段を選ぶ必要などないという、チンピラ根性が丸出しではないか。「国民の権利を守るための制度を、国家権力が基地を押しつけるために使うとは、制度の趣旨を一八〇度違えるものだ」と返した赤嶺氏は見事だったが、報じられなかった。

相手が共産党だから、ばかりではないはずだ。新聞にも消費税の軽減税率をというオネダリの見返りが〝権力ベッタリ報道〟だとの見方は、もはや常識になった。オネダリを続ける限り、失われた信頼は取り戻せない。

英国のブレア元首相が、先日放映されたCNNのインタビューで、「(イラク戦争では)我々の情報が間違っていたという事実を謝罪する」と述べた。この戦争がIS台頭の主因かと問われると、「真実が幾分ある」と答えた。

〝Force for Good〟(善のための力)こそが彼の政治信条だった。▼[3] 所詮《しょせん》は、自由貿易体制に従順ではない存在を殲滅《せんめつ》し、市場化させていく帝国主義を、米国大統領とともに神の視座から実行する醜態を演じたタワケ者と同じ道を、オランド大統領や安倍首相は歩もうとしている。

▼1　この年一一月にパリ市街と郊外のサンドニで発生した銃撃や爆弾などによる同時多発テロに対する。犯行はIS(イスラム国)の戦闘員によるものと見られ、死者約一三〇人、負傷者三〇〇人以上の犠牲を出している。

▼2　政府は他にもあらゆる手段を駆使して辺野古の工事を強行しようとしているが、状況が複雑で多岐に渡るため、ここでは詳細は割愛せざるを得ない。

▼3　なぜか日本ではあまり知られていないが、細谷雄一・慶應義塾大学教授(外交史)の『倫理的な戦争——トニー・ブレアの栄光と挫折』(慶應義塾大学出版会、二〇〇九年)に詳しい。

2015.12「群像」

◉監視社会を生きる

〝マイナンバー〟が動き出した。講談社の今はなき硬派ビジュアル月刊誌『Ｖｉｅｗｓ』で書いて以来、かれこれ二〇年近くも危険を叫び続けてきた国民総背番号体制が、ついに実現してしまう。

屈辱と憤怒で心が爆発しそうだ。〝マイナンバー〟とちょんちょんカッコをつけるのは、自分で望んだものでないからに他ならない。政府が一方的に「これがお前の番号だ」と割り振ってよこした「ユアナンバー」でしかないではないか。「囚人番号」でもよいけれど。

だが現実は現実。目を背けても通知は必ず届けられる。ならば正面から見据え、対峙するしかない。今後の生き方を考えた。

国民総背番号体制では、いずれ何をするにも〝マイナンバー〟の提示が求められよう。ＩＣチップ内蔵のＩＤカードを常に携帯していなければ何もできないと言った方がわかりやすいかもしれない。目下は役所の関係に限定され、大したことはないようでも、数年後には民間への開放が必定だ。私たちの一挙手一投足は、これを運用する側の人々によって、絶えず追跡・記録されていく。

番号は番号だけで完結しない。近い将来には当然、あらゆる監視ツールを結びつけるマスターキーとして働くだろう。

たとえば安倍晋三首相が第一次政権時に設置した有識者会議「イノベーション25戦略会議」は二〇〇七年に公表した中間報告で、二〇一〇年代から二〇年代にかけて実用化すべき技術・システムだとして、こんな構想を挙げていた（傍点引用者）。

・監視カメラがネットワーク化され未然に挙動不審者を発見する自動監視システム。

・公共的空間に設置された監視カメラで認識し、人相・しぐさ・顔かたち・音声等を解析することにより、指名手配犯・重要参考人等の所在確認を支援する技術――。

大前提に国民総背番号体制がある。現代のテクノロジーは、あらかじめ登録された顔写真やしぐさ、声紋等のデータと、今この瞬間に捉えた映像なり音声なりとを、瞬時に照合することを可能にした。誰と誰が一緒にいて、何を話しているのかもわかる。警察の権限が拡張された盗聴法（通信傍受法）や、携帯電話のＧＰＳ機能なども、もちろん連動する。徴兵逃がれを阻止できる威力はアメリカの社会保障番号で実証済みだ。

彼らは神の目と耳を得る。かくて築かれる監視社会は、この国の社会を〝見張る側〟と〝見張られる側〟とに分断する。ただでさえグローバルビジネスの利益を絶対的な価値とする新自由主義イデオロギーの暴風がもたらした階層間格差を、とめどなく拡大していく。

心配する向きが多い個人情報の漏洩ごときは、単なるコスト、アメリカ政府の戦時常套句〝コラテラル・ダメージ〟（やむを得ない犠牲）と見なされているとしか思えない。どの組織にも所属していないフリージャーナリストの筆者など、年間に三ケタ近くの仕事先に番号を伝えなければならなくなるのだから、どこかで漏れない方が異常だ。

『Ｖｉｅｗｓ』での取材で会った官僚のセリフを思い出す。〝マイナンバー〟の前段になった住基ネットの法案もできていない頃だったが、その問題点をよく承知していた彼は、「じゃあどうして、省内で反対の声を上げなかったのですか」と尋ねた私に、「だって、国民は奴隷になりたがってるんでしょう。本気で反対の人なんて、日本中であなたを含めた数人だけ。国民の意思に従うのが役人です」と返してきたのだった。

——などという話をすると、しばしば、「監視されるのが嫌なんて、斎藤は後ろ暗いことばかりしているからだ」の罵詈雑言を浴びる。それはそうだ。誰にも言えない経験ぐらい山とある。しかもこの場合、なにしろ監視の中身はブラックボックスなのだから、何が悪くて何が悪くないかの判断は全面的に運用側に委ねられるのに、バカかこいつらはと思った。

最近はめっきり大人しい私だが、これからはわからない。もしも戦争になって、愛する人に命が奪われたら、戦争を始めた奴に必ず復讐する。鬼にも蛇にもなる。どんなに汚い手だって使う。

で、とりあえずの結論は。

役所や企業に何もかもを見張られようと、私は徹底的に無視すると腹を括った。己の信じる道を堂々と歩む。断じて萎縮しない。これまで通りに言いたいことを言い、やりたいことをやる。日本など国家として認めない。

それで不都合が生じたら生じたで結構。なぜなら俺は悪くない。人の道を踏み外さない自信だけはある。それでもブチ込まれたり吊るされる事態に陥るならその時はその時、生きる価値のない世の中に未練はないということだ。

他人を番号呼ばわりし、ビッグデータ扱いしたがる変質者連中の思い通りに操られるぐらいなら、萎縮して自ら人間としての尊厳を、もっと言えば人間であることの条件を放棄するぐらいなら、私は己の掟に殉じたい。

自意識過剰と嗤《わら》わば嗤え。国民総背番号体制においては個人の監視にいささかの労力も必要ない、社会の隅々に張り巡らされたハイテク監視システムに、ターゲット自身が勝手に足跡を残していくのだと、長年の取材が私に教えてくれた。

かつて住基ネットの反対運動でご一緒した古代ローマ史の泰斗・弓削達《ゆげとおる》先生（故人）が、こんな言葉を遺されている。

「私は番号ではない。弓削達である」

この至言を糧とし、わがものとして生きていく。

2015.12.02
◉放送法は自由を守るための法律だ

一一月中旬の産経新聞と読売新聞に掲載された全面意見広告が話題になっている。どちらもTBSの報道番組「NEWS23」（九月一六日放送）で、キャスターの岸井成格《しげただ》氏が、国会審議の渦中にあった安全保障法制について、「メディアとしても廃案に向けて声を上げ続けるべき」と発言したのは〝放送法違反〟だと糾弾し、総務省に見解を示すよう求めている。

広告の主は「放送法遵守を求める視聴者の会」。二六日には呼びかけ人のすぎやまこういち（作曲家）、小川榮太郎（文芸評論家）、ケント・ギルバート（タレント）の各氏らが記者会見まで開いた。

彼らによると、放送法第四条は放送事業者に「政治的に公平」「意見が対立する問題については、できるだけ多くの角度から論点を明らかにする」ことと定めている。だが「NEWS23」は、「偏向番組と言うよりも、国民の知る権利を蹂躙《じゅうりん》したプロパガンダ」だという。

またしても恣意的な法解釈がなされている。放送法は放送の自由を守るための法律だ。第四条も放送事業者の倫理規範であって制限規範ではない▼。これを根拠に権力に批判的な放送を違法呼ばわりする発想は、立憲主義を否定し、憲法を国民の生き方マニュアルに変質させようとしている安倍晋三政権とまるで同じだ。

こんな論法がまかり通れば、放送には独自の主張が許されないことになる。権力も権威も、主な情報を発信する政財官界の側にある以上、常に両論併記か、足して二で割る情報伝達だけでは、報道の最大の役割である「権力のチェック機能」を果たせるはずもない。

ジャーナリズムにおける「不偏不党」とは、当然、そのような隷従とは対極の概念だ。どんな相手でも問題があれば追及・批判して構わない。放送法の第一条第二項で「放送の不偏不党、真実及び自律を保障することによって、放送による表現の自由を確保すること」と義務づけられた主体は、公権力の側なのである。

二つの意見広告と連動するかのように、月刊誌『WiLL』の新年号に、元自衛官の評論家・潮匡人氏の「〝TBSの顔〟岸井成格とは何者か」と題する記事が載った。毎日新聞の政治記者出身で、本来は改憲派だった岸井氏への風当たりが強いのは、保守内部でも安倍政権のデタラメに対する反発が高まっている折だけに、〝見せしめ〟効果が狙われているのではないか。

ここで屈したらオシマイなのは、ジャーナリズムだけではない。独裁と絶望だけが残される。

▼放送法は表現の自由を定めた日本国憲法二一条に基づいて制定されている。第一条の第二項に〈放送の不偏不党、真実及び自律を保障することによって、放送による表現の自由を確保すること〉という法の目的が明記されたのはこのためだ。放送の自由を保障しなければならない主体は公権力であって、第二条以下の具体的な方法論は第一条に回収されていく構造なのである。過去の判例や国会における政府委員の答弁もこのような解釈に沿ってきた。

にもかかわらず、メディアをコントロールしたい安倍政権の野望はエスカレートするばかりだ。**2013.07.17** の項も参照されたい。

◉2016.01.06 シリアとベルギーの扱われ方の違いを問う

新年あけましておめでとうございます。とは言いながら、めでたい気分になどまるでなれなかった元旦に考えたことを書いておきたい。四日に召集された通常国会での安倍晋三首相の得意満面をテレビで見せつけられて余計にその意を強くした。

パリの同時多発テロから二カ月近くが過ぎようとしている。日本での報道は激減しても、米仏英露によるシリア空爆は残虐さを増すばかり。

テロとは縁もゆかりもない人々が次々に殺されていく。肝心のテロリストらは難民に紛れ、世界中に流れていくイタチごっこ――というより、単なる殺戮《さつりく》とテロの火種の大拡散でしかないと誰もが承知していながら、彼らが一向に攻撃の手を緩めず、安倍政権も参戦したくてたまらない様子を隠さないのはなぜか。

中東の地政学的リスクを高めて原油や天然ガス価格の高騰、あるいは一帯に広がる地価資源権益のさらなる拡大を狙ったゼニ儲けの算段。プラス、無関係の人間をどれだけ殺そうと、蚊に刺されたほどの痛みも感じない人種差別があるからだと断じよう。

早い話が、パリのテロの拠点は隣国のブリュッセル首都圏にあったとわかっても、ではベルギー空爆のシナリオが浮上しないのはおかしくないか。空爆すべきだと言いたいのではもちろんない。ただ、シリアとベルギーの扱われ方の差を問いたい。

年末年始にかけて読み込んでいる本がある。平野千果子・武蔵大学教授の『フランス植民地主義と歴史認識』（岩波書店、二〇一四年）と、桃井治郎・元在アルジェリア日本国大使館専門調査員の『アルジェリア人質事件の深層』（新評論、二〇一五年）の二冊。

それで少しは理解できかけてきた気がするのは、フランスをはじめとする欧州と、イスラム諸国との根深すぎる関係史だ。一五、一六世紀の頃から連綿と引き継がれてきた負の遺産が、新自由主義の蔓延とともに先進諸国が再び示しつつある帝国主義的な志向と反比例する形で噴出している。

そう考えると、日韓間や日中間の対立も、巨大な構図の一断面でしかない現実が身に染みてくる。日本国民が今度こそ歴史認識の問題を真摯に見据える必要があるのは当然だが、国際社会を挙げての取り組みが伴わなければ、テロリズムは永久に克服できない。国家対国家とは異なる地平での第三次世界大戦が不可避になってしまう。日本国民の今後次第では、二〇二〇年の東京オリンピックがその発火点になる危険性も否定できないのではないか。

▼この日の年頭記者会見を、安倍首相は自衛隊員への感謝の言葉で切り出している。

「新年を迎えた今この瞬間にも遠く離れたアフリカの地で、南スーダンの自立を助けるＰＫＯ活動に従事し、海の大動脈、アデン湾で海賊から世界の船を守る自衛隊の諸君がいます。その強い使命感と責任感に心から敬意を表するとともに、身が引き締まる思いであります」

後は自画自賛だ。ただし根拠ははなはだ乏しく、嘘と詭弁にあふれていた。「この三年間で雇用は一一〇万人以上増えました。一七年ぶりの高い賃上げも実現し、景気は確実に回復軌道を歩んでいます。（中略）東北では次々と住宅が完成し、被災者の皆さんの入居が進んでいます。新しい産業の芽も育ち、一歩一歩復興は進んでいます。地球儀を俯瞰する視点で展開してきた経済外交、そして平和外交も大きな実を結びつつあります」云々。

2016.01.20
◉人命は巨大資本のコストなのか

スキーツアー客ら一五人が死亡した軽井沢のバス事故は、あまりに痛ましかった。関越自動車道で七人が亡くなった二〇一二年の事故以来、安全規制は強化されたはずなのに。

さまざまな背景が明るみに出ている。旅行社がバス運行会社に支払う運賃を法定下限額の七割に値切っていた。運行会社が出発前の点呼を怠り、運転手の健康状態を確認しなかった、等々。どちらも同じ穴のムジナだ。責任感のカケラもない。

こんな悪質な連中がのさばり続けるのも、安易な規制緩和の結果だ。免許制だったツアーバス事業が許可制に変更されたのが二〇〇〇年。事業者数は倍増し、規制緩和が狙った競争原理が行き過ぎて、安全性は度外視されるのが普通になった。

ツアーバスに限らない。タクシーでも保育園でも大規模店舗でも、いわゆる構造改革は安全や雇用、地域の安定などに関わる大切な規制を次々に緩め、危険で横暴な〝ビジネス〟を跋扈《ばっこ》させて、この国の社会を破壊してきた。今やブラック企業ではない職場の方が少数派になった感さえある。

二〇一一年まで一四年連続で三万人を超えていた年間自殺者数は、ここ数年、減少傾向にある。大手マスコミは政府の礼賛に躍起だが、若年層だけは増加を続けていて、一五～三九歳では自殺が死亡のトップという事実をご存じだろうか。

先進国では日本だけの現象だ。何もかも狂っている。せめて歯止めをかけるには、巨大資本や悪徳業者の利益ばかりを最優先する経済・社会政策を即刻中止し、少しはまともな社会を築き直し得る方向に改めるしかない、のだが――。

安倍晋三首相は正月四日の年頭会見で、「もはやデフレではない」と言い放っていた。競争原理万能の変わらぬ暴政の一方で、それに恩を着せつつ財界に賃上げを命じる矛盾、否、社会を弄《もてあそ》ぶことしかできない男は、「雇用が一一〇万人以上増えた、景気は確実に回復軌道にある」とも自画自賛したが、実態はこんなものだ。

すなわち奴隷労働と人命を、国家と巨大資本のコストと見なす没義道。格差社会に慣れさせられた近年はあまり話題にもされないが、日本はG7中、ジニ係数（経済格差を表す指標）で米、英に次ぐ第三位、貧困率で米の次の第二位になっている。二〇一一年のデータだが、安倍政権で状況は一段と悪化したはずだ。彼はそれでも、「また一歩、アメリカ様に近づいた！」と喜んでいるのかもしれないが。

▼この年の一月に国道一八号線の碓井バイパス入山峠付近で、四一人（乗員二人、乗客三九人）を乗せたバスが道路脇に転落。一九八五年に長野市の国道でスキーバスが犀《さい》川に転落して二五人の死者を出した事故以来の惨事となった。また関越道での事故は群馬県の藤岡ジャンクション付近で、高速バスが運転手の居眠り運転により防音壁に衝突したもの。

2016.02.03
◉そこにプロ意識を感じないスキー事故の顔写真掲載

スキーバス事故の話題をもう一度、取り上げる。死者一五人の顔写真や通学していた大学、公になったエピソードなどを整理した「まとめ」が、ネットにアップされていた。まるで犠牲者のカタログだ。こんなものをつくるヤツは気持ち悪いと思った。

だが、とも考える。これとマスコミ報道の間に、はたしてどれほどの違いがあっただろうか、と。

顔写真はFBやブログからの無断拝借ばかり。写真以外は自前の取材だと威張ってみても、そこに価値を見いだしてくれる読者や視聴者は少数派だろう。

マスコミのやり方は激しく批判されている。本人の転載許可を取りようもないのに、というわけだ。武田徹・恵泉女学園大学教授（メディア社会論）の、この問題は「公人」という考え方を軸に検討されるべきだとした論考（「毎日新聞」一月二五日付）が評判になった。

私人でも社会的関心を集めて「公人」性を帯びる時がある。両者の交換可能性が再認識されたなら今後に生かしたいとの彼の議論には大いに共感できるが、その前に確認しておかなければならないこともある。仮にも報道のプロが、ネットオタクの素人と同じ行動原理でよいのか——というのは筆者の持論だが、世間の批判もまた、プロはプロらしくあれ、という叱咤と受け止めるべきだと考える。

顔写真の入手は事件・事故取材の基本とされる。プライバシー侵害を問う指摘には、事態をリアルに伝えて再発防止に貢献するとの「公益」論で返すのがマスコミ側の常だが、正直言ってよくわからない。派手な報道で売り上げにつなげたいだけじゃないのかと思う局面も体験した。
　それでも建前が通ってきたのは、プロならではの仕事だったから。被害者らの身内や友人にそれなりの信頼を得られなければ、故人の顔写真など提供してもらえない。手間暇かける努力と、あえて言えば誠意を評価してもらっていたがゆえに、いささか怪しい屁理屈も許されていたのではないか。
　肝心のプロセスが省かれてしまえば、世間は寛容なままではいてくれない。だからマスコミはもう、被害者をめぐるお涙ちょうだい取材にばかりかまけるな。事故の本質が過剰な規制緩和に伴う安全性の軽視とわかった以上、本丸を徹底的に追及せよ。▼
　安倍晋三首相は二〇一三年の施政方針演説で、「世界一、企業が活躍しやすい国に」と述べていた。ツアーバスに限らない。彼を放置すれば必ず、人間の生命も尊厳も、これまでにも増して軽んじられていく。

▼たとえば「ライドシェア」をめぐる議論の報道に、どうして今回のスキーバス事故の誘因となった規制緩和の恐ろしさが反映されないのか不思議だ。早い話が白タクの合法化を、安倍政権は国家戦略特区を使って進める方針だが、世界五八カ国に進出した先進事例である米国の「ウーバー」は、各地でドライバーによるレイプや暴力事件を頻発させている。公共交通機関としての安全性はもちろん、社会全体の基盤を危うくしかねないと考えられるのに。

2016.02.17
◉小物の政治屋ばかり叩き、安倍内閣の閣僚は野放しか

たまに大新聞や週刊誌にコメントを求められても、肝心のポイントがうまく伝わらないようなので、自分で書く。安倍晋三首相は四日の衆院予算委員会で、言論の自由を尊重せよと求める野党議員の指摘に、こう返した。

「言論機関は萎縮などしていないと思う。帰りに日刊ゲンダイでも読んでみてください。これが萎縮している姿ですか」

マスコミにさんざん圧力をかけておいてと、多くの識者が怒っている。私はしかし、ことこの件に関しては、安倍首相にも一理あると言いたい。

もちろん現政権は最低最悪だ。一丁前なのは恫喝《どうかつ》だけ。幼稚で下劣なチンピラ集団ほどタチの悪いものもない。

ただ、権力なんてものはいつでもどこでも、この連中と大同小異だ。だから暴走しないように絶えず監視して、読者視聴者に報告するのがジャーナリズム商売のルーティン。どころか、誰でも情報を発信できるネット社会にあっては唯一残された、これにすがるしかない存在意義《レーゾンデートル》なのである。

日刊ゲンダイは、当たり前の仕事を重ねているだけだ。だから、「盛り場ニュース」のお色気面は健在でも、相対的に日本一のクオリティペーパーになってしまった。家柄と欲得ずくで徒党と組んだ外道どもごときに萎縮する他のマスコミの方がおかしい。

ついこの前は金銭トラブルの武藤貴也議員を叩いていたかと思えば、今度は妻の出張中に不倫した宮崎謙介議員ときた。おっと、この間もカラ出張と号泣の野々村竜太郎兵庫県議はつけ回し続けていたのだったっけ。

彼らも権力の切れ端にあずかっていた口ではあるのだから、単純な〝弱いものいじめ〟とは違う。ではあるにせよ、どうせ政治屋連中を叩くなら、支配欲の塊みたいな安倍政権の面々をどうして野放しにしておくのか。

汚職の疑いで一月下旬に辞職した甘利明・前経済再生相の、「一週間以内に」と約束した説明責任はどうなったのだろう。彼だけではない。個人的な飲み食いや日用品、いかがわしい水の類いまで、何でも国費にツケ回す安倍政権の体質は、日刊ゲンダイが以前から繰り返し報じている。大手のマスコミもこれに倣うべきだ。

面倒くさければ、もう取材もしなくていい。ＳＭＡＰ騒動▼の時にテレビのワイドショーが独自取材を放棄してスポーツ紙を読み上げていたのと同様に、ゲンダイの後追いだけでも結構だ。その程度の役目も果たしてもらえないと、マスコミは軽減税率で権力にオネダリした見返りをますます疑われ、世間から完全に見放されるよと言っておこう。

▼二〇一六年一月、木村拓哉、中居正広らを中心とする人気男性アイドルグループが、ジャニーズ事務所から独立するのではないかと取り沙汰されたが、結局は元のさやに納まった一件。

2016.03.02
◉川崎の図書館廃館は「焚書抗儒」と同じだ

現政権が求めてやまない愚民化・臣民化の〝国策〟が狂乱の一途をたどっている。国立大学の文系学部を縮小か廃止する方向性[1]や日の丸・君が代の強制、道徳の教科化ばかりではない。公立図書館をはじめとする市区町村の社会教育の領域にも、それは深く浸潤してきた。

政商との癒着、右派勢力の介入……。神奈川県川崎市に縮図を見た。

「市議会の総務委員会は一月二八日に、県に意見書を出すことで合意してくれました。ですが一カ月以上が経っても音沙汰がない。三月議会に間に合わなければ意味がないのに、このまま反故《ほご》にされそうで、不安です」

ある市民運動の関係者が苛立ちを隠さない。県立川崎図書館を高津区にある第三セクターの研究開発拠点「かながわサイエンスパーク（ＫＳＰ）」に移転したい県の方針に反対しているグループだ。

同図書館は公害や産業技術、自然科学の分野では全国一といわれる。とりわけ一万七〇〇〇冊を超える社史コレクションは圧巻だが、ＫＳＰには十分なスペースがない。移転されれば蔵書が散逸してしまいかねない危険を、彼らは恐れている。

「京浜工業地帯の中心都市らしい資料館をと、市民が半世紀以上かけて築き上げてきた図書館です。科学雑誌の蓄積は一億円以上の価値があると外部の専門家に評価されていますし、川崎の公害裁判の記録もすべて寄贈されている。その意義が減じることなどあり得ません」

それほどの施設の存続が危機に陥ったのは二〇一二年のこと。黒岩祐治県知事が「緊急財政アピール」を発表し、県教委が県立図書館の閲覧・貸出機能の廃止と川崎図書館廃館を打ち出した。ほとんど焚書抗《ふんしょこう》儒《じゅ》の世界と言うべきか。県内外から寄せられた猛反対の前に前記の移転計画へと変更されはしたものの、市民の間では今なお県への不信感が払拭されていない。

「おかしいのは県内の市町村も同様です。海老名の市立中央図書館は例のTSUTAYA[2]に委託され、血税で改修された施設が書店とスターバックスに乗っ取られてしまった格好ですし、川崎市では公開講座に行政が介入してきて、護憲派の学者や弁護士は呼ぶなと言い出しました」

言うまでもなく、以上は日本全国に共通する傾向だ。この惨状をどう表現すればよいのだろう。自分自身の愚鈍を省みれば、安易に「反知性主義」[3]などという流行語は使いたくない。暗黒に突入しつつある時代の針よ、一刻も早く止まれ。止まってくれ！

▼1　**2015. 07. 01** の項を参照。

▼2　約五千万人と言われる膨大な個人情報データベースを武器に全国展開されている、映像・音楽ソフトレンタルおよび書籍販売のフランチャイズ・ビジネス。近年は公立図書館運営の受託にも乗り出し、本業との連携を進めている。

▼3　知性というものを敵視しているとしか思えない政権が続く限り、この国に未来などあり得る道理がない。

2016.03.16
◉TBSの番組に水戸市長が意見書で考えたこと

TBSが二月三日に放映した「水曜日のダウンタウン」はBPO（放送倫理・番組向上機構）の審議対象にならなかった。先週一一日の放送倫理検証委員会が決定。水戸市内でロケされたコーナーに虚偽があると高橋靖市長が意見書を寄せていたのだが、川端和治委員長は報道陣に、「バラエティーそのもの。放送倫理上の問題はない」と語った。

筆者も委員のひとりだ。妥当な決定だと思うが、それとは別に、少し私見を述べておきたい。

コーナーは約七分間。〝誰もが持つ自説は定説になり得るのかを徹底検証！〟の番組コンセプトの下、「水戸なら今でも印籠の効果あるんじゃないか説」というのをでっち上げ、黄門様に扮した老俳優が駅周辺にタムロって喫煙している若者集団に注意し、騒然となったところを助さん格さんが現れて――と、まあそんな与太芝居であった。

「やんのかコノヤロー」

いかにも田舎のヤンキーどもが黄門様にスゴむ。御付の二人が突き付けた印籠に平伏してくれれば一件落着だったのだが、現場は〝荒れた〟。

あわや乱闘の寸前で事なきを得たとはいうものの、だからといって本物の真剣勝負《ガチンコ》だった証明にはならない。若者たちはTBS側が手配したエキストラだった。

それゆえ水戸市には、意図的に治安の悪いイメージを流布された、との不満が残った。実際、〈旅行の予定を取りやめた〉といったツイートがあったという。最高の観光シーズン「梅まつり」（偕楽園で二月二〇日～三月三一日）が目前の時期だったのも間が悪かった。

あまりにくだらないコーナーだった。とすれば真に受ける視聴者もまずいない。にもかかわらず、水戸の宣伝にならない撮影を認めるべきでなかったと考えているらしい市長の姿勢が気になった。

近年は自治体などが地域振興の目的で映画やテレビのロケ地誘致、撮影支援を行う「フィルム・コミッション（FC）」が盛んだ。駅ビル入り口での撮影許可も活動の一環だったようだが、FCは「作品の内容は問わない」のが原則であるはずだ。

でないと公共空間は行政か観光協会の所有物だという倒錯に直結しかねない。監視カメラ網だらけの公道が、いつの間にか警察の私道にされつつあるのと同じように。

反政府的な番組を流した放送局には電波停止で応じる方針を総務相が示唆した時代だ。行政が表現の自由を制約できると本気で考え始めた時、この国の民主主義は死に絶えるとわきまえておこう。▼

▼高市早苗総務相の発言については**2013. 07. 17**の項の脚注や、**2015. 12. 02**の項なども参照されたい。また本稿の発表よりひと月前の二〇一六年二月には、滋賀県議会が一六年度県予算案の概要をスクープしたNHK大津放送局の担当者を全員協議会に招致する決定をしたことがある。議会が県から説明を受ける前だったのが「見逃せない」とされたものだったが、同じ日のうちに撤回されている。結果オーライだったとはいうものの、報道の自由という民主主義の理念を塵ほども理解していない政治家が跳梁跋扈している現実が恐ろしい。

2016.03.30
▼増税先送りで逆らえなくなった新聞業界

二〇一七年四月に予定されている消費税率の再引き上げが先送りされるらしい。安倍晋三政権の意向を新聞各紙がこぞって報じた。経済優先を印象づけて衆院解散・ダブル選挙へ、というシナリオなのだそうである。

八％への増税以来、中流以下の国民生活は深刻化する一方だ。増税分を価格に転嫁できない零細事業者は軒並み廃業寸前。再増税の恐怖からとりあえず逃れられるとなれば、大歓迎されるに違いない。

だが、ちょっと待った。そもそも、こうなるとわかりきっていて消費税増税を強行し、下々の人生をぶち壊してくれたのは、どこのどいつだったのか。

放火魔が自分で消火して英雄になりすますサル芝居を「マッチポンプ」という。ノーベル経済学賞のスティグリッツやクルーグマンを招いては、「今は消費税増税のタイミングではない」と言わせてお墨付きに見せかける演出もあまりに卑劣だ。

なぜならスティグリッツらは以前から同じ考えを公言していた。八％への増税当時は黙殺し、この国の経済社会を無理やりズタズタにした手合いに、「経済を失速させたら元も子もない」うんぬんと憂国の士を気取る資格があってたまるものか。

卑劣かどうかだけが問題なのでもない。消費税再増税の先送りは、イコール軽減税率導入の延期でもある。与党内部で合意されたという新聞の適用にもまた、その分だけ時間を要するわけだ。

とすれば自民党税制調査会へのオネダリを重ねて軽減税率を勝ち取った新聞業界はどう動くか。いざ適用が実現するまでの間に、万が一にも権力側の気が変わらないようにと振る舞う可能性が高い。

たとえば安倍政権が執念を燃やしている憲法改正や、戦時体制の整備を本気で批判できるとは思えない。元はといえば二〇一四年四月の消費税増税自体、当局と結託した大新聞が、弱い立場の者ほど負担の大きい税制の正体を糊塗し続けた結果だった。〝お試し改憲〟のメニューには、国に財政の健全性確保を義務付ける条文（財政規律条項）の現行憲法八三条への新設も含まれる。改憲後には戦争に加えて、この新条項に基づく再々増税に向けた世論誘導も始まるはずだ。

軽減税率というニンジンを鼻面にぶら下げられている限り、大新聞は権力の思いのままに操られる。政権が自ら〝アベノミクス〟の欺瞞《ぎまん》を認めるにも等しい政策転換の最大の目的は、まさにこの点にあるのではないか。▼

解決の道がひとつだけ、ある。これ以上の消費税増税を許さないことだ。

▼これは最悪のシナリオだ。しかし少なくとも本書を校了する二〇一六年四月上旬の段階では、最もあり得べき、安倍政権らしさが発揮される見通しを示したつもりである。

あとは、間違ってもこんな事態にならないように、私たち一人ひとりが全力を尽くすしかない。

あとがき

夕刊紙「日刊ゲンダイ」での私のコラムは隔週火曜日の連載だ。締め切りは月曜日の夜半だが、二、三日前から構想を練るのが習慣になっている。

ちょっとした思いつきをメモしたり、過去数日間の新聞を読み直したり。テーマを決めたら、それをどう扱い、まとめるかの構成を練り、平均で三、四時間ほどの時間をかけて、一本の原稿を書き上げる。

原則一一字×九〇行で九九〇字、四〇〇字詰め原稿用紙だとわずか二枚と四行半の短い紙数。その割には手間がかかり過ぎなので、効率化を図ったことも一度や二度ではないのだが、一向に改善されない。それだけ気合が入るからだ。

講演などで各地を回ると、特に大都市圏では一〇〇%に近い確率で、「ゲンダイ読んでますよ！」と声をかけられる。あのー、僕はハードな長編ノンフィクションもたくさん書いてるんです、できたらそっちも読んでくださいよ～と懇願したくもなるけれど、これはこれで、とても嬉しい。私には、数ばかり増えた仕事の中でも、この連載が最も読者に支持されてきた実感があるのだ。

ジャーナリズム受難の時代と言われる。ここ数年の間に多くの雑誌が潰れた。なかんずく総合雑誌の分野はほぼ壊滅状態と言っていい。

そんな中で、「ゲンダイ」は、〝何でも入る器〟としての機能をなお湛え続けている、今どき稀有かつ貴重な媒体だ。ということは、書き手にとっては、初めての読者にも何事かを伝えられる可能性が大きい、実にやりがいのある職場なのである。

本書はその「ゲンダイ」での連載一〇年分をまとめたものだ。過去に出版したアンソロジー（作品集）に収めてある原稿は外した一方、『創』『フォーラム21』『オーマイニュース』『朝日ジャーナル（週刊朝日緊急増刊）』などで発表した原稿のうちから、本書にとって有意義だと思われるものに限って収録した。

一般にアンソロジーはテーマごとに編まれるのが通例だ。一冊の章立てもテーマ単位。拙著『「非国民」のすすめ』（ちくま文庫）や『分断される日本』（角川文庫）、『メディア@偽装』（マガジンハウス）、『ポスト成長神話の日本経済』（かもがわ出版）なども、みんなこのパターンを踏襲している。

ただ、定期刊行物に寄せた原稿というのは、そのままでは普遍性を持ちにくい。「ゲンダイ」連載のような短い、しかも読者の手元に長時間はとどめ置かれない前提で書かれるコラムはなおさら、締め切りのタイミングがほんの一日ズレただけで、仮に同じテーマを扱ったとしても、まるで異なる表現が採られてしまっていたに違いないのだ。

だからかねて、もしもこの連載を中心に単行本化できる機会があったら、時系列で並べたい、それぞれの原稿に脚注を加え、その後の動きや、いま現在の私はどう考えているのかを述べておきたいと考えてきた。同時代社の高井隆さんに共感してもらえ、こうして形にできたことに、ささやかな幸福を感じている。

脚注を書き込んでいく過程で、我ながらずいぶんいろんな問題を扱ってきたのだなあと感心した。権力批判が主体なのは当初からだが、民主党政権時代の筆致が際立って激しかったのは、これで節目が変わるかもしれないとの祈りにも似た期待が、あまりにもあっさり裏切られたことへの悲嘆ゆえだったか。

この国の狂いっぷりは、年を追うごとに加速の一途を辿っている。二〇一六年四月上旬現在の巷と国会で集中砲火を浴びているのは、〝高額ガソリン代不正計上疑惑〟の渦中にある民進党・山尾志桜里衆院議員だ。

待機児童問題の深刻さに人並みの関心さえ示していなかった安倍晋三政権を追及して名を挙げた山尾議員は、二〇一六年三月に民主党と維新の党が合流して結成された民進党の政調会長に就任。と、彼女の政党支部が二〇一二年度に「ガソリン代」として報告していた金額が約二三〇万円にも上っていた事実が『週刊新潮』ですっぱ抜かれ、そんなにガソリンを使ったら地球を五周してしまうとする、一大ネガティブ・キャンペーンに発展した。大量のプリペイドカードを購入して金券ショップで換金し、表に出したくない使途のための現金化が目的だったのではないか、というのである。

なるほど臭い。山尾氏に疑惑のまなざしが向けられるのも当然の成り行き、ではあるのだが――。

一方では安倍首相をはじめ、彼の政権の要職にある面々が、より高額のガソリン代を計上していた事実も明るみに出た。「日刊ゲンダイ」（二〇一六年四月六日付）によれば、安倍氏が代表を務める「自民党山口県第四選挙区支部」は二〇一一年度から一四年度までの各年度で、五九一万七三六二円、五七三万二八五八円、五五四万六六一三円、四九九万六二一五円を、それぞれガソリン代に使ったことになっていた。

二〇一二年度だけを比べても山尾氏の二・五倍、地球一三周分に当たる。他にも馳浩・文部科学相が二〇一一～一四年度に毎年二〇〇～三〇〇万円、菅義偉・内閣官房長官が一一～一三年度に毎年約二〇〇万円のガソリン代を計上していたのだが、彼らに対しては特段の追及がなされることもないままだ。

三人の中では菅氏の怪しさが半端でない。安倍氏の選挙区の面積が約一〇〇〇平方キロ、馳氏が約四七〇平方キロであるのに対して、菅氏の選挙区は約四〇平方キロでしかないからだ。

要は現在のこの国では、権力の座にある者は何をしても許される。逆に、権力に歯向かう者は何をしても許されない。そういうことになってしまっているのではないのか。

戦後最悪の時代である。日本の政治がろくでもないのは今に始まったことではないけれど、ここまで酷い政治屋どもばかりが跳梁跋扈して恥じようともしないおぞましさは、さすがに初めての経験だろう。そして、そうさせている責任のかなりの部分はマスコミにある。具体的な事例は本文にも嫌というほど盛り込んであるので繰り返さないが、とりわけ**2016. 03. 30**の項で指摘した新聞の軽減税率〝適用〟へのオネダリは、これからの日本社会にとって、取り返しのつかない禍根となっていく危険に溢れている。

権力の暴走を防ぐチェック機能であるべきジャーナリズムがその使命を果したがらないのなら、私はせめて、自分なりの理想を実践し、かつ市民をしてジャーナリズム全般のこれ以上の腐敗を食い止めるチェック機能になっていただくための縁《よすが》になろう。そんなことをすればするほど、マスコミの世界における立場は悪くなり、いずれ完全に排除されかねない運命は承知の上。それでも、保身のために書くべきことを書かない自称ジャーナリストに存在価値などない。いや、そんなものは存在してはならない。

それだけは嫌だ。だから最後の最後まで、刀が折れ矢の尽きるまでは、今後も幾度でも、常に全力で、警鐘を乱打し続けていく。

「日刊ゲンダイ」の寺田俊治記者が初めて訪ねてきてくれてから、もう一五年以上が過ぎた。初対面の時から〝デキる男〟だとは直感していたものの、まさか社長にまで上り詰めるとは思ってもみなかった……

おっと、これは内輪の話だ。

楽屋オチは見苦しい。ここでは寺田さんの文章に登場する、私の日刊ゲンダイ・デビューとなった記事の全文を引いておこう。この時の問題意識が彼の琴線に触れ、長期間の連載に繋がったのかと思うと、感無量である。

2003. 01. 08

◉やがて、みんなが下を向いて歩く時代になる

世界、といってもほとんどアメリカの衝撃映像を集めた五日夜のテレビ特番で、監視カメラをたたえるコーナーが延々と流されていた。おかげで強盗が捕まってよかったネの繰り返し。

小泉改革の理想とは社会のアメリカ化、貧富の差が極限に達した世の中。いや冗談ではなく、その準備として張り巡らされつつある監視カメラ網の増殖ぶりは、本家をはるかにしのぐ勢いなのだ。

東京・中野区の場合、大方のコンビニ店の監視カメラは平均七台程度。ところが最近、某最大手チェーンの各店舗は一一台になり、しかも買い物客に気づかれないよう偽装されたドーム型が増設された事実が、市民グループ「監視社会を拒否する会」（共同代表、弓削達・東大名誉教授）の調査でわかった。

「ドーム型の運用は外部の整備会社に委託されています。撮影された映像がどのように処理されているのかを承知しているオーナーや店員は、私たちが調べた中野区内の二六店舗にはいませんでした」（グループ事務局）

いつ誰と一緒にどこのコンビニに入り何を買ったのかが、何者かに筒抜けになっている。不気味だし無責任だと彼らは昨年一二月初め、運用実態などに関する公開質問状をチェーン本部に提出。クリスマスイブに返ってきた回答は「ATM（現金自動預払機）導入に伴う防犯目的」を強調するのみの代物だったせいか大方のマスコミに無視されたが、その回答文を入手してみて驚いた。〈警察当局の行政指導および要請〉があったとも明記されているのだ。

警察庁は、かねてコンビニを〝第二の交番〟として位置づけようとしてきた。一昨年には専門誌にその旨の論文が載り、実際、愛知県警直結の超高性能監視カメラが名古屋の店舗に設置されもした。その際の取材で県警の担当者が打ち明けてくれた「顔認識技術との連動も検討中」という言葉を、筆者は忘れられない。顔写真データベースとの組み合わせで、カメラがとらえた人間がどこの誰であるかを瞬時に識別するハイテクノロジー。かの住基ネットとでも結びつけられれば、この国の人間はすべて、警察権力の前に丸裸と相成る。

安全を言うなら、たいがいの人間が犯罪に手を染めなくてもいいような平等で平和な社会を目指すのが先決だ。国民全員を犯罪者扱いし、見張り、支配しようとは、ストーカーよりも卑劣だ。

一三年後の現在、一点だけ、訂正しておかなければならない点がある。監視カメラが増殖して「みんなが下を向いて歩く時代になる」のは確かであり、すでにかなりの程度はそうなってしまってもいるのだが、近い将来には、「時々はついつい上を見上げてしまう」ことにもなっていくに違いない、ということだ。

もうじき大小さまざまなドローン（無人機）が私たちの上空を飛びまくる時代になる。国家戦略特区で謳われるような各種商品の輸送需要だけでなく、CCDカメラ搭載の、住民監視を目的とするものも出てこよう。

わかっていても、空を見る。なぜならドローンが常に安全飛行してくれる保証はどこにもない。故障か遠隔操縦のパイロットの不手際か、どんな理由で、突然、墜落してこないとも限らない以上、警戒を怠らないわけにはいかないではないか。

イスラム武装組織の拠点と言われるパキスタン北西部の農村で、二〇一二年、CIA（米中央情報局）のドローンが発射したミサイルに祖母を殺されたナビラ・レフマンさん（当時一一歳）は、物心ついたころから、ずっとそうしてきたそうだ。故郷への支援を求めて昨年一一月に来日した際の様子とともに、イスラム武装組織の側に撃たれたマララ・ユスフザイさんとの国際社会における扱われ方の差を取材して知った。

パキスタンと日本とは違う、とは必ずしも言い切れない。安倍政権が米国に寄り添い過ぎればドローンによるテロの標的にもされていく。いずれにせよ、社会のすべてのニーズやシーンをビジネスの価値観に回収していくグローバリズム＝アメリカニズムは、下界にいる私たちの生命や尊厳を、とどのつまりはコストとしてしか見做してくれようとはしない。

そんな時代の、せめてもの歯止めに私はなりたい。寺田社長の率いる「日刊ゲンダイ」には、いつまでも頼もしいパートナーでいてほしいと、心の底から願うものである。

二〇一六年四月

斎藤　貴男

斎藤貴男（さいとう・たかお）
1958年東京生まれ。早稲田大学商学部卒業。英国バーミンガム大学大学院修了（国際学MA）。「日本工業新聞」記者、「プレジデント」編集部、「週刊文春」記者などを経てフリーに。主な著書に、『機会不平等』『梶原一騎伝』（文春文庫）、『人間選別工場』『カナリアが沈黙するまえに』（同時代社）、『ルポ改憲潮流』（岩波新書）、『強いられる死 自殺者三万人超の実相』（河出文庫）、『東京を弄んだ男「空疎な小皇帝」石原慎太郎』（講談社文庫）、『民意のつくられかた』（岩波現代文庫）、『「心」と「国策」の内幕』（ちくま文庫）、『消費税のカラクリ』（講談社現代新書）、『「東京電力」研究 排除の系譜』（角川文庫）、『「マイナンバー」が日本を壊す』『子宮頸がんワクチン事件』（集英社インターナショナル）、『ジャーナリストという仕事』（岩波ジュニア新書）など多数。

ゲンダイ・ニッポンの真相

2016年5月11日　　初版第1刷発行

著　者　　斎藤貴男
装　幀　　クリエイティブ・コンセプト
組　版　　有限会社閏月社
発行者　　高井　隆
発行所　　株式会社同時代社
〒101-0065　東京都千代田区西神田2-7-6
電話　03(3261)3149　FAX　03(3261)3237
印　刷　　中央精版印刷株式会社

ISBN978-4-88683-799-8